父母这样做，
就是在
毁掉孩子

曲 韵 著

漓江出版社

毁掉孩子 or 成就孩子，由父母决定

我国古代教育经典《学记》开篇有这样一句话："建国君民，教学为先。"这句话强调了教育对国家、对国王君主维系政权的极端重要性。所以，古今中外，世界各国，凡是明智的政权、政治家，都把教育作为国家强盛的基础工程。无数事实证明，得教育者，得天下。看看当今的德国，经济文化科技实力强劲，成为众多国家中的明星。为什么？因为早在18世纪，德国就实行了义务教育制度。而我国的义务教育制度，是在1985年才真正建立，比德国晚了200年！

学校教育是非常重要的，但我们也不要迷信学校和教师，不要把孩子成才、成功的希望，完全寄托在学校及教师身上。无数的事实说明，学校教育对学生的成功与幸福，只是发挥必要作用，而不具备充分作用。学校教育只能提供共同的教育目标、内容、方法和环境，培养儿童青少年共同的品质，却无法改变孩子们的差异，甚至无法缩小这些差异。相反，众多学校是在扩大学生由于遗传、家庭环境而产生的差异。差异本身没有好坏对错，但在应试教育的负面影响下，差异往往成为评价学生所谓优劣的标准。这种有偏见的评价，导致了大量心理问题的产生，原本积极上进的孩子却消极起来。其结果是，社会日益在混乱中迷失，教

育失败者最终成为社会混乱的助推者。

我作为一名教育研究工作者，一直深受教育问题的困扰，对有些问题往往很无奈，内心很纠结。也许，这就是研究者的真实心理情境。但我对那些在教育领域里的有胆、有识、有志之士，往往心存仰慕，学习借鉴。

曲韵女士是我的好朋友，也是值得我学习的才华横溢、思想深刻、敢想敢为的积极心理教育与诊治的专业工作者，更是一个为自己女儿健康发展倾注心力、智慧和无限爱意的出色母亲。接触曲韵老师已经八年有余，她在诸多方面的进步、成长与成功，不断给我以惊喜，给我以感动。

曲韵是一个聪慧又刻苦上进的人，有自己的独特追求，人生品位高远。2005年，她曾经远赴德国，师从国际积极心理治疗创建人佩塞施基安教授，学习积极心理治疗的理论与方法，并被佩塞施基安教授任命为积极心理治疗在中国的官方执行代表。2007年12月，她任世界积极心理治疗协会北京代表处首席代表，开展积极心理治疗在中国的推广与联络工作。2011年4月出任积极心理治疗中心（中国北京）主任、首席专家。几年来，她克服困难，大胆探索，把德国积极心理治疗理论与我国实际相结合，成功诊治了很多心理上存有疾患的成人和孩子，效果显著，口碑良好，开拓了一条积极心理治疗与康复的心路。她的宝贵探索，对于北京市乃至我国中小学教育的健康发展，也是有积极借鉴价值的。

更令我感动和欣慰的是她对家庭和家长教育的关注。她倾注多年心力和智慧，完成《父母这样做，就是在毁掉孩子》这样有独特思考、有实践检验的教育著作，深入浅出地阐述了父母及家庭教育的独特价值。书中披露，父母如何对待孩子，很大程度上影响了孩子对待自己以及对待他人的方式，进而影响到孩子的人生观、世界观，更不用说影响了孩子的行为模式。现实生活中，很多父母都在以爱孩子的名义做着无意中伤害孩子的事情。同时，她的另一本著作、跟本书配套的姊妹篇《父母这样做，就能够成就孩子》也将出版，进一步告诉广大父母，孩子的成长真正在"长"什么，侧重介绍中国父母如何平衡好自己的四个角色来成就孩子。前后两本书有破有立，相映生辉，对中国父母如何教育好孩子，给出独到的分析、指导、建议和警示。我相信，这两本力作的出版，将为我国广大家长奉上厚礼。

在孩子成长的路上，我们要眼睛向内看，要回归家庭，要发挥家庭和家长不可替代的教育价值。作为家长，这种教育觉悟越早，孩子的人生就越光明。那些放弃自己家长教育职责，而把孩子的成功希望完全寄托在名校、名师身上的做法，是非常可怕而可悲的。学校很重要，但家庭远比学校更重要！

笔者很荣幸给曲韵老师的书写上几句学习体会，是为一种推荐吧。

北京教科院德育研究中心主任，教育学博士　谢春风

给中国父母的礼物

我是德国积极心理治疗协会（DGPP）的主席 Christian Henrichs。我于 2005 年作为中德政府合作培训项目的德方教师来到北京授课，并认识了曲韵女士。当时她正在读发展心理学的硕士课程。从那以后，每次我来中国培训或者她去德国培训，我们都保持了紧密的合作关系。

2007 年曲韵女士获得了位于德国威斯巴登的国际积极心理治疗研究（IAPP）的授权，建立了中国第一家积极心理治疗中心，以及 IAPP 的北京代表处。她成功地在北京、大连、南京、乌鲁木齐等地组织了心理学、心理治疗以及管理心理学相关的培训，并邀请来自德国、俄罗斯等不同国家的专家学者授课。

现在，她拥有自己的咨询机构，并兼职于北京新世纪儿童医院（该医院是美国儿童医院协会唯一的一个亚洲会员）。她不仅是心理治疗和咨询的专家，还撰写了家庭教育方面的书籍《父母这样做，就是在毁掉孩子》和《父母这样做，就能够成就孩子》。

我非常高兴地向您郑重推荐曲韵女士和她的书。她是一个勤于工作、知识渊博、值得信赖的专家。她有丰富的跨文化经验，头脑开放，富有创意。我非常高兴能够继续与曲韵女士合作，并祝愿她的专业治疗工作和写给父母的图书都取得圆满成功！

德国积极心理治疗协会主席

目录

目录

父母们一定要警惕的言和行

这里列出了大多数父母在日常教育孩子时容易出现的一些问题，包括父母不经意间对孩子说的话、对待孩子的习惯性行为和态度、不经意间对孩子的情感宣泄以及父母自身的不良行为和习惯等等，您可以根据自身的实际情况更直观地找出自己在教育孩子中的潜在问题，并在相应页码找到分析和解决办法。

1. 不经意间对孩子说的话

"别哭了，有啥好哭的！""不准哭！"

"住嘴！""你不听也得听！""连我的话都敢不听？""听我的没错！"

"不准失败！""不准生气！""不准闹脾气！"

"大人说话，小孩不许插嘴！"

"老实交代！""我今天不信收拾不了你！"

"听老师的话！""你别写了，给我站着！"

"你给我滚回来！"

"要是没有你该多好！""真后悔把你生出来！"

"考不好别回来！""考不好别吃饭！"

"我没你这个儿子（女儿）！""有种你滚！""滚吧，想去哪里就去哪里！"

"养你这孩子有什么用？"

"你没救了！"

8）非常解气地羞辱孩子的话 / 221

"这么简单的问题都不会，脑子是不是有问题？"

"我没见过你这样的！"

"笨蛋！看你那熊样！"

"白眼狼！""养条狗都比你强！"

"你让我在家长会上丢尽了脸！"

"我上辈子作了什么孽，生了你这么个东西！"

"你还有脸吃饭！""你这个忘恩负义的东西！"

"你脸皮真厚，要是我，早找个地缝钻进去了！"

"我要是你早不活了！"

9）以质问的口气跟孩子说的话 / 223

"你怎么对得起我？"

"他打你，你怎么不打他？"

"跟你说话哪，听见没有？""你聋啦？""你没长眼睛？"

"你敢和我顶嘴？！"

"你能不能把玩的精力用在学习上？"

"你什么时候才能不叫我操心了呢？"

"你怎么没大没小？"

"怎么不说话了，哑巴了？""你聋了？听不见我说的话？"

"你竟敢用这种态度跟妈妈讲话？"

"你才多大就搞对象？""野够了回来啦？"

2. 对待孩子的习惯性行为和态度

3. 不经意间对孩子的情感宣泄

4. 父母自身的不良行为和习惯

1）夫妻间的相处方式

2）与亲戚朋友的交往习惯

3）对冲突的习惯应对方式

4）父母自身的生活方式

父母们，小心您的习惯行为
对孩子造成长久伤害

我从 2006 年起接受积极心理治疗创建人诺斯拉特·佩塞施基安教授的委托，在中国推广和传播积极心理治疗。在将近 10 年的咨询和治疗经历中，我接手了大量的心理咨询案例。无论是成人还是儿童青少年，他们身上出现的各种问题，都可以清晰地看到父母对孩子的养育方式在孩子那里形成的烙印。

一开始，面对眼前的孩子，我会对他们的家长感到愤怒。这些孩子都是非常好的苗子，正因为他们更敏感、更聪明，才会体察到更多的信息，并因不能处理这些信息而最终让自己受到伤害。随着家庭治疗的展开，对家长了解更多，我变得既怜悯这些孩子，也同情这些家长。他们或者因为无知，把爱变成害；或者自己当年就没有受到良好的养育，带着原生家庭的创伤再来伤害自己的孩子……

看了这个书名，有的父母可能觉得是危言耸听，他们会想：我怎么可能会去毁掉自己的孩子呢？毋庸置疑，每个父母都是深深爱着自己的孩子的。但是我咨询、治疗和分析的大量案例都告诉我，很多父母都是在以爱孩子的名义做着无意中伤害孩子的事情。

如果你还是不相信，不妨看看豆瓣网上"父母皆祸害"小组。它已经成了年轻人吐槽父母的一个窗口，该小组在 2008 年成立，到目前为止，成员已近 10 万人，话题将近 3 万条（不包括每个话题下的互动帖数，最热的话题互动帖数可达四五千条）。可见孩子受到伤害的案例并不少见。2012 年，新浪微博上出现了一篇名为"一个妈妈的自我剖析和成长"的文章，作者是一个普通的妈妈，她反思了自己成长过程中母亲的行为对自己造成的创伤，成年后这种创伤对自己生活的影响，以及自己付出了多大努力才艰难地从这种创伤中解脱出来获得新生。文章在一夜间被网友转发上万次。媒体上关于家庭教育的新闻也层出不穷，比如，"重庆一位女子两年辞职 26 次，任何事都是妈妈说了算"，"湖北一位父亲从小学到高中一路保驾护航，陪读父亲与女儿考入同所大学"，"少年在超市乱拿东西被父街头罚跪"，"狠心母亲丧心病狂与丈夫离婚吵架当街虐女"……而我每天面对的问题家庭有的甚至比这些新闻中描述的更严重。

父母如何对待孩子，很大程度上影响到孩子对待自己以及对待他人的方式，进而影响到孩子的人生观、世界观，更不用说影响了孩子的行为模式。（注意，我说的是影响，而不是决定。）

而我们的年轻父母中，很多人在吐槽自己父母的同时却在沿用父母的方法继续伤害着自己的孩子。因为一切已经成为习惯，在无意识地自动复制。

近 10 年的问题家庭咨询治疗实践让我认识到，如果能让父母们在养育孩子的一开始就有意识地避免那些可能的伤害性行为，看清自己习惯性行为背后可能潜藏的对孩子的危害，让爱被孩子接收到，让养育孩子成为孩子和家长共同成长的过程，孩子将健康成长，家庭也将幸福美满。

本书从父母们对孩子影响最大，也是最容易被忽视的几个习惯性认识和行为来展开：父母自身行为对孩子的"暗影响"，父母在教育孩子中最容易犯的"隐形交易"，借着教育的名义发泄自己的情绪，用泛滥的爱来宠物化养育自己的孩子，过于简单化的教育观念其实是一种懒人思维，把孩子当作实现自己梦想的工具来养育，以为负面刺激能激发孩子的斗志，养育环境的先天缺陷。每个主题又根据父母的不同行为特点或表现，具体展开一一分析。

在具体的内容和形式安排上，为了便于父母更好地阅读，以及在阅读中不断思考和提升自己，每章的主题都主要从以下几个方面来呈现：

1）**自我反思。**每一个主题的开头都精选了一些相关的经典问题，父母在阅读之前一定要好好思考这些问题，并切实对照自身去思考。有了真正的思考才更能看清楚自己的问题所在，也才能更容易针对自己的问题找到解决的办法。

2）**对孩子的长久伤害。**每章的叙述一开始都会直观地让父母看到自己的行为对孩子造成的伤害。这些伤害也许是显性的也许是隐形的，也许是短期内能发现的，也许是长期累积才能显现的，但都值得引起我们的重视。

3）**我们为什么会这样？**每个章节基本上都会通过这一个提问来引导父母去思考自身的问题，挖掘父母行为背后的真正原因。

4）**我们应该怎么做？**在找到父母行为背后的真正原因后，最需要了解的是父母自己应该怎么改变，怎么去做。书中会根据某一类问题给出适当的教育原则和指导建议。但是需要强调的是，每一个家庭和个人的情况都极其复杂，不要教条地套用和照搬书中的建议，而是要学会分析自己、自己的家庭和自己的孩子的真实情况，灵活地运用。

除此之外，我在书中也根据父母们可能出现的具体困惑给出了一些小贴士供参考。

看了这本书也许您会觉得有点恐慌，甚至焦虑，担心自己的一言一行是不是已经对孩子造成了影响，所以最后还需要提醒一下父母们：

1）**不要恐慌**。每个人都会经历各种各样的挫折、委屈、困境、不如意等，因为我们的利益、需求和目的，或多或少总会和环境以及他人的利益、需求和目的发生摩擦。因此，微创伤不可避免。要避免的是可能最终造成伤害甚至毁掉孩子的那种习惯性言行。

2）**不要焦虑**。很多父母会发现好多错误自己都犯过。说过就说过，做过就做过，重要的是看自己是否经常说，是否形成了一定的模式，还要看孩子是否已经表现出了书中列出的那些影响。要相信孩子的自我修复能力以及您和孩子的关系。如果孩子没有表现出受了伤害，则我们自己今后注意，尽量减少这些不好的行为；如果有，除了自己要修正、提高，别忘了还要处理好孩子的状态。

3）**不要忽视**。在试读此书的时候，不少人说，现在的父母还会犯这些错误吗？比如书里有些章节列出的那些话、那些行为。我不得不遗憾地说：是的！只是有些父母没有意识到而已。我经历过太多次这种事：当我指出一些父母这样说话不妥的时候，他们很惊讶地说："我刚才是那样说的吗？"这类父母比前一种还可怕，因为他们对自己的言行浑然不觉，当然也就谈不上改正和处理了。建议大家也请自己的朋友给自己反馈，让别人像镜子一样给自己真实的反馈，增加觉察。

本书既可作为亲子教育的参考，父母们可以对照检查自己的做法，同时也可以作为反思的材料，去回忆自己还是孩子的时候，曾经累积过什么样的微创伤，以至于影响到了今天自己作为家长的不良行为。

希望本书能够帮助大家摘下从小戴上的偏颇的眼镜，学习并成长。

第一章 《《

用实际行为给孩子树立了坏榜样

先给自己或家人照照镜子

阅读正文之前，先对照下面这些问题想一想，希望能引起您的一些反思。

- 您在督促孩子做作业的时候，自己是不是同时还在玩着电脑或手机？

- 您在抱怨孩子不爱阅读的时候，想想自己是不是很喜欢阅读？

- 您有没有当着孩子的面跟同事或朋友撒谎，哪怕是善意的谎言？

- 每天都在叮嘱孩子要遵守交通规则，红灯停绿灯行，您自己遵守了没有？

- 您跟爱人是不是常常因为小事而争吵？

- 您有没有在孩子面前抱怨爱人工作忙不顾家？

- 您是不是喜欢宅在家里，却总是抱怨孩子不愿意出去交往？

- 您有没有常常在家里愤世嫉俗地抱怨这个社会的不公？

- 您有没有觉得活着就是为了成功？只有工作、事业才是正事？

- 您是不是特别容易被激怒？

　　在我咨询和治疗的这么多年当中，当父母跟我描述孩子的各种"问题"时，我都会在心里画个问号：您自己平时在家是不是也有这种状况？当孩子发脾气时您是不是也在跟孩子发脾气？当您督促孩子去学习、去看书时，自己是不是也在看书？还是舒坦地靠在沙发上看电视？或玩电脑游戏玩得正起劲？

　　古话说，言传不如身教。父母的一言一行落在孩子的眼里，孩子不知不觉就会模仿，不仅模仿那些受到夸奖的言行，也学会一些不好的，例如发脾气、埋怨等。孩子的世界是由小变大的，在很长一段时间里，他能认识到的世界只有家，他能观察、理解、学习的人只有父母，父母的模式在小孩子眼里是天经地义的正确模式，等到他们十三四岁开始产生疑问的时候，已经习得了不少的模式，尤其是与情感和人际关系相关的部分。父母自己的日常行为、家庭关系、朋友关系、事业追求、业余爱好、生活习惯等，都会给孩子带来特别大的影响，有的孩子甚至终身不能摆脱这些影响。都说孩子是父母的一面镜子，孩子的好习惯还是坏问题往往在很大程度上反映了父母自身的习惯和问题。

　　本篇列出了一些可能给孩子造成负面影响的行为，我们在自我对照的同时，更要注意如何去避免和改变。

不恰当的日常行为

我们每个人都有自己独特的生活习惯、态度和行为方式，有的人追求整洁，有的人喜欢随意，有的人喜欢热闹，有的人喜欢安静，有的人喜欢冒险，有的人喜欢安逸等等。每个人的生活怎么过，都有各自的追求。这个无可厚非。但是，父母的这些日常行为自然也会影响到孩子的行为习惯，这时候问题出现了：父母一味地去纠正孩子的不良行为，却不知道自己就是这些不良行为的始作俑者；父母一边在不断地给孩子灌输主流价值观，一边却背道而驰地我行我素。

只管教孩子，不约束自己

一位妈妈跟我抱怨说："我家儿子都 12 岁了，还是丢三落四，自己的东西转眼间就找不到了。我跟他说过多少遍自己要整理好自己的东西，他就是做不到，真让我犯愁啊！还有，他的东西回到家就随手乱放，弄得家里总是乱七八糟的……为此，我常常跟孩子发生冲突，因为孩子正好处于青春期，对我的管教更加叛逆，这让我和儿子的关系降到了冰点，甚至都影响到他在家学习的积极性。"

我问她："你和你丈夫有这种状况吗？"她愣了愣，有点不好意思地说："我也常常丢三落四。他爸爸也是进门后东西随手一放。可是我们对重要的东西还是收放得很好的。而我儿子常常把学习的资料、课本弄得到处都是，找不到的时候就大呼小叫地让我帮忙找，每次清早上学都弄得过于紧张，甚至气呼呼地就出门了。"这位妈妈面对我提出的她和丈夫的自身行为问题轻描淡写。其实她儿子的问题很大程度上是受到两位家长的习惯长期影响的结果。

我后来给她提了一个建议，让她在家里开展一个全家人一起参与的活动，就是不管是谁，如果东西乱放就把这个物品扔进一个箱子锁起来，一个星期以后才可以申请取出。孩子大人一视同仁，不管这件物品多么重要。听到这个建议，这位妈妈犹豫了，"不行啊，他爸爸肯定不行。手机乱放锁起来怎么办？"这其实就是很多父母都面临的问题：我们自己的生活习惯不改变，却要求孩子改变。

▲ 对孩子的长久伤害

现在不少父母往往看不到自身的问题，甚至意识到了却不愿意改变自己，只一味地要求孩子做出改变。比如，我们总在要求孩子去学习，别看电视，别玩游戏，但自己却玩得不亦乐乎；我们总在要求孩子要喜欢阅读，自己却连碰都不想碰那些束之高阁的书，甚至家里都没有自己可以看的书。这种很日常的行为看似小事，长期下去却会给孩子造成一定的影响：

1）加剧了孩子对家里地位的不公平感——大人就可以做，小孩就不可以做！

2）让孩子很迷惑，因为不知道所谓正确的行为到底是什么样子。

3）让孩子质疑父母的权威性。

4）让孩子更加叛逆和不服。

▲ 我们为什么会这样？

不少父母都在为孩子身上的各种问题而苦恼，但实际上孩子的这些问题很大程度上反映了父母自身的问题，而反映在父母身上的这些同样的问题在我们自己看来似乎就不成问题了。要想改变孩子，父母们首先需要好好反思一下自己，我们为什么会这样呢？原因可能有以下几个方面：

1）**权威心态。**很多父母觉得，我是家长，我自己怎么样用不着你来管，但我是你爸/妈，你就得听我的。

2）**落寞心态或寄希望于孩子。**很多父母觉得自己的不良习惯已经根深蒂固大半辈子了，真正改起来太难了。自己已经大半辈子过去了，再多的改变也不能带来什么好处了，但孩子还小，养成好习惯一生受益匪浅。

3）**懒。**要改掉多年的习惯，是不容易的。我们自己知道不对，却已经没有足够的动机或者外界的督促去改正了。

◢ 我们应该怎么做？

1）**想改变孩子，先改变自己。**孩子是上天赐给我们的礼物，因为，"为了孩子"，是一个非常强有力的理由和动机。

2）**从自身做起。**当你希望孩子改变不好的行为习惯时，首先改变自己和家人的行为，这样才有理由来说服孩子，孩子参与改变也才会心服口服。

3）**在家里制订好"家庭规则"。**比如各自把自己的物品收拾好，如果有惩罚也一视同仁，奖惩分明；比如规定晚上的 7 点到 8 点是全家的阅读时间等等。

制订"家庭规则"的艺术	小贴士

1）家庭成员全部参与，听取各自的意见和建议。

2）规则要考虑到所有人的权利和义务，家长没有任何特权。

3）规则不能朝令夕改，不能只对一个人放宽条件。

4）规则的增加和减少需要所有人的一致同意。

5）定期对规则的执行情况进行评估，奖惩分明。

自己的行为跟自己倡导的价值不一致

在孩子成长的路上，我们总希望自己是个向导，能引导孩子走"正确"的路。我们不停地告诉孩子一些社会规则、一些人生大道理，但是我们却常常忽视了自己的行为。说一套做一套，这也是父母在教育孩子中常犯的错误。

1）"中国式"过马路。我们从小就被教导"红灯停，绿灯行"，也在不断地教育着自己的孩子要遵守交通规则，一定要等绿灯亮再过马路。但是现实情况怎么样呢？"中国式"过马路还是一直盛行至今。很多父母在教育孩子的同时，自己却做着跟自己倡导的价值不一致的行为：比如带着孩子闯红灯、横穿马路；比如路上堵车了，有的父母从紧急停车道上开了过去，当孩子问为什么时，就告诉孩子这里没有摄像头，没有警察，我们要赶时间；又比如每天都在跟孩子提倡安全出行，开车不接电话，但往往家长在开车的时候就不停地接打电话……让孩子觉得只要不被抓住，做什么都可以。孩子当然会对这类言行不一产生疑惑。

我们很多父母在家总是鼓励孩子学习"孔融让梨"，而自己却总在公共交通工具上抢位子，在排队时插队，或者在"禁止入内"的牌子下让孩子爬到雕塑上摆 pose。我们自己就这样说一套做一套，对于一个没有形成适当道德感的孩子，当他长大后面对现代社会的种种挑战、诱惑时，很难有定力守护好自己。说一套做一套最易让孩子反感。

2）当着孩子的面说谎。我们都会教导自己的孩子做人要诚实，不能撒谎。但实际上我们在日常生活中是怎么做的呢？就拿之前热播的《爸爸去哪儿》中张亮带孩子买鱼的片段来看，为了让卖主帮忙把鱼洗干净，就跟卖主说自己家停水了，当时天天就此提出了自己的疑问，说爸爸骗人。其实如果诚恳地告诉卖主说我们要去沙漠生活两天，很缺水，我想对方也会同意帮忙的。虽然这是个娱乐节目，我们不能去刻意评价，但是从这个片段中我们可以回想一下，自己在孩子面前是不是也做过类似的事情呢？比如为了逃避一些麻烦，当电话铃响了，爸爸对妈妈说"就说我不在"；当朋友希望你去帮个忙，但是你却不想出去，就借口说自己要加班，太忙了抽不出空，结果电话结束后继续搂着孩子看电视；或者常常答应孩子的事情却做不到，然后找一堆理由来搪塞，等等。

我们往往在无意识中给孩子展示了谎言的便利和好处，可是我们却要求孩子做到坦率。很多的孩子都有一个困惑——为什么大人可以说谎，而小孩就不能呢？小孩在思考这个问题的时候就说明他已经发觉了大人是经常说谎的。面对孩子的疑问，我们给孩子的解释往往是辩解说我们的谎言是"善意"的。但对孩子来讲，善意的也好，恶意的也罢，那都是谎言！

3）类似的情况还有：自己牢骚满腹，看什么都是负面的，却抱怨孩子不够阳光；自己萎靡不振，却要求孩子兢兢业业；自己从不认错、自高自大，却要求孩子谦虚大度；自己对人总是算计的、敌意的，却要求孩子对人友善；自己从不会换位思考、自我中心，却要求孩子有礼貌、为别人着想……

◢ 对孩子的长久伤害

上面这些现象一个个看起来似乎都是小事，也似乎很普遍，不值得一提，但是如果我们一边在谆谆告诫孩子应该拥有的主流价值观，一边却总是习惯性地呈现给孩子这些扭曲的行为，长期下去会对孩子的成长造成很多不利的影响：

1）孩子不再信任家长。一旦孩子不再信任父母，就无法再从父母那里接受教诲和指导，从感情上也会疏远父母，得不到帮助，得不到爱的互动。

2）轻视各种社会规则、道德准则甚至法律。既然父母可以不遵守规则而且获益，孩子自然可以得出结论：这些并不重要，重要的是我自己是否能直接获得眼前的利益。这样的孩子长大以后，轻则自私、没规矩、处理不好人际关系，重则违法犯罪、害人害己。

3）扭曲的价值观。从父母的行为，孩子会自己抽象出一个结论：虚伪是可以的，钻空子是应该的，别人是讨厌的、应该管教的，而自己是灵活的，为了自己的利益什么都可以做。

4）学会了虚伪，言行不一致。在这种价值观的指导下，孩子自然会变得与家长一样。不仅是有样学样，还给自己的行为加上了理论。虽然孩子一时可能获益，但是从长远来说，他的人生不会顺利、幸福。

◢ 我们为什么会这样？

当我们真正开始反思自己的时候，开始从教育孩子这件事上关注自身成长的时候，我们会发现这类现象似乎还是很多的。作为中国的父母，为什么会出现这种现象呢？

1）传统的影响。中国数千年来都强调道德的重要性，以德治国，却缺少行之有效的、公平的法律制度。公正、透明成了难以实现的理想。造成的后果是，人人都会说冠冕堂皇的话，但是到了与自身利益相关的时候，人们只好靠自己而不是依赖法律去保护和争取自己的利益。于是各种钻空子、绕弯子、小奸小坏就都使出来了。孩子眼里不揉沙子，他们看得到这些矛盾的地方，有的孩子变得异常不满、追求极度的公平，也有的孩子逐渐就学会了表里不一，对己对人双重标准。

2）缺少规范的社会行为的训练。有很多家长其实都不知道自己是心口不一的，或者自己的行为是违反自己的价值观的。我们想到的常常不见得就能做到。这需要家长增强自我反省和自我认知的能力，而且勇于、勤于不断地调整和完善自己。

3）轻视其危害性。也有的家长知道自己矛盾的言行，但是不觉得会有什么不好的影响。

▲ 我们应该怎么做？

对于我们认可的社会规则，我们在告诉孩子的同时一定要以身作则，比如严格遵守交通规则，比如公共场合的礼仪，比如尊老爱幼的传统等等。我们的身教比言教更有效。

1) 对于我们不认可、但是大多数人认可并执行的社会规则，则要给孩子讲清楚：

◎ 有这样一条社会规则，大多数人认可并执行。

◎ 我的个人意见和行为，以及为什么我有这样的意见和行为。

◎ 孩子可以选择认同大多数人，好处是什么、坏处是什么；孩子也可以选择认同父母的选择，好处是什么、坏处是什么。

◎ 孩子一旦自己做出选择，就要自己承担责任。

2) 对于所谓的"善意"谎言，在孩子小的时候是无法理解的，我们要尽量避免在孩子面前"说谎"。当孩子大一点可以站在他人的角度去理解时，我们就需要在说谎前或说谎后给孩子做详细的解释，说出自己这么做的理由，这么做对他人的好处和避免的危害等等。就拿老人生病来说，也许一个善意的谎言更能减轻病人的恐慌和痛苦，这个时候我们是需要孩子配合的，也需要告诉孩子我们为什么要这样做，以后在什么情况下可以隐瞒真相。这其实也是教给孩子一种良好的社交技巧，让孩子更多地从他人的角度来考虑问题。比如如何评价别人，如果直接说别人太胖、太丑，虽然是实话，但是却会伤害到他人，这时候就需要孩子掌握说话的技巧了。

3) **对于那些我们自己也知道有问题的观念或者态度，**其实我们这样要求孩子就说明我们是认可那些要求的，那么我们就要鼓起勇气和毅力去做出改变。环境、时间都一直在变，没有人能保持不变，不是变得更好就是变得更糟。如果我们自己设定目标、保持主动，我们就是自己的主人；如果我们觉得自己就这样了，放弃了转变的努力，我们就会被环境和他人的变所牵扯而被动转变，这样的变是没有目标、没有预期、违反我们本意的，我们反而会更难受。与其这样，还不如及时察觉自己对孩子的要求与自己的实际言行间的差别，主动求变，不断成长、进步。

不幸福、不和谐的婚姻关系

父母之间的相处方式，也就是父母是如何处理自己的婚姻关系的，对孩子有很大的影响，与别的人际关系不同的是，夫妻关系是人一生中最亲密的关系，因其亲密、私密，孩子很少能在自己父母以外的地方细致入微地观察和学习。待友之道、邻里相处、与同事的往来等，孩子都有机会观察父母以及他人的方式，并有很多机会亲身去实践，处理不当的话也有很多机会去修正或结交新朋友从头再来。婚姻就不同了，看别人家的父母如何相处，只能看到表面人家愿意让你看到的，关起门来人家如何处理夫妻矛盾，我们是看不到的。

记得小时候常常听到邻居们议论，谁家打老婆了，也能听到楼上摔杯子、摔椅子的声音，白天在路上碰见，大家都跟没事人一样，很和谐。他们是怎么和好的？不知道。他们是因为什么吵起来的？更不知道。小说和电影电视是我们看和学习的另一渠道，但是，再写实的文字或情节，再本色的表演，也不可能如生活本身那样琐碎地充满各种细节，那样戏剧化地不合逻辑。书和电影看多了，反而会产生误导，让我们以为生活可以那么简单、美好、痛快，一辈子可以一个小时就过去。

现实生活又不容我们多去尝试。朋友可以多交，可以同时有好几个，恋人、夫妻却只有一个。即便是伊丽莎白·泰勒，也不过结了八次婚。带着从父母那里习得的模式和书本影视给我们的幻想，我们步入了亲密关系。若不能在这段关系中学习、成长、修正、进步，要么痛苦、难受一辈子，要么打破关系，另起炉灶。而另起炉灶，不过是重复。若在这段关系中去修复、进步，一是要看对方的配合度，更重要的是自己是否有足够的反思和改正的动力，做起来并不容易。所以，最好是在进入亲密关系时，就没有太多不好的习惯。这取决于你受了多少父母的影响。

与托尔斯泰的看法不同，我认为**幸福的婚姻各有不同，每对夫妻都有他们自己保持快乐、和谐的互动方式，旁人不见得能学到；而不幸的婚姻却有很多共同点**。只要解决这些冲突点，两口子爱怎么过日子就怎么过吧，一样会过得开心。下面列出的几条就是特别容易对孩子造成不良影响的冲突点。

动不动就争吵

生活中细节太多，我们会有不同的看法和处理办法，因不同而有争论，因争论而有情绪，本属正常；把争论升级为吵架，甚至大打出手，两个人都任性地发泄情绪，那就不对了。我的一个来访者曾经这样对我说："我的姥姥姥爷也吵架，他们吵架都是因为对一件事有不同的意见，都想说服对方听自己的。我爸和我妈吵架就不同了，他们总是互相伤害对方、侮辱对方，我妈要是摔个杯子，我爸就要摔个碗，谁都不示弱。我坐在自己的房间里听着，特别害怕，搞不懂他们为什么这么痛恨对方，这样的生活有什么乐趣……"

▲ 对孩子的长久伤害

情绪的力量是很大的。父母爱吵架，两人一定都脾气不好，容易发火。这种影响下长大的孩子大体上有两种：

1）用"吼"来解决纠纷，动不动就发怒、嚷嚷。

2）胆小怯弱，见到别人生气、发火就很害怕，虽然也很反感，但很少能表达自己的反感，更不敢迎击、对抗，而是选择沉默、逃避。

独生子女中还常见一种矛盾型的，就是先选择沉默、压抑，到了极限的时候就会突然爆发。

一旦养成了上述这些类型的反应状态，在日常生活中就不仅是亲密关系，一般的人际关系都会受影响。遇到与他人争执时，对方发火了，孩子本能的反应首先是上述他习惯了的方式。

▲ 我们为什么会这样？

总是脾气大、爱争吵的人，有他们自身成长过程中的缺失：

1）可能是情绪的处理能力不够。

2）可能是积压了太多的愤怒。

3）可能是对公平太在意，一切问题都要分谁对谁错。

另外，还有一种可能是，他们在外面没有地方发泄，只能在家里发泄。在一般的社会情境中，他们为了达到某种目的，比如做销售的为了达到销售目的不会去跟顾客发脾气；或者有比较明确的规则，例如对领导不会发脾气，都还能控制自己的言行。但是回到家中，面对家人，他们会放松对自己的管控，不仅言行更随意任性，甚至会把在外面压抑下来的不满、怒火等转移到家里来。他们会觉得面对自己的家人发脾气是更安全的，而且，他们的父母当初也是这么做的，于是他们不知不觉也就学会了。

如果家长发现自己总是无法控制情绪，建议多花一些时间去观察自己的日常状态，花时间做自我反思和调整，有必要的话，寻找外力的帮助，包括做心理咨询。因为这些习惯行为和状态不仅影响到孩子，也影响到自己的生活质量。

▲ 我们应该怎么做？

夫妻之间的争论要尽量就事论事，以解决问题达到目的为主，而不是为了吵架。吵架解决不了问题，还会让孩子也学不会处理问题，只学会吵架。以下几条建议可供爱吵架的夫妻借鉴：

1）**对事不对人。** 你可以表达自己对正在说的事的意见，而不要批评持不同意见的配偶。你可以说："我认为这件事没有你想的那么简单。"但不要说："你这人就是头脑简单，天真幼稚。"可以说："我认为这事不应该这么办，应该……"但不要说："你就瞎指挥，笨得不行。"

2）**有情绪时把它说出来，而不是发出来。** 例如，当对方让你感觉非常生气时，就要直接告诉对方："你这么做让我很生气！""你这么说让我很失望！""这种情况让我很尴尬！"

3）**情绪太强烈时先回避。** 当自己觉得无法控制情绪时，就要马上告诉对方："我现在很生气（或我现在太激动），咱们等等再说这事儿，以免说出不好听的来。"

4）**尽量把情绪固定在眼前这件事上，而不是泛化。**情绪如野火，一点着就会烧成一大片，常见的如：妈妈只要一说起奶奶，就会把十几年前的事全翻出来，火上浇油，越烧越旺。人类虽然有长时的记忆，但还请尽量把该处理的及时处理掉，而不是老留在那里累积，一有导火索就翻腾出来烧一回，烧不干净再存回去，留着下次烧。

还需要提醒的是，一旦在孩子面前吵架，最好的补救方法是当着孩子的面和好。父母们要更有意识地在孩子面前表现正确处理矛盾的形式。这是展示给孩子处理冲突和矛盾的最佳时机。让孩子知道有冲突、有矛盾并不可怕，重要的是如何正确处理矛盾和提出建设性的解决方案。要让孩子知道："我们对问题有不同看法，每个人都可以有自己的看法。但这不会影响我们对你的爱。"

总跟孩子抱怨对方的不好

"你爸太过分了！""他怎么这么懒啊！""你爸就知道工作，回家就知道玩，也不知道他对家有啥贡献！""别听你妈的，神经兮兮！"等等。

这种情况有时是吵架后发生的，父母分别在对方不在场的情况下，跟孩子讲对方如何如何不好、不对，半是解释，半是争取同盟。也有时是跟孩子一起做某事时，触景生情，把对方拎出来批评一通。

我的一个来访者就曾这样告诉我："高二时我和爸爸特别对立，就是因为听了我妈的话。我觉得把我爸看透了，一见到他就很反感。我爸肯定觉察出来了我的不满，我俩矛盾特大。后来我发现我爸并不像我妈说的那么坏，而且如果你真的觉得我爸坏，你可以离婚啊，为什么要跟我说，破坏我爸和我的感情啊！所以后来我又特别烦我妈。"

◢ 对孩子的长久伤害

父母本是孩子世界中的两根顶梁柱，如果这两根柱子不仅不和睦，还互相指出对方不高大、不牢固，那岂不是意味着孩子的世界变得低矮狭小，甚至可能崩塌？在背后数落完对方的不是后，三口人又会聚在一起，家长好像忘了刚才的抱怨，仍能共处，孩子会作何感想呢？是觉察出说坏话一方的虚伪，还是对另一方的不满？

1）**互相诋毁会让孩子左右为难，最终会对两位家长都不满。**这是家中只有一个孩子时常见的情况，就像上面举的那个例子一样。家中有两个以上的孩子时，父母常常各找一个同盟，将父母间的矛盾转嫁到了孩子之间，造成孩子间的隔阂甚至是终身的仇恨。

2）**互相诋毁的夫妻会让孩子对婚姻、对亲密关系产生恐惧。**当面对自己的另一半时，孩子会自然地产生不信任感——"不知道你背后怎么说我呢"！不信任足以毁坏爱情和婚姻。

3）**互相诋毁的夫妻会让孩子对所有的人际关系失去信心，并困惑不已。**比如：关系再好也会互相说坏话吗？关系再坏表面上有时也要虚与委蛇、忍耐着在一起吗？

◢ 我们为什么会这样？

1）父母心中的不满和抱怨不好向亲戚朋友说，以免人家听了笑话，可是又忍不住，就只好向孩子说。

2）自己无力、不能解决矛盾，又不甘心接受这样的结果，必须要在孩子那里扳回一局，才觉得自己有面子，或者才认为是解决了矛盾。

3）虽然在争吵中放弃了继续论战，表现出忍让，暂时掩盖或转移了矛盾，但实际上怒气未消，也并不接受对方的意见，背后当着孩子用语言攻击对方，其攻击性不仅没减轻，还表明了懦弱的特征。

4）以为自己这是采取了一个好的策略：避免正面冲突，又没耽误教育孩子。却没有想到这是**避开了正常的交流渠道。在背后说坏话，是沟通中最不好的形式。**

5）太注重面子，一定要跟孩子表明对方不如自己，或者向孩子解释自己。

6）总是认为自己最正确，没有反思和修正自己的意识和能力。

▲ 我们应该怎么做？

解决这个问题很简单，只要家长能忍住。有矛盾要么自己去当面解决，要么自己忍住了。**记住一点：永远不要在孩子面前说另一方的坏话，因为另一个人是孩子的爸爸（或妈妈）。**

强势妈妈（爸爸）

在我接触的诸多案例中呈现出这样一个有趣的现象：富二代或者官二代，大多有一个强势爸爸，一个忍气吞声、忍辱负重的妈妈；中产或者平民家庭，则常常有一个强势妈妈，或者两个人都强势，谁也不让谁。一方家长的经济收入或社会地位大致决定了他／她在家庭中的嗓门音量大小和当家做主权。

这里，我们以越来越普遍的强势妈妈现象来分析。

我们的文化传统本来是父权社会，父亲工作，养家糊口，妈妈虽然做了大量维持家庭的工作，但仍然被看作是父亲养活的，所以一直是爸爸地位高，爸爸应该强势，妈妈不应该强势。

现在大多数妈妈也必须出去工作，养家糊口，她们的工作能力和收入有时甚至超过爸爸。在家门外面，男女平权、同工同酬，妈妈们也要工作。在家里，爸爸们虽然干的家务活也越来越多，但是带孩子、教育孩子大多时候仍然是妈妈的活，或者妈妈天生就最焦虑这件事。一方面有母亲爱孩子的情感联系，另一方面妈妈们在太多的领域不仅要话语权，还要决定权。可惜，爸爸们不能顺应这个变化，他们或者退缩，或者针锋相对。

看看这个"十八得了妈妈"，相信很多妈妈会心又无奈地笑了：下得了菜场，上得了课堂；做得了蛋糕，讲得了故事；教得了奥数，讲得了语法；改得了作文，做得了小报；懂得了琴棋，会得了书画；搜得了攻略，找得了景点；提得了行李，拍得了照片；想得出创意，搞得了活动；挣得了学费，付得了消费。

这里列出的事项，主要是教育孩子、辅导孩子完成的事，也包括家务和自己的工作、事业。现在对妈妈的要求，除了上得了厅堂下得了厨房，还要有工作，能挣钱，还要胜过好老师！一个妈妈如果这些都能做到，都能做好，理所当然她会非常自信，并愿意把自己成功的经验用来指导孩子和老公，一旦态度、情绪没有把握好，就容易显得强势。

▲ 警惕"隐性强势妈妈"

有一种妈妈，并没有传统意义的强势特征，诸如嗓门大、脾气暴、态度凶等，相反，她可能轻声细语甚至不怎么说话，总是委曲求全的样子，显得很柔弱，可是她心里很有主意。她认准的事情是没有人能够改变的。如果孩子没有照着她的意思做或者与她有不同的意见，她并不激烈地与孩子争论或者强压孩子服从，而是在一边生闷气，为孩子的未来伤心难过，连饭都吃不下去了。她会不出声地让孩子明白你多么对不起她，最后，孩子会受不了了，听从了她。这种隐性强势妈妈的自我感觉会更好。火暴型强势妈妈大多能意识到自己脾气急，但是控制不住自己，而隐性强势妈妈意识不到自己的强势与控制，反而会觉得自己是忍让与包容的。孩子最终听从自己是因为自己就是对。

这种强势妈妈会让孩子更无奈，更难受。她的控制是隐性的，她的外表给人的印象不是她欺负了孩子，是孩子欺负了她。由于她不多说话，也就是拒绝了与孩子交流，孩子除了服从她，没有任何选择，连发脾气都是错的。这样的行为叫作隐性攻击，比直接、主动的攻击更让人难以对付。有隐性攻击行为的人常常意识不到自己的攻击，反而认为自己总在接受不公正的待遇，自己很委屈。有这种行为特征的人如果想改变，需要做很大的努力去自我发现，常常需要专业人士的帮助。

▲ 对孩子的长久伤害

强势是个贬义词。强势的妈妈会给孩子带来负面的影响：

1）**让孩子变得无能、自卑、依赖性强。**大多数强势妈妈是能干的妈妈，跟爸爸一样工作挣钱，还要照顾家庭和孩子，好几手都要抓，所以常被视为控制欲强。大多数的事情都由妈妈做了，孩子、丈夫极有可能会变得无能、自卑、依赖，而且并不对妈妈怀有感激。结果，妈妈们感到总是自己在付出可是还被指责，爸爸觉得自己被欺压、被贬低、被命令指挥，很不开心，孩子则无能、不情愿，三败俱伤。

2）**影响孩子将来与权威人物的关系。**强势本身就意味着态度上的说一不二。不倾听孩子、丈夫的心声，不允许不同意见，要求家人必须服从，必然会带来家人的不满。对于孩子来说，年龄小的时候，只能忍着，年龄大一些，就开始反抗。孩子将来在与权威人物的关系中可能会处理不当。

3）**容易让孩子养成褊狭的人格。**强势妈妈一般都对应一个弱势爸爸。爸爸是袖手旁观也好，是唯唯诺诺也好，夫妻间肯定不是平等磋商的关系。这不仅影响到孩子将来对亲密关系的处理方式，也会激发孩子对父母的不满，既对母亲的强势反感，也会对父亲的懦弱不满。在这种强弱差别太大的家庭里生长，孩子的世界不是平整稳固的，是褊狭的，因此孩子的人格也容易褊狭。

另外，强势妈妈的脾气大都不太好，耐心较差。当孩子没有达到妈妈预定的目标时，小到几点起床、几点出门，大到考试成绩，都会引起妈妈的情绪反应。妈妈的情绪发泄会给孩子带来什么样的影响请参看第三章。

▲ 我们为什么会这样？

在我们本来传统的父权社会中，妈妈们是怎么逐渐变成强势妈妈的？

1）中国传统上虽然说严父慈母，但是也有很多诸如岳母刺字、画荻教子等故事，表彰胜过好老师的妈妈们，尤其是知书达理、教子有方、刚烈决断比爸爸还强的妈妈们。所以，成为一个强势妈妈，尤其是为了教育孩子成了强势妈妈，是传统文化认可的事情。

2）国内的经济形势让绝大多数妈妈不可能安心于持家教子这一件事，即便只有头三年也不行。大多数妈妈生完孩子 6 个月后就要上班挣钱养家糊口。妈妈们要做太多的事，压力极大，要平心静气、耐心温婉……实在是不容易做到。

3）强势妈妈看起来胸有成竹、所向披靡，其实坚强的外表后大多是担忧和焦虑熬"糊"了的心。社会现状让妈妈们对孩子的未来不看好，要想过得超出平均水平就必须从小开始挣扎、竞争。

4）强势妈妈一般是对爸爸不满的，不同意他的教育方针和方法，不满意他的为人处世方式等等，才挺身而出，太后、皇上一身当。这背后是超级的自信。因此，强势妈妈不太能听进不同的意见，不太能自我反思。这些是性格上的缺陷。

5）强势妈妈言行后面的潜台词是"我要求"、"必须"、"应该"，反映出的是妈妈们认知上的狭隘僵化，以及补偿心理造成的拥有欲和控制欲。妈妈们自己的言行也是比较僵化教条的。这些现象表明，强势妈妈自己的成长过程是有缺失的，她不是不想、不愿，而是不会也不能做到耐心、包容、不焦虑。

6）强势妈妈对孩子未来的担忧，对孩子现状的不满，以及不能与爸爸沟通，反映出的是对自己的不满、不接纳，是主动出击的言行背后深深的绝望和无能为力。很多强势妈妈的口头禅是"没办法"、"只能"、"必须"。与其说强势妈妈们控制，不如说她们其实是想抓住最后的稻草，非常被动、无奈。

◢ 我们应该怎么做？

第一，从言行上，学习放慢速度，让语气语调变得轻柔，学会倾听，听清楚了别人再表达自己。

第二，从认知上，不一意孤行，多看多想，学习多收集信息，多比较，忌以偏概全。

第三，从心态上，不着急、不担忧、不焦虑。既倾听观察别人，也反思自己。

第四，必须保持与孩子爸爸的沟通，而不是沟而不通，更不是"你没用，你不对，好吧，那么我来吧"这样独断专行的结论。**孩子的成长需要父母双方的配合**。一个家庭就像一个团队，重要的时候需要一个人来做决定、负责任。但平时，家庭成员，尤其是两个家长应该共同合作、各司其职。孩子既要爸爸男性的力量带来指导和支持感，也要妈妈女性的包容带来爱和责任感。这两者缺一不可。如果孩子的爸爸拒绝沟通或者沟通不畅，那么首要目标是改善夫妻关系，而不是管教孩子。

第五，如果真的是为了孩子，先学习搞清楚孩子是怎么一回事，孩子的成长是怎么一回事。如果"为了孩子"只是借口，或者在"为了孩子"上寄托了或者发泄了太多自己的意愿和情绪，那么要主动去认清、调整自己。必要时寻求专业人士的帮助。

弱势的一方应该怎么做？	小贴士

过于强势的那一方，我们都能看到他（她）的不对，然而弱势那一方的"弱"同样会给孩子带来不好的影响。那么作为弱势的一方我们应该怎么做呢？

首先，要敢于表达出你的想法。

不要被对方的大嗓门和情绪、气势吓倒，就事论事，敢于跟对方指出你们的平等地位，勇于告诉对方你对他态度的不满或他的行为带给你的感受，提议平等协商。无论什么事，沟通最重要！

其次，摆脱自卑，摆脱受害者心态。

如果对方真的侵犯了你的利益，对你侮辱、谩骂，那么你绝对不要容许这样的事发生；如果对方并没有那个意思，是自己太敏感了，那么要去建立起健康的自尊。

再次，不要贪小利。

很多弱势的一方之所以不反驳、反抗，往往是贪图了什么东西，也许是舒适的生活，也许是怕麻烦，也许是名声……仔细评估，放眼长远，不要因小失大，造成长期的痛苦。

最后，消除恐惧，尤其是不要为孩子担心。

我见过太多的家长，不离婚的理由是为了给孩子一个完整的家。完整的家不是表面上的父母双全，而是父母都"在"，各司其职，家庭牢固、安全、温暖、愉快。单亲的家庭确实会给孩子带来一些不好的影响，因为那毕竟不是常态的家庭形式，但两害相权取其轻，如果夫妻间的矛盾确实不可化解，闹得家里鸡犬不宁或气氛永远阴沉压抑，那还不如放手，给每个人一个另外的选择。

总而言之，不要以为忍让就能避过冲突，它只是掩饰冲突，反而通过累积会让冲突不断升级。美好的生活是要靠我们去争取的，争取的内容之一就是直面冲突并去努力化解冲突，强势要别人服从和弱势的忍让、委曲求全都行不通。

习惯冷战

两人都强会吵起来，一强一弱刚刚说过也会有问题，于是很多人选择冷战。尤其是现在很多父母都意识到吵架对孩子的成长影响很大，于是面对夫妻矛盾选择了冷处理。你不理我，我也不理你。冷战双方对为什么冷战以及冷战的目的都心知肚明，可怜的孩子却是一头雾水。

我的一个来访者曾经这样回忆："每天在学校里我都很开心，可越往家走两条腿越沉。进了家门第一件事就是察看他们的脸色，看看有什么不对。他们对我都很好，不会冲我撒气，但是我也知道要收敛自己的言行，因为家里的气氛太怪异、太窒息了。可是我又不好说什么，因为他们明摆着不让我知道和参与。我曾经努力制造话题让他们高兴起来，可是结果令我很沮丧，让我觉得自己很傻。看到他们都拉着脸，我一般就把自己关在屋里，看书或者想象一些开心的事，想象他们是因为别的原因而沉默。我不会跑出去玩儿，因为好像我离开他们是对他们的背叛。"

▲ 对孩子的长久伤害

当我们冷战时，我们切断联系，拒绝沟通，各自认为自己是对的，等待另一方屈服，或者等待不好的结果出现后另一方只好认错。冷战让家里气氛阴冷，让对方感受到冷暴力，让自己心冷，不再去面对问题、解决问题。持续的冷，会令家人都失去热情。冷漠冷酷，令孩子左右为难，困惑不解，不知道如何去处理问题。结果，大家全是输家，而孩子受到的伤害尤其大。

孩子长期处在这种冷战环境中，最终造成的问题就是思维、行为、人格都不能很好地整合，有分裂的迹象。

就像前面的例子所说，冷战中的父母给她留下了一个大大的恐惧和困惑，不知道为什么她的世界就变成了阴天，也不知道为什么慢慢地恢复了正常，没人给她解释，而循环总在进行。她曾努力做到乖巧听话，希望以一己之力改变父母，可是没有用。她也曾想努力视而不见这怪异的现象，就当什么都没发生，也没有用。她只好自己编造一些解释，想象出来一些情节。

父母自己一定要有勇气、有动力去面对，而不是搁置、逃避，或者用被动攻击的方式给对方施加冷暴力。

◢ 我们为什么会这样？

在夫妻的长期相处中总会有一些摩擦，有不同的意见，这是很正常的，也是不可避免的。但是为什么有些人总是让两人之间的沟通陷入冷战的境地呢？

1）固执地认为只有自己的主张是正确的，当对方表示不同意见的时候，不能灵活地讨论新的解决方案。

2）沟通方法单一，要么听我的，要么听你的，要么就切断联系，不沟通了。遇到对方强硬的时候，找不到沟通的新办法。

3）有时目标不清，为了赌气、争面子而忘记了最终的目的，只想证明谁对谁错。

4）态度被动，没有足够的情感或者心理能量支持自己去主动争取，因此只好以放弃的姿态等待。

▲ 我们应该怎么做？

夫妻之间有矛盾冲突的时候，冷战是最不好的一个选择。我们必须选择沟通，即便吵起来，也是在交流。常常有人说：没办法，一说就吵，不如不说。不对，不是没有办法，是你还没有找到那个办法。

1）建议不要为了刻意避免冲突而选择"不说了"，或借口"没办法"，更不要自己待一边生闷气。

2）把夫妻之间的矛盾说出来，客观地表达双方对问题的看法和自己的感受。比如，对于某个问题，你的看法是什么，他的看法是什么，你们的主要分歧在哪里，可能有哪些解决办法，等等。再比如，客观地告诉对方他的哪些话让你心里不舒服，让你感觉被伤害了，等等。

3）学会多角度地考虑问题，不要立刻否定对方的想法，要灵活地讨论和接受新的方案。

4）明确磋商的目的，而不是为了赌气或争面子。

5）如果对方态度强硬或陷入拒绝沟通状态，不妨告诉对方，各自冷静一会，双方都从对方的角度想一想，而不要急着当场就把问题解决掉。缓一缓也许就会柳暗花明了。

在孩子面前掩饰矛盾

很多家长为了不影响孩子，选择不当着孩子的面争吵，他们会关起门避开孩子来争执。这样做的出发点是好的，但长期这样去处理双方的冲突，对于孩子来说也会产生长久的伤害。

◢ 对孩子的长久伤害

在孩子面前刻意掩饰矛盾对孩子的成长有如下几方面的影响：

1）让孩子觉得家长虚伪。当家长之间有不同意见时，是掩饰不住的。孩子的感觉是敏锐的，他能觉察出大人的表情、语气、停顿等的不同含意，猜测发生了什么事情。瞒不住而硬要装没事，会令孩子很困惑，觉得家长虚伪。

2）让孩子学会消极地回避矛盾。家长的这一行为暗示，争吵是不对的，应该和谐。可是真实的社会是我们一定会跟别人有不同的意见，或者我们的意见与环境条件不符，差异、矛盾、争执在所难免。如果孩子接受了家长的暗示，觉得这些是错的，是不应该有的，那么遇到矛盾和不同时让孩子如何与别人相处呢？不与人争辩，会很委屈；与人争辩是错的，理不直气不壮，争吵了，又会很自责。

3）剥夺了孩子学习化解冲突的机会。遇到有矛盾，总要解决。解决的办法多种多样，孩子总要学习。家长关起门来，就是剥夺了孩子"观摩学习"的机会，从长远来看，是对孩子的世界的丰富和社会能力的增多、增强不利的。

◢ 我们为什么会这样？

大多数选择在孩子面前掩饰的家长，是真心希望孩子不要受到影响。这样的家长顾及孩子的感受和榜样学习，是用心的好家长。只不过，他们没有分清争吵和争论。如果当着孩子大打出手，或者出言激烈，情绪过激，就像前面分析过的情况，当然不好。但是，人总是会有不同的意见的，我们可以就不同的看法进行争论。

◢ 我们应该怎么做？

有的家长说，你前面讲了吵不行，那现在又说不吵也不行，那我们该怎么办呢？有时候实在控制不住自己的脾气，怎么办？其实，解决问题不是只有吵架、冷战、忍耐这几种。我们要承认人与人之间总会有分歧，无论他们多么相爱，多么亲密，也会有不同的意见，会有误解。重要的是能够不带情绪地去分享我们的不同，讨论出大家都能接受的办法。怎么做呢？教您一个简单的办法，分为三步：

第一步，抓住重点，去除干扰。 咱们到底在吵什么？是今晚吃什么饭？还是我家人口味太咸？还是你认为我太懒，不爱做家务？别把事情混在一起说。确定当下的主题，是说今晚吃什么吗？

第二步，充分交流。 你的看法、你的想法、要求、偏好、决定……以及我的这些，都摆出来，说自己的，别猜测对方的，不急着对对方的想法什么的下评判、否决，咱们先都把各自想说的说出来。

第三步，磋商。 在共赢的基础上，综合考虑自己、对方、孩子和全家的利益、感受、需要和对未来的影响，得出一致的结论，然后去执行这个结论。

举个简单的讨论晚饭吃什么的例子。不就吃个晚饭嘛，至于吗？对于有些家庭或者有些时刻来说太至于了！比如事情原本是这样的：

"今晚吃什么呀？"

"这还用问吗？到现在啥都没弄，我忙了一天回家连口饭都吃不上。"

"就你们家人那口味，一会儿咸了，一会儿淡了，这不吃那不吃的，不问清楚了做什么都不讨好，你以为我愿意问你呀！"

"少废话！不愿意做一边待着去。我带孩子出去吃。"

"你就会乱花钱，家里什么都有，外面又贵又不卫生、不干净，要去你自己去，孩子跟我在家吃。"

孩子……

改一改，这可以变成另一个版本：

"今晚吃什么呀？"

"这还用问吗？到现在啥都没弄，你……"

"这个我稍后告诉你，为什么到现在还没做饭。现在，咱们说的是今晚吃啥。冰箱里有昨天剩的 A 和 B，还有 C 和鸡蛋，要不做个蛋炒饭，把剩菜热了，炒个青菜。你有啥想法？"

"我不想吃剩菜。楼下新开了家驴肉火烧，去买几个火烧，家里做个蛋花汤，或者把剩饭熬粥。"

"那家做的干净吗？要不你去买火烧，少买两个先尝尝，我热剩菜，再做一个汤。"

"行。"

在这个交流—磋商的过程中，我们要用到**控制力**——控制话题在正常轨道上，控制自己不被对方的情绪牵引；要用到**忍耐**，冲突性话题先忍下，有耐心等稍后再说，而不是即刻爆发；要用到**冷处理**，对对方的不合理情绪或节外生枝的话冷处理。所以，解决问题也无非就是这些能力，只不过用到了正确的地方，不是控制别人都听我的，也不是忍让当受气包、受害者，更不是冷战、冷暴力。只要本着"直面问题、解决问题"的原则和"尊重他人、尊重自己"的态度，夫妻间有什么深仇大恨、解决不了的呢？

解决夫妻冲突三步走和磋商三原则	小贴士

第一步，抓住重点，去除干扰。

第二步，充分交流。

第三步，磋商。

在磋商的过程中，我们要用到三个原则：

控制力——控制话题在正常轨道上，控制自己不被对方的情绪牵引。

忍耐——冲突性话题先忍下，有耐心等到稍后再说，而不是即刻爆发。

冷处理——对对方的不合理情绪或节外生枝的话冷处理。

不良的社会交往方式

我曾经用"井底之蛙"来比喻小孩子，一开始井口很小，见到的只有父母两只"大青蛙"，他们如何对待孩子，他们之间如何互动，都是孩子模仿的对象。慢慢的，井口扩大了，孩子见到了更多的"青蛙"——幼儿园和学校的老师、同学，上学路上公交车里的陌生人，等等，都是孩子自己世界中的，是孩子的"社会"。如何与他们交往，小的时候还是受父母与"社会"（父母的亲戚、朋友、同事等）的互动模式的影响较多。孩子看见的、听见的，都给孩子将来的"社交"态度和行为打下了基础。下面列出的是一些容易对孩子造成不好影响的父母的社交方式，希望能引起家长们的注意。

对对方家庭心存芥蒂

我有一个 13 岁的来访者，因不愿上学，与同学关系不好，被家长带来求助。小小年纪的她坐下来，很老练地请她妈妈回避，然后就滔滔不绝地开始抱怨：她爷爷、奶奶如何自私，爸爸妈妈如何不好，老师同学如何差劲，中国的教育制度与学校教学如何落后，等等。恍惚间，我觉得眼前坐着的不是个 13 岁的孩子，而是一个 30 多岁的怨妇。尤其当她说到奶奶和学校的不好时，听得出，那不是出于她本人的结论，而是鹦鹉学舌般重复别人的意见，而这种重复也帮助她在评论父母时产生了自己的苛责。当她的妈妈不断抱怨奶奶时，她可能没有想到，这种牢骚满腹的态度和抱怨责备他人的言行把自己的女儿也塑造成了一个小怨妇。

姻亲之间有天生的、根深蒂固的矛盾，好像是古今中外都不可避免的。在美国，女婿与丈母娘是天敌；在中国，儿媳与婆婆也有不可化解的矛盾。这些矛盾对孩子的影响不可低估。

◢ 对孩子的长久伤害

婆媳矛盾在中国是比较突出的，很多家庭纷争都是从婆媳关系延伸来的，婆婆不停地挑剔媳妇，媳妇永远看不上婆婆。不管是言语还是行动，孩子感受到的都是各种抱怨和不满，有的家庭甚至发展到不停地吵架甚至动手的地步。孩子长期浸泡在这种环境中，其受到的负面影响是很大的。

1）**形成不良的人际关系模式。**就像前面提到的那位来访者的例子，当孩子带着那样的态度和言行习惯，在与同学相处时，尤其是有矛盾和纠纷时，她必然会流露出不满、抱怨、责备，这样只会破坏关系，无法与同学们一起好好玩儿。如果不及时纠正，这种人际关系模式会伴随她一辈子。

2）**破坏孩子的归属感和身份认同。**孩子越小，越需要有强烈的归属感，让他知道自己不孤单，虽然自己还弱小，但有亲密可信赖的人跟他在一起，保护他、培养他，将来他也会像这些人一样变得强大、优秀、公正、慈爱。在孩子的小世界里，父母双方的亲戚都是他的血亲，他一半属于父亲，一半属于母亲。（虽然于父母而言，另一半人本与自己毫不相干，只因婚姻才成为亲属。）孩子原本认定自己的亲人都是好人，因而自己的世界也是美好的。如果一方总是贬损另一方，无异于让孩子的世界从内部开始分裂，变得可疑，变得不完整。

这同时让孩子处于一个两难的境地：认同其中的一方，说自己像他们，等于自我贬低，而不认同又是不符合事实的，他就出自于他们。更有甚者，在贬损对方家庭的时候，家长有时会顺带贬损一下自己的孩子，例如："跟你姑妈一样的自私"或"跟你舅舅一样没出息"，或者彻底否定孩子的未来："就你爸爸、奶奶那样，你家祖坟上就没那棵香蒿。"

◢ 我们为什么会这样？

1）先天的原因，比如，双方的结合在一方或者双方家长那里是不同意的，婚后双方家庭的不满会影响到夫妻二人对对方家庭的态度。

2）后天的原因之一，双方结婚前对于对方的家庭状况、文化传统、家教家规等了解得不充分，婚后发现很多以前没有料到、现在不认同的地方，于是矛盾开始产生。

3）后天的原因之二，结婚前认准了丈夫／妻子本人，而没有考虑到对方的家庭所带来的影响，或者考虑到了但是没有想到影响有那么大。婚后发现，对方的家庭对对方的影响以及对自己家庭的影响自己始料不及、不能接受，于是争吵、抱怨就开始了，例如所谓的与"凤凰男"（山窝里飞出的金凤凰，一般指出身农村的男生，娶了家在城市的女生）结婚后的种种问题之类。

4）后天的原因之三，自己不会处理与对方家庭的关系。与姻亲的关系是一种很特殊的关系，既紧密又疏远，既是一条战线的，又各自有各自的利益，既竞争又合作……从来没有人会在婚前想到去学习处理这种关系，因此在实际处理的时候会出现困难。

5）后天的原因之四，我们有时会期待与对方父母的关系像与自己的亲生父母一样，这个期待必然会落空，造成失望和怨怼的产生。

6）后天的原因之五，很多人与自己的父母关系并不融洽，或者原本就处理不好与自己父母的关系，直至与所有权威的关系都处理不好，因此也无法与对方的父母融洽相处。

▲ 我们应该怎么做？

既然婆媳或者翁婿是天敌，强求媳妇或者女婿必须与婆婆或丈母娘化敌为友，对很多人来说可能做不到。本来不是一起生、一起长，在生活习惯、处事标准等方面与对方家庭有不同意见，是正常的，关键看我们如何看待和应对这些不同。

首先是尊重。俗话说，萝卜白菜各有所爱。喜欢吃萝卜的不见得就比喜欢吃白菜的高贵。我们尊重别人有选择和喜好的权利，也就是尊重自己有选择和喜好的权利。我们不嘲笑和攻击别人的生活方式，也就是在保护自己的生活方式不被嘲笑和攻击。有了尊重，才有界限。在家庭里，界限最容易模糊，你的就是我的，我的也应该是你的，人人都觉得自己有权利指挥、要求别人，褒贬别人。如果有了界限，尊重每个人的权利，就能保护自己，也不冒犯别人。养成了习惯，我们会对孩子也有相应的尊重，而不是把孩子视作自己的附庸，得到尊重的孩子才会有自尊。

其次是去除偏见。有的人说，好吧，尊重你，敬而远之，尽量不与你家人来往总可以了吧？这样做虽然避免了直接的冲突，但是对对方家庭的不满、不屑仍然存在，孩子会知道。我们对他人产生负面评价，是因为我们过于执着自己的正确，对别人有偏见。"还有不爱吃炸酱面的？真是的！""他们家是南方人，心眼多，爱算计！""他们家是农村的（或小城市的），一定……"这些偏见让我们自高自恋，贬低责难对方。

再次，承认分歧，给孩子选择。我有个亲戚老太太，信佛吃素，可是家里其他人都爱吃肉，还笑话她封建迷信。她笑吟吟地也不辩驳，拣肉边菜吃，说这叫随缘菜。不冒犯、违逆大家的意愿，不争论别人不对、自己有理，同时有自己的坚持，她是我见过的真的佛弟子。

在家中，当分歧实在不可协调，那么不妨告诉孩子有很多不同的选项，自己和另一方的选择是什么以及选择的原因，给孩子自己选择的自由和权利，并尊重他的选择。久而久之，孩子自己就学会了冷静观察，摆出所有选择，经过思考做出结论，而不是目光狭窄，任性而为。

最后，自我成长。如果是自己不会处理这种特殊关系，或者是自身与权威的关系容易出问题，那一定要开阔眼界，多学习，多反思，让自己扩容、成长。

对"外人"敬而远之

有一次我们在餐馆吃饭，隔壁桌上是一家三口外加姥姥、姥爷，孩子只有两三岁大，不爱吃饭，一会儿跑下地玩耍，一会儿摇头唱歌，不好好吃饭。孩子的姥姥一边追着喂，一边念叨："不许跑。看服务员该来说你了！""别淘气，看别人都看你呢！小心警察来把你抓走。""你看人家小姐姐多乖（指我女儿），你再不乖小姐姐该笑话你了。"……

我发现很多人，不论南方北方、城市农村，都爱用"别人"来吓唬孩子，我们从小就知道，别人在审视我们，评论我们，笑话我们，要管着我们，要抓走我们……我们对外人的恐惧、反感、提防是从小就养成的。

很多人只信任自己家的人，对"外人"一律视为异类，所谓"非我族类，其心必异"。我们常常看到他们对外人是客气、礼貌的，但背后总有一双戒备的眼睛在审视外人。大人甚至会告诫孩子："别相信外人的话。人家憋着想看你家笑话呢。""别让外人知道，小心人家占你便宜。" 家长的这种观念和做法也许是有充分的理由的，但孩子还小，无法理解那些理由，长此以往，这会对孩子造成很大的负面影响。

▲ 对孩子的长久伤害

1）让孩子产生莫名的、对外人的惧怕、防范和敌视。

2）让孩子形成不安全的生活心态。我们可以想见这样长大的孩子，一旦脱离原来的家族聚居的环境，来到陌生的学校、陌生的城市，他整个的情绪背景将是不安全的、孤独的、戒备的，带着这样的心态去生活，生活中将处处是暗沟、坏人、不如意。

3）新的人际关系很难建立，与人互动时缺乏对别人的信任，必然得不到别人的信任。

▲ 我们为什么会这样？

1）家长自己没有安全感，从小也是被"外人"吓大的，根本就不敢与外人交流。

2）不愿或者不会与别人交流。有的家长长大后发现外人也不是那么坏、那么可怕，但是也错过了与他人互动交流学习的机会，所以也就不愿或者不会与别人交流，因而采取"敬而远之"的办法。

3）社会的不安全因素太多。现在的人口流动确实太大了。20世纪90年代北京的孩子上小学，基本都不用家长送，一是学校离得近，路上也没有那么多车；二是上学路上经过什么地方、遇到什么样的人都非常固定、非常了解。不像现在，天天走的路上天天都会看见新面孔，我们不知道这些人是否安全，所以就会教育孩子"不要跟陌生人说话"，提高防范意识，先假定陌生人是坏人。

4）对孩子的行为没有更好的处理办法。家长除了教孩子提高警惕，也确实没有别的办法，只能大家齐心建设友善、和谐的社会，让将来我们的公共空间变得更安全、友善。

▲ 我们应该怎么做？

1）**拓宽眼界，看人看事要客观、平和。**为了孩子，也为了自己，我们的眼界要拓宽，看人看事要客观、平和一些。北京有个词叫"杀熟"，专门欺骗熟人牟利。传销一开始针对的对象，恰恰是亲戚、朋友、老同学等熟人圈。以是否有血缘关系、地域关系（同乡等）或熟识关系作为是否信任对方的标准是太狭隘了一些。在不同的事情上对不同的人采取不同程度和内容的信任，才是灵活、准确、客观的。

2）**持开放的、不可知的态度。**即便我们有充足的理由只信任家人、朋友，也不要因此就判定外人都是坏的、敌对的、不诚实的。我们可以说，不了解外人，所以不能一下子就信任对方。对于外人，我们不知道，可能有的值得信任，有的不行，所以保持开放的、不可知的态度，而不是给外人贴上坏标签，这样做至少不会吓唬到孩子，可以让他自己去观察判断。

3）**教给孩子信任他人的标准。**如果我们能教给孩子信任他人的标准，怎么判断、怎么信任等本领，那么孩子就会发展自己的人际关系能力，既不会被人"杀熟"，也不会无法建立起新的人际关系。

对"外人"更热情友善

这类家长与前一类人正好相反。单位同事、邻居、朋友都说他好，不笑不说话，谁有困难都帮。可是回到家就是另一个样子了，板着脸，发脾气，说话像吵架，吆五喝六的。

▲ 对孩子的长久伤害

这种内外有别的强烈对比，尤其是对家人的苛刻和不友善，会让孩子感觉极大的不公平和不满，甚至影响到孩子以后为人处世的态度。

1）给孩子强烈的不公平感。这种"内外有别"孩子是会看到的，首先孩子会有强烈的不公平感。家长持两种标准的原因孩子未必知道，但孩子能感受到这两种标准！这个感受是极其不舒服的。

2）会产生对家长的不满甚至怨恨。孩子很少能恰当地去表达自己对父母的期待和要求——期待得到父母的笑脸、耐心、热情关注和温和的语气，要求父母对自己和对外人一视同仁等。常常只是发泄一下怨气，这又会引起父母的反弹，最终双方都对对方不满，破坏了关系。

3）会影响到孩子对"他人"的态度。他们会在父母行为的暗示下，认为外人是惹不得、要好好对待的，要谦恭、提防、热情主动，而自己的需求和目的是要被压抑的。而从小对外人的敌视长大也不会消除，让孩子在面对外人时非常纠结。

▲ 我们为什么会这样？

1）对外人怀有惧怕心理。与前面讲的只信任自家人的理由是一样的，只不过前者采取了躲避的办法，减少与外人接触、共事的机会，而后者则采取讨好的办法，用"对你好"换来外人对自己的善意回报。

2）自卑心理。我们从小都被别人比较过，别人家的孩子比我们好，比我们乖，比我们有本事。长大后，我们总觉得外人要比我们在各方面都好很多，于是我们对外人自然会尊重、夸赞，觉得他们和他们的行为都是对的、好的、合理的，只有自家人，尤其是自己的孩子才有那么多的毛病。于是，对外人客气、礼遇，对家人却总是求全责备。

3）没有一致的自我约束和管理。在外人面前，要讲礼貌，要大度，要随和，戴上"社会人"的面具；在家里，则松懈了对自己的要求，任性妄为，露出了本来面目。人在社会上和家里自然会有不同表现，但若差距太大，则可能预示我们的人格不够统一，核心的、基本的我，本来面目的我，还不够成熟，与成人的我、社会的我差距太大。

▲ 我们应该怎么做？

1）加强自身的修养和修炼。

2）无论是公共场合还是私人空间都能在尊重自己、尊重他人（任何他人包括家人）上保持一致。中国古代士大夫的人身修为有一条就是"对客如独处，独处如对客"，希望家长们共勉！

交游广阔，应酬过多

我家有个街坊，两口子都为人热情，特别好客，记忆中他们家每天晚上都有外人留宿，吃饭要开两桌，像个驿站。或者就是他们在外面应酬，常常是喝醉了被朋友送回家来。他们家的两个孩子，一个常年阴着脸，不说话，走路轻轻地，感觉不到她的存在；另一个倒是忙里忙外挺乐呵，但他私下里跟我说过，每当看到他的父母醉醺醺地吹牛、红着脸哭哭笑笑的时候，他心里都觉得羞耻极了。

除了上面这个例子中提到的，还有一种情况是，父母常常带着孩子去应酬。一来自己出去孩子没人看，二来家长也想让孩子跟着自己多见见世面。可想而知，这样的饭桌上，孩子是陪衬，是没有话题时的话题，绝不会是中心。饭桌上的家长主要目的是应酬，不会主动关注孩子。

▲ 对孩子的长久伤害

1）让孩子分不清边界。家里高朋满座、亲戚川流不息，或者一桌之上，各色人等推杯换盏，大人心里对不同客人的亲疏内外是有数的，但孩子不知道对这些人应该如何分别应对，分寸、深浅拿捏不准。

2）没有安全感和归属感。当父母把更多的时间和精力花在亲戚朋友身上时，孩子感觉不到父母的关注和爱，感受不到自我价值和安全感。孩子剩下的只有自卑、对父母的失望和抱怨。

3）让孩子找不到榜样，不知该如何行为。人有不同的社会角色，在孩子面前是家长，在朋友面前是友人，有不同的责任、义务和权利。随着孩子的逐渐长大，若没有见过社会分工和角色的多样固然不好，会造成眼界狭窄、固执、适应不良，但若过度在孩子面前频繁转换角色，像前面举的街坊的例子，一方面是有尊重、有担当的家长，另一方面又呼朋引类、把酒当歌地放浪，孩子往往容易混淆社会角色，找不到榜样。

▲ 我们为什么会这样？

1）太贪玩。现在的娱乐项目也多，没结婚或者二人世界时习惯了和朋友们一起度过休闲时光，聚餐、KTV、旅游……我有个同学一直没要孩子，早年的时候她自己的理由就是"我还没玩够"，现在年纪大了，她说自己也不后悔，因为每天仍然过得那么充实。反而是看到我为了陪孩子，很多活动都不能参加，还替我惋惜。

2）应酬是有目的的，是工作的一部分。家长不得不去应酬，而这些应酬更加不适合孩子的参与。

◤ 我们应该怎么做？

朋友多是好事，但我们作为家长要注意以下事项：

1）**注意"内外有别"。** 告诉孩子或用行动表明，自己与家人之间的关系是最亲密的，家人间的互相依赖与接纳是最牢固的，让孩子心里踏实。

2）**告诉孩子对外人的边界。** 在美国的调查中，儿童性侵案的罪犯主要是熟人——父母的朋友、亲戚以及学校里的老师、员工等。我们教育孩子对外人礼貌、热情，但不代表允许人为所欲为。

3）**不要在繁忙的交际应酬中冷落了孩子。** 珍惜与孩子在一起的时间，提高亲子关系的质量，与孩子建立更紧密、更深刻的交流。

4）**让孩子接触社会是对的，但也要有一个标准。** 把孩子放置在一个他不了解也不知如何应对的环境，我们又无暇顾及孩子，不能及时给孩子解释、分析和指导，那还不如不要让孩子处在这样的环境下。有些应酬不见得适合孩子的身心发展，要么家长做出牺牲，不去了；要么给孩子做出妥善安排，不要带孩子去应酬。

5）**最关键的是，我们既然生了孩子，就必须给孩子时间，陪伴他、关注他。** 尤其是独生子女时代，你不陪他，没人陪他；你不跟他玩，没人跟他玩。家长必须放弃自己的一些事情，因为我们的时间有限。我记得我女儿出生的头几年，我几乎只看动画片，只唱儿歌，流行的电影电视都没有看过。有人称之为牺牲。如果觉得是牺牲，那还是事先想好了，最好不要孩子。否则，我们有牺牲就必定要看回报是否值得我们牺牲，就会产生失望、不值、后悔等想法和情绪。所以，不如将之称为责任。给孩子时间，是家长必须承担的责任！

孩子上桌有学问　　　　　　　　　　　　　　　　　　　　　　　**小贴士**

　　家里来客人或者带着孩子去应酬，都会遇到孩子要不要上桌一起吃饭或怎么吃的问题。在中国很多地区，尤其是农村，请客吃饭时有个规矩，孩子（有时还包括女性）不能上桌，要在厨房吃，或另设一桌吃。如果是因为孩子太小，不宜社交，为他们做出了单独的、适合他们特点的安排，那么这种安排是正确的，尊重了大人和孩子的不同特点和需求。但是，如果这种安排是歧视性的，认为孩子不懂事、淘气、打扰大人、不听话等，因此把孩子打入另类，孩子会觉得自己被惩戒，尤其当着客人的面，很丢人，觉得被贬低、不公平。因孩子本身的性格不同，有的孩子会因此变得自卑、怯懦，有的则会因不服而变得更不听话，更我行我素。无论哪一种都影响了亲子关系的质量。

　　（1）孩子特别小的时候，例如1~3岁期间，既无法理解大人的话，也无法长时间安静地坐在桌前，带着孩子上桌确实会影响气氛和大人的谈话，而且这个年龄段的孩子所吃的食物也不同于一般成人的食物，所以出于社交礼仪的考虑，应尽量不让孩子上桌，给孩子另行安排活动。如果由于条件所限只能同桌而食，那么父母一方要有明确的分工，有专人负责照看孩子。如果自己专心于聊天吃饭，忽略了孩子，孩子闹了起来，那就只能怪大人不尽心，不能怪孩子闹。

　　（2）4~7岁期间的孩子如果上桌，也需要有父母一方的明确陪伴，一方面照顾孩子的需要，例如盛汤、剥壳等孩子做不了或做不好的事，一方面回答孩子的话或给孩子解释大人的话，并及时纠正、指导孩子应该有的礼仪行为，例如不插嘴、不挑食等。

　　（3）8岁以上的孩子如果自己不愿意上桌，可以尊重他的选择。如果孩子必须上桌，最好事先提醒他应注意的礼貌，事后总结，鼓励他好的表现。这是孩子"社会学习"的一部分。青少年期的孩子其实不愿意跟着家长出席社交活动（中国人的社交活动主要是吃饭），他们宁愿跟同龄人在一起。如果有孩子不得不出席的活动，只要事先告诉孩子活动的目的，他们要注意的言行，不必说得太多、太细，这个年龄段的孩子对自己应该如何言行是心中有数的。如果他不知道或明知道应该如何言行却不做，那就是前面的养育过程出了问题，或者亲子关系有问题，只在饭桌上生气已经不管用了，要补上缺失的课。

如果孩子上了桌，要尊重孩子也是在座的一位，不要忽视，也不要贬低。我的一个朋友一次带着15岁的女儿参加几家朋友的聚餐。她顺口说了一句"让孩子们一起去怎样怎样"，她女儿当时就给她发了一条短信："不要贬低我的形象！我不是孩子！"另外，既然孩子在场，父母就要注意自己的言行，别当着孩子的面不管不顾。如果控制不了自己的言行，最好事先就别带孩子。

补充一条注意事项：除非是孩子的生日等以孩子为主角的活动，否则不要让孩子成为桌上的主角或焦点。独生子女的父母爱子心切，常常带着孩子出席各种场合"见世面"，聊天也愿意谈论孩子，自己是主人时冷落了客人，自己是客人时抢了话题，打扰了主人的安排和意图，都非常失礼，而且宠惯了孩子，让他以为自己是中心，理所当然得到大家的关注，这样对孩子的成长没有任何好处，只会培养出一个自恋自大、不懂礼貌、不知尊重别人的人。

狭隘、不健康的生活方式

父母的生活方式会对孩子产生潜移默化的影响，健康、乐观的生活方式会让孩子的成长更乐观，更充满阳光，但有些生活方式却会给孩子带来负面的影响。这里列出几种常见的情况。

缺少生活情趣

我们的父母那一辈，因为物资匮乏，很多人生活过得干巴巴的，如军营生活般程式化：早起收拾整理吃早点，上班的上班，上学的上学；中午吃饭、午休接着上班、上学；晚上回来还是做饭、吃饭、写作业／干家务。

现在物质生活丰富了，电脑、手机、微博、微信等高科技产品，给人们的生活方式带来了更大的冲击。不少家庭都是这种模式：上班的上班、上学的上学、放学后就是各种课外辅导班，回家吃饭后，坐在电脑前上网的上网，窝在沙发里玩手机的玩手机，等等。虽然物质是丰富了，但人的心境还是灰的，都沉浸在各自的虚幻世界里，没有兴致去丰富现实生活，生活中也就缺乏情趣。

◢ 对孩子的长久伤害

这种单一的生活方式，孩子将会被潜移默化地影响到。

1）跟大人一样宅。

2）不会与人建立关系。

3）日子过得灰突突的，没有热情，没有享受。

4）精神得不到滋养，心灵得不到滋润。

5）缺少沟通、爱、温情、好奇、愉悦。

6）活得缺少灵气，没有意义。

▲ 我们为什么会这样？

1）我们真的累了，没有精力和兴致，只想发发呆。

2）我们自己就不知道生活是什么，从小上学、上班，有了家仍然把家当宿舍＋食堂，不能也不会建设自己的领地——家，因此也就得不到家的温暖回报。

▲ 我们应该怎么做？

1）**用心去生活，增加家人之间的互动。**其实有不少家庭把生活过得有滋有味，比如下班／放学后全家人一起做家务，一起讨论讨论时事热点，一起读读书，一起打打球……每个周末全家人一起出去郊游，去亲近大自然。从这些家庭中我们能看到人们对生活的用心和爱。这样的家庭氛围中长大的孩子灵活、热心、高兴。

2）**生活情趣不是一定要用钱来买。**比如有些追求小资情调的，花钱置备各种家居布置、咖啡用具等，那只是在堆砌、营造一个假象。是不是真的感受，是不是在享受生活，是另一码事。我有个朋友，在 21 世纪的今天，仍然自己手工制作家里的窗帘、沙发垫、杯垫等，用她的话说，"坐在家里感到那么舒服、踏实"。老舍有部小说里写到大杂院中的一个女子，冬天发芽的萝卜，她把它浸在盘子里，让它在寒冷的、光秃秃的冬天开出小小的花，我们读着也能感受到那一点点心思中所蕴含的生机和喜悦。没错，现在生活节奏快，很忙，这就更需要我们有意识地留出时间让自己静一静，与孩子一起经营一下生活，给它一些色彩、一些香味、一些滋养。

3）**设定独有的家庭仪式。**除了在日常生活中多增添一点家人互动的活动外，我们还可以给自己的家庭设定一个家庭小仪式，创造自己家独特的家庭传统，比如每天固定时间的亲子共读，每周全家看一次电影，每月出去爬一次山或泡个温泉等等；也可以在特定的时间举行特定的活动，比如家人的生日活动、节日活动，或者节假日有计划地安排全家人一起去做一项有意义的事情。

精打细算，斤斤计较

在过去物资匮乏的年代，必须节俭，必须计算，这是被生活所迫。但在生活水平普遍提高的今天，也有不少人，尤其是从贫困地区打拼出来的父母，将节俭作为一种生活习惯。不仅是家里的大件物品购买要货比三家，甚至连买米、买菜、买油盐酱醋都要斤斤计较，都要在讨价还价中为自己争得哪怕一丁点的优惠。

▲ 对孩子的长久伤害

节俭是好事，但是过度的节俭会带给孩子特别负面的影响。

1）孩子只看到未来是没希望的。我们在计算的时候，也许对现在和未来有很好的评估，我们对未来的恐惧和焦虑是有理由的，也是有限度的，而孩子就不了解那部分事实了。孩子只看到未来是没有希望的，因为我们需要从今天的份额中扣除出给明天的量，那就意味着明天还不如今天。

2）这样长大的孩子，会斤斤计较，会捡了芝麻丢了西瓜。不仅在金钱物质上他会变得精打细算，对自己的时间、精力、资源等，都会在使用前先计算。我们可以想象得出他的生活并不开心，他的计较会破坏关系，他的理性反而使他错失很多机会，很多快乐。

反之，浪费、大手大脚、毫无计划则是过度节俭的另一个极端，它给家庭带来的危害、给孩子带来的负面影响同样是显而易见的。

▲ 我们为什么会这样？

1）习惯。俭省作为一种美德，是我们国家几千年的传统，无论穷人富人，大多还是要计算着过日子的。这可能与我们以前一直是农业经济有关系。

2）对未来不确定。我们不知道未来是否富足，所以自然会在现在节俭一些。

3）思虑过多，不敢冒险。花出去的钱、时间、精力不能白花，必须见效益！这是很多人斤斤计较的原因。可惜，如果仔细算一笔账，常常我们花在计算上的时间反而让我们错过了机会。

4）自私，事事追求效益和回报。

▲ **我们应该怎么做？**

过度节俭和过度浪费都不值得提倡。

1）我们花钱、分配自己的时间和资源等要有计划，要量力而行，两头都不过度。

2）让自己在安全的范围内体会到率性而为的快意。北京有句话叫"有钱难买愿意"，人生难得快意一回。我们可以把这个"愿意"费列入计划中，"宠爱"一下自己。孩子长大后会变得豁达而又有节制，放松而不是放纵，他的人生会很享受。

把成功当作人生的唯一目标

我有个来访者告诉我，他妈妈一直对他说的话就是：现在好好上学，等上了初中，你的好日子就来了。等上了高中，你的好日子就来了。等上了大学，你的好日子就来了……直到最后他不想再等好日子了。他不相信有好日子了。

大多数父母从小被教育好好学习，考个好大学，找个好工作，挣好多的钱。于是我们都在为了实现这些目标而不停地努力奋斗。以至于很多人把工作、升迁、挣钱，当作自己人生的唯一目标，认为成功就体现在这些方面，而这些目标却是永无止境的。所以很多父母在拥有了极丰富的物质条件后，却发现自己还是不幸福，却发现自己在家庭和孩子身上留下了太多的遗憾。

成功学害人不浅。"成功"已经被狭义地解释为赚到大钱。过去说"功成名就"，这个"功"还可以被解读为事功、功绩、功业，这个"名"也可以不是指名位、名头而是名声和名望。现在，就只剩下成绩、考入名牌大学、挣到钱了。这就等于给孩子设定了一个永远不会到来的好日子。成功的"山"会一山更比一山高，孩子牺牲友情、亲情，付出身体健康等代价，要么永远换不来满足，要么换来的成功并不让他真正觉得有意义，值得那些牺牲。

◢ 对孩子的长久伤害

当孩子把成功作为人生的唯一目标，长期下去，随着对一个又一个所谓的"成功目标"的追逐，生活会越来越失去意义，精神世界也会越来越贫瘠……

◢ 我们为什么会这样？

在改革开放的大潮中，越来越多的人把成功视为唯一的人生目标，这种狭隘的评判标准的形成跟以下几个方面有关：

1）人们眼界狭窄，只把看得到的金钱、物质当作成功。

2）往往分不清真实的需要和外在的面子与享受。

3）以为金钱地位就可以带来一切，例如书中自有颜如玉，书中自有黄金屋，只要读到为官作宰，金钱美女都能得到，却忽略了"颜如玉"的真心爱情和"黄金屋"的温馨气氛，是金钱和地位买不到的。

◢ 我们应该怎么做？

1）扩展视野。人生有很多的目标——健康长寿、建功立业、安分守己、家庭和睦、身后留名……我们的生活本来丰富，不要把它变得贫瘠，变得只剩一个目标。

2）追求真正的友情、爱情，而不是替代品。

3）放下面子，不去攀比外在的荣华。

4）认真做事做人，不以成败论英雄。

5）注重自己精神本性的升华，平衡物质与精神的双重丰富。

瞻前顾后，自怨自艾

在这个经济动荡、变化剧烈的年代，总有不少人会慨叹过去，当初要是买了房该如何如何，当时如果卖掉股票改换基金那可就如何如何了。当现实中又有大事要做决定时，又开始犹豫不决，患得患失，事后再去后悔……

说起房子，很多人的心情都是很复杂的。一类人，一直买不起房子，挣的钱远远赶不上房价的上涨，总在希望成为房奴而不得；一类人，曾经拥有房子，但由于换房失策，从有房沦落为无房，极度郁闷中；还有一类人，倾家荡产买了一套房，成了真正的房奴，生活压力之下不敢有太多其他奢求。当然了，还有极少部分人是拥有多套房的获利者。

同样，中国的股民们也免不了长久的积郁和自怨自艾，还有职业的选择，还有是否移民的决定，甚至慨叹自己当初是否应该结婚、是否应该要孩子……

◢ 对孩子的长久伤害

1）失望、恐慌、抱怨。孩子最直接的"拷贝"对象就是父母，他们仰视、依赖父母。父母的表现却使他们不值得、不能够被依赖。孩子的失望、恐慌、抱怨就自然发生了。

2）这种生活不仅有类似"精打细算，斤斤计较"的对未来的恐惧，更可怕的是，他对过去和现在都患得患失，不知所措。有的孩子也许能冲出家庭的束缚，自己闯出生活的路，增长生活的能力，但大多数孩子将变得同样对未来顾虑重重，对过去遗憾多多，对现在无能为力。

◢ 我们为什么会这样？

1）没有足够的自信去做选择并承担选择的结果。

2）没有足够的自我接纳去承认自己的失误，然后向前看。

2）没有足够的自我反思与觉察去吸取教训。

◢ 我们应该怎么做？

1）对于过去，可以有遗憾，但不必过度后悔，抱怨连连，整天生活在过去的阴影里。

2）要体验现在，面向未来。对未来有规划，但不必过于焦虑和担忧。我们不可能预测将来的所有细节。所以，有备无患、处变不惊，是必需的修养。

3）只要努力过了，就要肯定自己的努力，不以结果来评判自己，而是客观的自我评价与接纳。

4）尤其要教育孩子，不要怕犯错误，从错误中吸取教训，继续向前。

随风倒，无主见

在日常生活中，人们讨论的话题无外乎几个方面：房子、股票、车子、孩子等。"现在该不该买房子啊？""哪里的房子好啊？""大家都去那边买房子，我们也去吧！""大家都在买股票，你也去买一点。"而家长们见面探讨得最多的话题就是："你们孩子报什么课外班了？怎么样？""你们钢琴考级了吗？""你觉得报什么班好呢？推荐推荐！""给点建议！""你们觉得不错的话，我也让孩子去！""某某说这个可以提高孩子的专注力，我们也去试试。""某某说学这个太折磨孩子了，她的孩子就怎么怎么样了……"仔细想想，这类现象还是很普遍吧，我们是不是也常常犯同样的问题呢？

其实，很多人都活在人云亦云之中。

▲ 对孩子的长久伤害

家长如果过得稀里糊涂，孩子会比同龄人更容易迷茫，更无主见，就像他们的父母一样。

▲ 我们为什么会这样？

没有形成自己的、比较稳定的世界观和各种为人处世的理念与信条。

随大流，别人都怎样他们也怎样。不仅在一些大是大非的问题上他们没有想法，就连生活中的细节，例如吃什么更健康、什么品牌的东西质量好、我家适合什么样的家具等等，都不能做出自己的判断和选择。

▲ 我们应该怎么做？

孩子在成长过程中，面临太多的选择和决定。我们长大了，意味着我们对人对事有了自己的判断标准，能够根据自己的需要和外界的资源主动做出自己的选择。要想达到这一步，是需要家长作为榜样，明确地告诉孩子或者潜移默化地影响孩子，如何做判断、做选择。

1）从认识上，了解自己的需要，了解别人做选择的原因，学会比较自己与别人的异同，做出适合自己的决定。

2）从行为上，尽量自己做主并且承担自己做主带来的结果。

3）从观念上，要建立起自己的价值标准和为人处世的准则，多听别人的意见不等于只听别人的意见。

给自己一个健康合理的生活方式	小贴士

每个人有每个人的活法，只要自己觉得合适，不抱怨、不懊恼、不焦虑，坦然接受好的和坏的，就是好生活。

1）做生活的主人，不是被动的受气包、受害者。

2）积极进取，在逆境和困难面前不害怕、不气馁。

3）追求愉悦、幸福，能管理好自己的情绪。

4）慈悲。对好的，我们欣赏，喜爱；对不好的，我们悲悯、宽容，但不惧怕、不妥协。

5）己所不欲，勿施于人。

不正确的处理冲突的方式

当我们面对黑白颠倒、遭人欺负时，是秉着多一事不如少一事的态度逃避，还是坚决维护自己的利益？

当我们遇到一些类似于汽车剐蹭等恼人的突发事件时，是大动干戈争个你死我活，还是冷静客观地去处理？

当我们遇到不公的待遇时，是不停地抱怨、甚至去报复，还是忍忍算了？

当我们在工作中被老板炒鱿鱼时，当我们突遇生活变故时，我们是饱含怨气、怒气，还是自暴自弃、自怨自艾？

每个人都有自己对世界、对人生的观念，都有自己为人处世的心得和标准，以及应对事情和发起、推动、控制事情的各种能力。这个世界也足够大、足够丰富，能够容纳每一个人的不同。因此，各人爱怎么生活都可以，不应有任何组织或个人强制别人非得按他们的方式生活。各人也有选择自己生活方式的自由，只要他的方式不造成冲突。可是，我们个人的力量太小，必须聚集在一起互相合作才能生存，于是冲突就产生了，我们与环境的冲突，我们与他人的冲突，还有我们自己内心的矛盾冲突。这些冲突阻碍了我们实现目标，造成人际紧张和内心痛苦。

所以，我们要把前面的话修整一下：一个人选择什么样的生活方式不重要，只要他开心、愿意。重要的是，在遇到冲突的时候，他的应对方式是否有效、是否于人于己皆有利。

因为环境和时代的不同，孩子最终会形成自己的各种为人处世的能力。而对于冲突的看法、感受和应对，却受父母影响很大。下面将列出几种不好的冲突应对方式，它们给生活、给自己，甚至给孩子都会带来负面的影响。

躲避冲突

这类父母对待冲突的态度往往是谨小慎微，害怕引起或卷入冲突。

▲ 对孩子的长久伤害

1）**带给孩子惧怕和恐怖**。家长不一定是一开始就害怕冲突、躲避矛盾的，而是经过多次的挫折与失败，胆子小了，勇气没了。孩子本来有天生的生命活力和对世界的好奇，但是在家长的影响下，会变得畏缩。家长可能知道为什么身陷冲突是可怕的，孩子却未必知道。未明原因的惧怕更恐怖，尤其是孩子认作唯一依靠的父母都那么避之唯恐不及，其恐怖就更甚了，这种恐怖感会从感受上压倒孩子，抑制住孩子的理性思维。

2) **不会面对冲突、解决矛盾**。躲避冲突的家长自己掌握的应对冲突的能力一定有限，无论是态度上的自信、勇敢、冷静，还是言行上的沟通技巧、恰当的表达、对对方的尊重，等等，都很少会表现在孩子面前。缺少榜样，孩子在开发自己应对冲突能力的时候就会很困难，最终不仅不敢、也不会去面对冲突、解决矛盾。

▲ 我们为什么会这样？

我们见过的生活中这种类型的人，常常分为两种：一种看起来八面玲珑，说出来的话滴水不漏，做事尽量让各方都满意，谁都不得罪；另一种内敛、退缩，不为人先，甘为人后，多一事不如少一事，唯唯诺诺，不置可否。

这两种截然不同的行为背后，都是对**冲突的惧怕，对自己身处冲突中的恐惧，对自己应对冲突的能力的不自信**，因此，他们竭尽所能，力图避免冲突，躲开是非，或者绞尽脑汁，努力地去为人处世、去说恰当的话，或者牺牲自己的利益或乐趣，压抑自己的真实想法和欲望，与世无争。

夸大冲突

这类父母面对任何冲突总是听风就是雨，爱翻旧账，习惯泛化、扩大问题。

这种反应模式的人常说类似这样的话："你总是如何如何，你从来不怎样怎样，你就是一个什么什么样的人，你成心想怎么着，你们家人都……男人如何……女人如何……"对冲突一方的历史、人品、言行、动机、遗传因素等做定性定量的结论，就是没说眼前的问题如何解决。

这种泛化、扩大常常激起对方情绪上的反弹，问题不仅得不到解决，关系还会恶化。问题会累积到下次，越积越多。采取这种模式的人本身也很情绪化，要么怒气冲天，要么抱怨连连，要么冷嘲热讽，让参战的和观战的都感到不舒服。

▲ 对孩子的长久伤害

遇事只知发泄情绪、指责对方，却不知道如何去解决问题，维持关系。

▲ 我们为什么会这样？

1）过去的冲突没有很好地解决，所以，一发生新的事情，就会把过去的事情翻出来一并算账。

2）自己对过去不能释怀，情绪总是容易被放大。

3）没有足够的耐心和智慧去区别不同的处境和情况，轻易给人贴标签或者混淆事情的不同，用惯常的模式去处理。

4）对未来太焦虑，所以会把现在的一件具体的事情，上纲上线，泛化或扩大。

否认冲突

这类父母面对冲突时习惯认为："这也很正常，大家都这样。"

当年港星吴绮莉生下小龙女，成龙给公众的说法是：自己犯了"天下男人都会犯的错"。用天下男人来当陪衬，错好像也就不成其为错了。我们中国有"随大流"的传统。

与环境的冲突、与他人的冲突、与自己的冲突……种种冲突都令人很难受。但是，如果别人也是这样过的，谁家夫妻不吵架？谁家不打孩子？人老了都这样。天下乌鸦一般黑。于是自己的婚姻问题、亲子问题，自己所受的不公平待遇，等等，全都可以一笔勾销，不算问题。自己能忍则忍，不能忍则滚。矛盾冲突嘛，不算什么。

否认冲突的危害在于，既不能维护自己应得的利益，也不是真正公平地对待他人和环境。忍得难受，总要有个借口，要么亏心认命，人变得消极被动，要么转嫁他人或报复社会。2010年前后媒体报道的几起小学、幼儿园伤人案，犯罪嫌疑人的起因问题都不是发生在小学或幼儿园的。滚开、离开，一次两次可以，但若自己不能从一次次的冲突中学会解决办法，无论走到哪儿都会遇到核心极为一致的类似冲突，那就真的是"天下乌鸦一般黑"，逃无可逃了。

▲ 对孩子的长久伤害

家长如果是这种冲突应对模式，孩子就无从知道世界上还有矛盾冲突需要去处理。大家都一样嘛，没什么大惊小怪。如果觉得不舒服呢？那只能怨自己多心、多事，处理的办法也就只有"忍"或"滚"。

▲ 我们为什么会这样？

1）长期不能直面冲突、解决冲突，造成自己习惯性无视冲突。

2）懦弱、自卑、不会解决冲突，又不肯承认，只好告诉自己没有冲突。

3）长期压抑或者长期挫败，就会不了解自己真正的需要，也就不会去争取自己的权益，满足自己的需求，因此放弃自己的利益，当然也就没有冲突了。

转移冲突

冲突如果解决不了，人的情绪一定受影响。这个情绪如果不能很好地处理，必然会通过某个渠道发泄出来，这就是转移冲突。比如工作场所的不如意带回到家里来，家里受的气发到工作中，外在生活的不如意累积为身体疾病的发生，等等。

在家庭中，因为孩子弱小无反抗能力，因为处于从属地位，孩子常常成为冲突转移的对象。当我们口口声声是为了孩子好而严厉管教的时候，可能我们只是把对未来的焦虑转移了过来，可能我们把孩子没有听我们的话当成了冒犯我们而大光其火，我们自己没有足够的自信于是逼着孩子学习，想用孩子的成绩给自己的面子贴金……

情绪理智都混乱的家长，内心怯懦，又要虚张声势，可以想见他们带给孩子的负面影响。

▲ 对孩子的长久伤害

孩子迟早会看清我们，会感受到"转移冲突"的不公平。

他们心底里也会变得怯懦——冲突是如此可怕，连父母都处理不好。他们的行为也会拷贝父母的模式：转移。转向比他弱小的或者怯懦的，去无理由地发泄。

▲ 我们为什么会这样？

1）内心是怯懦的。转移冲突的人无论在转移的领域做出多么惊天动地的事，也不能面对真正困扰他的冲突，不能直面他真正的冲突对象。他们的情绪是不稳定的，有时压抑，有时爆发。

2）"挑柿子捡软的捏"，人会自动评估自己的行为是否能够获胜或者获益，因此，选择性压抑冲突而压抑下来的情绪会有选择地在弱小的人或者安全的环境中改头换面地爆发。

口服心不服，背后嘀咕

我们常常不敢、不愿、不会或者不能应对一些矛盾冲突，只好表面顺从，只好忍气吞声，甚至忍辱偷生。但是我们又咽不下这口气，于是会在家里发泄对社会、对工作、对别人的不满。

▲ 对孩子的长久伤害

1）孩子对于家长所抱怨的事或人将感到加倍的恐惧！因为父母是如此的不满而又如此的无能为力！

2）孩子学会了表面顺从，背后发牢骚的行为模式。这样做首先让自己的生活毫无起色；其次，别人也能够感知你的不满；最后虽然我们百般忍耐，仍然得不到好结果。

3）孩子最终会看不起家长，明白家长的懦弱。

4）孩子无法学会正确的处理矛盾冲突的方法。

▲ 我们为什么会这样？

1）行为上缺少解决的办法，只好暂时顺从，而内心不屑。

2）懦弱的性格和忧虑、恐惧的心态。

3）从小习得的行为模式，一直口服心不服。

4）内心深处对自己的肯定和对他人的否定，却又无法表达出来。

▲ 我们应该怎么做？

冲突有很多种：自己与环境的冲突，与他人的冲突，与自己的冲突等等。冲突并不可怕。

首先，冲突提醒我们要做出改变，改变环境或者改变自己的应对方式。

其次，冲突提醒我们与他人之间的不同，可能是不同的理念，也可能是不同的利益，那么怎样通过与对方的互动，了解对方和自己的需求与目的，尽量做到双赢？如果做不到双赢，自己综合考虑下决定争取什么，放弃什么？

第三，冲突是给我们一个机会去更好地认识自己，认识环境，认识他人，觉察到变化，让我们增长能力，增长见识，学习处理好事情与关系。

第四，冲突是躲不掉的。与其花过多的心思在逃避冲突上，不如建立自信和勇气，有"兵来将挡水来土掩"的坦然。

第五，不要否认、转移和夸大冲突，要及时面对和应对，一次两次处理不好，三次四次就会处理好了，要给自己学习和进步的耐心。

第二章 <<

与孩子做"隐形交易"

你有没有跟孩子做"隐形交易"？

想想我们在跟孩子的日常相处中，有没有过类似下面的这些话或行为。

● 只要你在六点之前把作业做完，我就奖励你看一小时电视或玩半小时游戏。

● 只要你期末考试成绩达到班里的前三名，我就给你买玩具。

● 只要你能考个好高中，我就带你出国旅游。

● 为了照顾你，我把工作也辞了，你就回报我这样的成绩？

● 我花那么多钱让你学钢琴，你就学成这样？

● 你能做到每天按时起床、按时做作业、按时练琴，年底我就送你一个 iPad。

● 妈妈太忙了，这个星期没法陪你，你想要什么东西？我买给你。

● 你把你的屋子收拾干净了，我就奖励你块糖。

● 孩子一考出好成绩，你就欢天喜地主动带着孩子出去玩。

● 孩子一没考好，你就板着脸，让孩子待在家里不准出去。

　　父母当然要管教、规范孩子的行为，但是种种的管教、奖励、惩罚都是为了以后不用管、不用教孩子就能够自觉做到，这是一个从他律到自律的过程。在家长"律"孩子的过程中，我们偏重于物质，偏重于惩罚，总喜欢用另一个条件来跟孩子交换。就像前面这几个问题一样，其实这些行为已经成为家长为了鼓励或改变孩子的一些行为而与孩子建立的"隐形交易"，却没有关注到孩子本身，最终孩子仍然不会自律，无论多大年纪，仍然会沉湎于物质的刺激或者因害怕而约束压抑自己。

　　有不少家长意识不到这其实是一种交易，也有的家长认为自己这样做也是无奈之举。面对孩子的种种问题，奖励在短期内的效果往往是明显的，但长期影响却不可估量。在养育孩子的过程中，我们要知道哪些行为是值得表扬的，哪些是值得奖励的，怎么去奖励，都是值得我们好好思考的。

　　真正的爱就不会跑偏或者有后遗症。如果你的所作所为，无论是引导孩子还是对孩子错误言行的惩戒，是基于真正关心孩子、爱护孩子、成就孩子，那么孩子自然会成为一个自尊、自信、自律的人。付出真爱、关注孩子，会得到你梦寐以求的结果，这不是简单的交换或者交易可以达到的。

为鼓励孩子完成任务而奖励其他东西

我的一个朋友跟我讲述过她自己亲身经历的一件事情。

女儿上小学二年级了，这个年龄段的孩子都比较爱玩游戏，虽然每次她都跟孩子规定是 20 分钟的游戏时间，但是每次到时间后她都需要督促好几次孩子才会停下来，她很希望孩子能够自我管理时间。那段时间她女儿跟好朋友玩耍时，发现好朋友家里都有 iPad，而且 iPad 上的游戏更好玩，于是就一再向妈妈提出希望给自己买个 iPad。为此妈妈纠结了好久，后来想到既然孩子这么渴望，何不借着买 iPad 让孩子把自己的一些不良习惯改一改呢？于是就跟闺女制订了《协助孩子的时间管理计划》，规定如果孩子清早按时起床就奖励笑脸，如果能自觉遵守游戏时间也奖励笑脸。如果做不到就画哭脸，抵消掉一个笑脸。等笑脸攒到 100 个的时候，就可以奖励孩子一个 iPad。

这个朋友对家庭教育比较关注，也很在意孩子的教育，在实行了三天后突然看到一条微博说家长要谨慎使用奖励。这让她对自己的这个计划的合理性产生了怀疑。微博中说，这种教育孩子的方式中最致命的缺陷在于，当没有了这些奖励的时候，孩子就失去了动力，孩子是为了得到奖励而努力，并不明白这是属于自己的事。她很困惑的是，是否应该终止这个奖励计划。

很多家长都有跟我这个朋友一样的困惑。其实，我们可以先看看自己的例子：我们努力工作，如果没有物质的回报，我们会去做吗？但是我们工作又不仅仅是为了那点儿工资，我们还要证明自己的能力，创造价值。这些物质和非物质的"回报"都是我们在选择职业或者一个项目的时候要综合考虑的。

作为成年人我们可以主动地、综合地去考虑这些回报，进而形成自己做事的动机。孩子则会更加"近视"一些，他能够理解的可能只有眼前的实际所得，例如一盒冰激凌、一个 iPad、一个小时的游戏时间，等等。至于成就感、意义、价值、自我实现……实在超出了他们的理解范围。

因此，**给不给物质奖励不是问题，家长以何种心态、何种方式给物质奖励，才是问题！**

▲ 对孩子的长久伤害

在孩子的成长中，不少家长都是使用类似的方法来鼓励孩子，比如孩子考了100分的时候，就会给孩子买非常好的玩具；当孩子不愿意做作业的时候，也常常会拿孩子喜欢的这些奖励来诱惑，以至于孩子常常问："妈妈，如果我把作业认真做完，你就奖励我什么？""如果我这次考两个双百，你们是不是会给我更大的惊喜？"甚至在其他方面只要家人希望他做好，他就索要礼物。最后演变成孩子完成任务就是为了得到奖励，不管这个事情是不是自己本来应该做到的，孩子总是为了某个目的而做事，而不是发自内心的自我约束，甚至还跟家长讨价还价。

如果家长长期强化物质奖励的外在含义，会造成孩子偷懒、目标设定不明确、没有成就感、找不到自己内心真正的需要、不能自我激励、超越自我等等问题。

▲ 我们为什么会这样？

1）简单化思维。以为孩子喜欢这个东西，就是孩子的唯一目标，只要孩子目前的问题解决了就万事大吉，没有考虑到孩子的最终目标是成长。

2）懒惰。物质奖励确实在一开始会"见效快"，当父母发现这个方法很有效时便懒得再去寻求更好的解决办法。很多家长都喜欢这种"一招灵"的办法，省得自己去不断地思考和钻研如何更好地教育孩子，陪伴孩子的成长。

3）享受给孩子东西时那种"恩赐"感。尤其是家庭条件比较好的父母，他们希望通过给予孩子足够的物质奖励来满足自身的优越感，希望在一定程度上实现自己的存在价值。

4）误以为有效，这是家长教育孩子的误区。

▲ 我们应该怎么做？

以前面朋友的例子来具体分析：

1）及时肯定孩子。当孩子有了一个个小进步，积攒了一个个的笑脸，家长要及时肯定她的这些小成就，例如："今天很守时！""这次很细心。""你真的坚持做到了！"等等。

2）让孩子明白自己的特点和力量。通过不断的肯定，逐渐让孩子了解什么是守时、细心、坚持，并体会出，达成目标是靠点点滴滴的守时、细心等积累起来的。如果家长没有跟进，反而跟孩子一起计算还有多少笑脸能得 iPad，遇到孩子松懈时用 iPad 而不是孩子应该有的行为去提醒她，那就强化了"学习是为了 iPad"这一结论，"学习是为了获得奖品"、"没有奖品就不努力了"的想法也就显得顺理成章了。

只要大人能够多花点心思，及时观察到孩子的好的行为，给予鼓励，及时发现孩子有索要奖励、讨价还价的倾向并及时制止，物质奖励或者答应孩子的度假计划等等就不成问题。孩子在玩 iPad 时或者在享受假期时，心里已经明白，只要自己努力付出，就有回报！

因孩子不听话而惩罚其他不相关的东西

与前文的例子非常相似的还有一种情况：如果孩子做错了事或者不听话，就惩罚与其行为不相关的东西，例如罚一个月的零花钱或者没收游戏机一周，等等。尽管有的家长也担心这种办法会让孩子为了东西而暂时收敛，却并不能深刻反省并改正错误，也有的家长担心这种办法反而加重了孩子对游戏机、零花钱等的看重，颠倒了顺序。可是，除了这些，家长也没有别的办法能够对孩子有所惩罚或震慑了。

◢ 对孩子的长久伤害

有的孩子因此会变得非常反感父母，因为父母是在用他喜欢的东西控制他。

有的孩子会忍住自己的欲望，东西我不要了，错我也不改！最后没有一方得益！

有的孩子会想别的办法去得到自己想要的东西，甚至是偷窃等违法的办法，家长的惩罚反而事与愿违。

◢ 我们为什么会这样？

父母在这个方面的心态其实跟前面关于奖励的心态类似，例如简单化的思维，懒惰，对真正教育的认识不足，等等。

另外，奖励带来恩赐感，而惩罚更能体现家长的权威性，同时还可以发泄情绪。

◢ 我们应该怎么做？

当孩子确实有不当言行时，惩罚是必须的，可是该怎么做呢？

1）首先弄清楚惩罚是为了什么。被惩罚的孩子会难受、不舒服，我们不是为了让他难受、不舒服，而是让他知道承担责任，做错了事就有相应的后果。

2）家长在惩罚孩子时必须要强调惩罚结果与孩子错误行为的联系，而不是与被取消的玩乐的联系，更不能幸灾乐祸地看孩子笑话，在这种情况下，取消孩子的物质享受是可以。否则，就成了一个交易：我做错了＝不给我什么东西，因此，为了什么东西＝我必须做什么事情。

把爱和养育当作一种投资

自古以来，养儿防老，养儿为了传宗接代，家长与孩子之间有隐形的"契约"存在。现在虽说观念上大家都懂得养育孩子是家长应尽的义务，但是，家长的付出要有回报，仍然会影响着很多家长的潜意识。

我们常常会听到家长这样的抱怨：为了你，我辞掉工作，全职在家，你怎么还这么不争气；别人家孩子哪有你这么好的条件？要不是我托了人，你能上这所学校吗？……

听到这些话，我们会觉察出这样的家长为孩子做的事更主要的是为了让孩子感激自己、爱自己，他们认为自己所有的牺牲孩子都应该看在眼里，应该感恩。这叫"市恩"。

◢ 对孩子的长久伤害

1）孩子会觉得被忽略，被利用，感觉不到爱。既然把恩义当作投资回报，那就是交易。孩子会感受到家长隐秘的交易动机。每一个孩子都希望父母爱的是自己，可是这样的家长爱的不是孩子，是自己的投资。

2）影响到孩子一生亲密关系的处理和自我价值的认定。孩子感觉不到爱，可是家长又会口口声声说是为了孩子好，会让孩子的感受和结论变得很混乱，对父母到底是否爱自己，对自己到底有自由还是被家长控制，对自己是否爱父母，都将感到很困惑、很纠结。

◢ 我们为什么会这样？

1）**希望老有所依。**很多父母希望孩子将来能够给自己养老，未必都是指金钱上的，而是情感上的以及生活上的照顾。这种想法会影响到我们对孩子的态度。

2）**希望孩子将来继承自己的事业，完成自己的梦想。**自己的一切努力和付出已经有了自己既定的目标，因此会限制和控制孩子自己的想法。亲子关系变成了类似师徒关系。

3）期待孩子的回报。 少数家长要孩子的目的不是为了爱和付出，不是为了培养出一个独立的、自由的人，而是为了自己的私心，例如像养一个宠物一样让孩子爱自己，或者别人都要孩子，自己为了面子也要一个孩子，等等。这样，他们有时会视孩子为麻烦、累赘，甚至是"来讨债的"，把自己应尽的责任和义务，例如养育，看作是给孩子额外的恩惠，是自己极大的牺牲，来期待孩子的回报。

◢ 我们应该怎么做？

种瓜得瓜，种豆得豆。我们当然希望将来我们老了，孩子能够照顾我们，关心我们，给我们帮助和支持。不仅是物质上（有时我们可能还不需要孩子的物质支持），更重要的是情感上的帮助和支持。

1）在养育孩子的时候，我们就不仅付出物质上的东西，例如学费、各种衣食住行的开销，例如我们的时间，还要有情感上的付出，要把孩子看成是一个独立的个体，真正无条件地关心孩子、爱孩子。

2）生育孩子是父母自己的选择，养育孩子也是父母应尽的职责，为了子女而放弃一些也是父母的自由取舍。不要把父母自己对生活应负的责任轻而易举地转嫁给孩子。

3）只有正确地理解爱，才会真诚地去爱，才会乐于无条件地付出。在真正的爱的滋润下，做到不以交易为目的的亲子互动，最终反而会得到父母与孩子之间真正的互相关爱。孩子也才会真正懂得爱，学会爱。

工作忙不能陪孩子，用物质来补偿

这种交易是现在城市家庭比较普遍也比较不易被察觉的。

随着经济的压力越来越大，一份工资渐渐供给不了全家的支出，大多数家庭里的父母二人都需要努力工作去维持家庭，孩子很难有较长的时间有父母的陪伴，甚至长期不在父母身边。于是，忙碌的父母有空就尽自己的能力给孩子做出补偿，可能是买礼物，可能是满足孩子的过分要求，可能是给孩子很多许诺，甚至溺爱、纵容孩子，孩子要什么给什么。

▲ 对孩子的长久伤害

过分溺爱、纵容孩子，以及从小不在父母身边长大，必然会对孩子带来其典型的负面影响，具体见第四章和第八章中相关内容的分析。

孩子的自我价值被贬低。作为工作狂的父母常常对自己的忙碌有自己的理由，明显的是"爸爸这么辛苦地工作是为了家、为了孩子"；隐晦的是"爸爸很牛，爸爸在用工作成就来证明自己的价值"。忙碌的爸爸是为了孩子，听起来很无私，孩子如果抱怨爸爸太忙、不陪自己玩儿的话就是孩子不知好歹，不知感恩，自私。爸爸很忙是因为爸爸很牛，无形中令孩子更加自惭形秽，而且容易形成成就最重要的人生观——成就胜过亲情，有成就才能赢得别人的尊重、爱慕和原谅。爸爸对时间的分配，明显表现出在他心目中工作比孩子更重要。孩子的自我价值就这样被贬低了。

对爱的歪曲认识。孩子并不能理解家长心里的爱与愧疚，因而会自动把他看到和得到的画等号，认为爱一个人就是给他东西，给一个人东西就是爱他。

▲ 我们为什么会这样？

作为工作狂的父母，无论出于什么理由，必然没有时间陪孩子，时间都给了工作；即便与孩子在一起，也不是把时间给孩子，要么自己疲惫地无法陪伴孩子、与孩子互动，要么仍然被工作的电话、短信所打扰，心神仍在工作上。

因为对孩子有所愧疚，所以希望通过物质来补偿。

还有一种父母，自己也不懂得如何爱孩子，只知道爱孩子就是给孩子提供更多、更好的物质条件，而不知道如何从情感上去关爱孩子。

▲ 我们应该怎么做？

1）如果工作确实非常忙，那么慎重考虑要孩子。工作、自己的家庭、亲戚朋友、读书进修、锻炼身体、自己独处的时间等，如果自己不能分配得好，那么就不要急着给自己安排太多的事情，包括做父母，否则不仅自己的事情没有做好，还会影响到孩子。既然选择生他，就要好好养育他。

2）工作再忙，也不要忘了告诉孩子你关心他，爱他。即便不在一起，也可以用电话、信件等方式表达你对他的一切事情的好奇，对他成长的关切，对自己不能多陪他的歉意和遗憾，但尽量避免用物质作为给孩子的补偿。

3）只要能与孩子在一起，关掉手机，提高你们在一起的质量，这能够弥补数量的不足。

4）不论自己在工作、事业上多么牛，实在忍不住的话向朋友炫耀，到微信、微博上去炫耀，在家里，在孩子面前，你只是他的爸爸/妈妈。你会给他修玩具，你会帮他爬树，你会跟他学唱歌、学体操，跟他玩过家家你演得很好，那才叫牛。至于你会赚钱、有高学历、会管理等等，不用向孩子要敬佩。

5）谨防用"工作忙"作为借口和理由拒绝与孩子在一起，不要在工作与孩子之间更宠爱工作，孩子理所应当靠后站。

6）更要禁止告诉孩子，"我这么忙这么累这么忽略你其实都是为了你好！"要诚实地承认是自己想赚大钱、想显得更牛，是自己没有更好的办法做到兼顾。

第三章 〈〈

借着教育孩子发泄情绪

>>>>> **自我反思**

有没有借着教育孩子发泄情绪？

回想一下我们过去教育孩子的时候，我们内心是平静的还是波涛汹涌的？我们是在教育孩子呢，还是借此也在发泄自己的不快？

● "不好好学习以后就去扫大街吧！""你怎么这么笨啊！""现在条件这么好还不好好学习。"……孩子一不听话就唠叨，嫌他不够努力。

● 工作遇到困难，被领导批评，被同事挤兑，回家后最容易挑孩子的毛病，然后借此对孩子斥责一番。

● 下班后特别累，想歇歇，孩子却在家里疯了似的乱跑，更加心烦意乱，马上对孩子教训一番。

● 孩子期末测试没考好，你给他讲题，越讲越生气，开始斥责孩子"怎么这么笨"。

● 一听说别的孩子钢琴都过了多少多少级，就想到自己为孩子同样付出那么多，孩子却不争气，立马就逼着孩子不断地练习。

● 社会上伤害孩子的事件层出不穷，每次听到消息，就赶紧告诉孩子"不要自己乱跑"、"远离陌生人"、"不要随便去别人家"、"别随便开门"等等，唯恐天下大乱。

● "要努力学习啊，学不到知识，以后就考不上好中学，也就考不上好大学，工作也挣不到钱……"对未来充满了无限的恐慌和焦虑。

孩子在成长的过程中总会犯这样那样的错误，我们也在不停地指出、纠正、改善孩子的不良行为习惯，我们总是希望自己的孩子能如我们所愿地长大。我们都很关注孩子的教育，原本教育孩子的初衷也都是为了孩子，但是我们在教育孩子的时候，是不是都能就事论事地去处理问题呢？能平静地面对孩子的错误吗？对于大多数父母来说，其实很难做到。我们自身的情绪在很大程度上影响了我们对孩子的教育态度和方式。当我们情绪低落的时候，我们更容易放大孩子的问题；当我们焦虑的时候，我们无形中会把自己的焦虑转嫁给孩子；当我们对家人的不满无处发泄时，处于弱者地位的孩子往往是被发泄的对象（当然我们会借口孩子不听话、不懂事等来教训孩子）；当我们不能很好地控制自己的情绪，即便我们打着教育孩子的口号，其实在很大程度上也只是在发泄自己的不良情绪。

冷暴力比打孩子更伤人

▲ 打孩子肯定伤人

王朔曾经写过自己挨打的经历：

在美国，打小孩是犯法的。说实在的，全社会最普遍的暴力就是家庭暴力，打老婆都是其次，打小孩很常见。而且有人居然非常无耻地认为，这是正常的，说是为了孩子好，是爱孩子。我打死你这叫爱吗？你要是爱我就表现出来，让我感觉到你在爱我。你把我往死里打，这叫爱？如果这叫爱，这爱就是罪恶滔天。我小时候，我父亲打我一直打到他打不动为止。每次我都想，我以后有孩子了，我绝对不打他一下。我认为打小孩太可耻了。这叫欺负，欺负比你弱小的东西，你可耻不可耻？

王朔的父亲是否真的打他到打不动为止，我不知道。我见过邻居叔叔打他大儿子，打到后来是邻居叔叔落了泪，颓丧地放手坐在椅子上，看起来好像是打到筋疲力尽打不动了，而当时六七岁的我却能感觉到并不是表面这样的，是他自己内心的变化令他瘫软了下来，也许是意识到自己的借题发挥，也许是可怜自己一片恨铁不成钢的心思吧。

杨绛先生在回忆钱钟书的文章中记录有钱钟书先生小时候挨父亲痛打的情况：

"钟书十四岁和钟韩同考上苏州桃坞中学（美国圣公会办的学校），父母为他置备了行装，学费书费之外，还有零用钱。他就和钟韩同往苏州上学，他功课都还不错，只算术不行。那年他父亲到清华大学任教，寒假没回家。钟书寒假回家没有严父管束，更是快活。他借了大批的《小说世界》《红玫瑰》《紫罗兰》等刊物恣意阅读。暑假他父亲归途阻塞，到天津改乘轮船，辗转回家，假期已过了一半。他父亲回家第一事是命钟书、钟韩各作一篇文章；钟韩的一篇颇受夸赞，钟书的一篇不文不白，用字庸俗，他父亲气得把他痛打一顿。钟书忍笑向我形容他当时的窘况：家人都在院子里乘凉，他一人还在大厅上，挨了打又痛又羞，呜呜地哭。这顿打虽然没有起'豁然开通'的作用，却也激起了发奋读书的志气。钟书从此用功读书，作文大有进步。他有时不按父亲教导的方法做古文，嵌些骈骊，倒也受到父亲赞许。他也开始学着作诗，只是并不请教父亲。"

打孩子肯定会令孩子又痛又羞，却有时也能激发孩子的反抗心和志气，如钱钟书先生少时，如王朔。可是，打孩子必然造成孩子与父母关系上的疏远乃至怨恨。从王朔的话我们听出来怨恨，而钱钟书的"并不请教父亲"，让我们看到一个少年对父亲的主动疏远。

中国有句俗语：下雨天打孩子，闲着也是闲着。可见，古人认为打孩子是有益的消闲活动。又有名言曰：棒下出孝子。可见，自古以来打孩子便是被认可的有效育儿工具。我们小的时候好像没有听说过谁家不打孩子的。但**可怕的是，大人的诸多不顺心，往往在家里借着打孩子发泄出来。**

▲ 冷暴力比打孩子更伤人

随着独生子女政策的实施，儿童教育、家庭教育越来越受重视，家庭暴力、打孩子等议题被越来越多人关注。孩子也有人权，打孩子会给孩子造成心理阴影等已成共识。这是进步。

可惜，有的时候会出现矫枉过正的现象。曾经有一个家长咨询过我这样一件事：

在幼儿园，老师特别强调，无论如何都绝对不能打孩子。有一天，我接了孩子回家，孩子在路上闹脾气，无理取闹。我用尽了各种办法，都不管用。我已经到了忍耐的极限，就要动手打他了，想起老师的话，只好忍住。我只好不再理他，因为一理他我一定会爆发。过了一会儿，我儿子嚷嚷了半天，见我不理他，哭了起来。他说：妈妈，你怎么不跟我说话？他那种委屈还有恐惧比我打了他还严重……

不理他，让他待一边反省。美国早年的育儿经就是这样建议的，叫作 time out，甚至建议家里设置专门的用于冷静和反省的空间——冷静角。近几年，心理界的研究发现这样做不见得管用。有的孩子是独自待在那里了，但是没有反省。有的孩子则产生了被遗弃感，被不同对待产生羞辱感，受到的心理创伤更严重。这种"不理你"的惩罚方式被定义为"冷暴力"。

冷暴力有的时候比热辣辣的一顿揍杀伤力更大。

1）冷暴力意味着切断联系、拒绝沟通。打一顿起码还有身体接触。

2）冷暴力让孩子自我反省，最后自己主动屈服，打一顿是把屈服强加给你，你可以保留内心的反抗与尊严。

3）冷暴力是绝对的我正确你错误，打一顿却暴露了父母的弱点，两人共同分担错误。

4）冷暴力是对孩子的彻底绝望，潜台词是：我都已经不认为你值得我花时间和精力了。打一顿却往往含着恨铁不成钢的意思在，否则也不花这么大的力气了，反而是对孩子的期望和认可。

当然，这里的"打一顿"，不包括那些借题发挥的、为泄愤而拿孩子出气的等等，不纯然是因为孩子的错误而惩罚孩子的行为。

▲ 我们为什么会这样？

1）有的家长自身的习惯是比较压抑、比较冷淡的，对孩子的错误不喜欢也不会去激烈地指出和纠正，虽然不打孩子，但也不会去努力管教孩子。

2）有的家长是使劲抑制住打孩子的冲动，因为担心这是家庭暴力，会给孩子带来心理阴影。

3）有的家长是真的不知道该如何处理了，只好不作为。

▲ 打还是不打？我们应该怎么做？

当家长实在拿孩子没有办法时，尤其是当孩子确实有错误的言行、有必要让孩子接受教训、做出改变时，打孩子要比冷暴力"好"一些，两害相权取其轻。家长不是天生的圣人，不可能什么事情都能处理，只要认识到自己需要不断学习，总能找到与孩子沟通的办法。在还没有找到合适的办法之前，选用伤害小一点的办法。

还有一种特殊情况。美国心理学家保罗·艾克曼描述过这样一件事：

在他女儿两岁左右刚学会走路的时候，有一天她蹒跚着走到了外面的马路上，那里有车往来，很危险。保罗把她抱回来，她又跑出去了，她非但认识不到危险，反而认为这是一个很有趣的游戏——我跑，爸爸抱回来，我再跑。几次之后，保罗意识到这样不行，他自己也确实很恼火，讲道理孩子听不懂，制止又制止不住。于是，最后一次把女儿抓回来，他重重地在女儿屁股上拍了两下。这下见效了，孩子再没有往马路上跑了。

我们并不是提倡打孩子，但是有些时候，打了也就打了，但是要注意以下几点：

1）当你只有冷暴力和打孩子两个选择的时候，记住选择冷暴力的伤害可能更大。

2）打孩子只是因为某件具体的事情，而不是家长发泄自己的情绪。

3）打孩子不是为了惩罚，而是让孩子明白自己做错了事，要承担后果。

4）最好事先有约定，哪些言行的后果是要挨打的。

5）在讲道理孩子没法听懂，而孩子的错误会造成严重后果的时候，可以打。

6）打完孩子，如果后悔了，可以就自己的"打"向孩子道歉，检讨自己的方式方法，但注意不要让孩子误以为你不应该管他，误以为是在为整件事道歉。

7）我们不是圣人，因此我们要不断学习，不能总用"没办法"当借口来打孩子。办法一定是有的！

把孩子当"出气筒"

我们用"大发雷霆"来形容一个人的震怒。家里有个总爱发火的爸爸或妈妈，就像家中的天气总是会突发暴风雨一样，压抑、恐惧、心惊胆战。

当父母为了小事生气的时候，他们的攻击性十足，而且是指向外界，尤其是孩子。

钢琴演奏家郎朗在他的自传中曾经这样描述他父亲的一次暴怒：郎朗因为在学校排练，晚回家了两个小时，"他冲着我声嘶力竭地喊叫着：'你都上哪儿去了？回来这么晚！你这个没信用的家伙。你把自己的生活毁了！你把我们所有人的生活毁了！'"

我们在愤怒的时候会夸大事实，郎朗的父亲首先就是在夸大这两个小时的损失，而且把他的迟到夸大为"没有信用"而对郎朗的整个人品进行否定。之后，我们会重新归因，把失败、挫败等都归到愤怒的对象身上去，这就是郎爸接下来说的："你把自己的和所有人的生活都毁了。""我为了你放弃我的工作，放弃了我的生活！你妈为了你拼命干活，勒紧裤腰带过日子，每个人都指望着你，你倒好，回来这么晚……"愤怒的情绪太强烈了，容易使人失去理智，而向外的攻击性很容易转化为暴力。郎爸接下来就逼郎朗吃药自杀，郎朗拒绝后又逼他跳楼。

郎朗说，爸爸以前也经常吼他，但都没有这一次厉害。

现实生活中也的确很少有人以杀人作为结束，最多是打孩子，踢孩子。程度虽有不同，过程却一致：一件小事作为导火索，诸如孩子没考好、磨蹭、不听话、顶嘴等，家长的火就起来了，开始责骂孩子，越骂越火，开始上纲上线、扩大范围，从错误上升到人品，从现在扩展到未来，或者从孩子泛化到学校、另一个家长、社会等等。孩子也许解释，也许吓哭了，也许回嘴，于是责骂升级为暴力行为，以摔东西、打孩子最为常见。

这个过程中孩子的反应先是恐惧，即便是身经百战、经常被吼的孩子，也仍会惊怕，之后是希望缓和事态，孩子会解释自己的言行，像郎朗做的那样，不过解释往往被视为狡辩，而且往往被打断，怒火中烧的家长没有耐心听孩子解释，他会认定自己的判断是正确的。被打断的、不让解释的孩子自然不服，对父母产生反感，对自己的处境和遭遇产生不公平感，这些情绪与愤怒一样，也是向外的，有的孩子会爆发出来，引起家长的暴力打压，给压回去，有的孩子则一开始就自行压抑了下去。压抑下去并不意味着消除、抹掉。压抑的愤怒会累积起来找到时机和合适的对象而爆发，也会令身体遭殃——心跳加速、血压升高、肌肉僵硬、胃部抽搐，等等。

长此以往，应该解决的问题没有解决，而总是当父母出气筒的孩子，反而会出现更多问题。

▲ 对孩子的长久伤害

1）会变得胆小、疑虑、迷惑，反感家长，尽量躲避家长。

2）会拷贝父母的模式，从父母那里学会用发脾气和暴力攻击的办法去应对矛盾冲突。

3）与权威交往时会有障碍，累积的与父母的冲突矛盾的互动会再现在与权威的关系中。对权威人物不信任，不服气，不能根据自身的需要和处境去调整和表达自己的情绪，要么压抑自己，要么大发其火，走极端的结果是既不能如愿达到目的，又破坏了与他人的关系。

4）他的自我价值会模糊不清，不能以恰当合理的方式去获得别人的接纳，因为他不知道自己是否值得别人接纳，也不知道别人接纳自己和不接纳自己的原因是什么。

除了上面提到的这些伤害，独生子女一代有其独特的现象。

独生子女的一代与之前的子女不同。之前的暴脾气家长对孩子动怒，但对外人一般都很克制、随和，甚至友善，让孩子觉得很不公平。现在的独生子女的家长有不少是对孩子固然常发脾气，美其名曰管教严格，对他人也同样不假以辞色，尤其当别人说他的孩子不是的时候，他会非常"护犊子"。我的孩子我可以随便收拾，别人不能说半个不字，即便这个别人是奶奶、舅舅、老师，都不行。现在的家庭大多数不必为物质发愁，又只有一个孩子，孩子的很多其他愿望常常会被满足，例如买玩具、买零食等。这样孩子得到的信息是混乱的：一会儿家长好像恨我入骨，我做什么都不对，我整个人一无是处，他们攻击我甚至要毁灭我；一会儿家长又好像很爱我，在他人面前维护我，给我买东西，逗我玩儿，我们一起很开心。**孩子会逐渐变得迷惑，不知道自己到底是值得爱的还是不值得爱的。**

▲ 我们为什么会这样？

主要是因为感到挫败和被侵犯。

生气、发火、愤怒……这些攻击性的、可以统一归为"怒"类的情绪，是非常原始的一个情绪，很多动物都有。所有愤怒类的情绪都涉及挫败和被侵犯，例如当我们不能如意、我们的目的不能达到、我们想要的结果不能实现的时候，当他人令我们失望，以及我们被忽视、被低估、被攻击的时候。

孩子不可能完全照着我们预想的那样去做每一件事，并得到我们预想的结果，所以孩子有时会令我们失望，令我们的目的受挫（比如期待孩子考第一）。当我们教育孩子的时候，孩子会误解、会因不乐意而产生顶嘴、不服从等行为，这会让我们感到自己被忽视、被攻击……在与孩子的互动中，我们确实常常体验挫败！因此，我们必然会生气、发火。

可是有些家长，本来三分的火，他会发到九分，本来在说孩子的某件事，却演变成不由分说打孩子。这里一定掺杂了与孩子的事、与孩子无关的其他愤怒进来，比如在单位的挫败，在回家路上的被侵犯（有人超车），对自己的父母、婚姻、社会地位的诸多不满意等等，全混在发向孩子的怒火中。

▲ 我们应该怎么做？

要我们及时地把每一件事都处理好，那确实太难了。但至少我们要尽量避免动不动就对孩子大发雷霆：

1）**要能清醒地意识到自己的情绪是从哪儿来的。**能理智地划清界限，不让它们互相影响。

2）**从现在开始，反思自己的状态，反省和觉察自己的处事方式。**很多暴脾气家长自己小时候就是被吼大的，不会倾听孩子，因为自己就没有被父母倾听过；不会沟通，因为自己就没有与父母沟通过，所以现在也只会对孩子吼。一代一代传下去要到几时呢？如果我们真的爱孩子，为了孩子，为了自己，从现在开始，反思自己的状态，反省和觉察自己的处事方式，学习和扩展自己，而不是让孩子成为一个自己任性而为的出气筒。

3）**越是有怒气的时候，越需要清醒、理智以及耐心。**当愤怒来临时，深呼吸，如果火实在大，可以先找替代物发泄，例如撕报纸。然后，问自己，刚才是什么引得我想发脾气？如果是我觉得挫败，那么我原来的目标是什么？我如何能够达到既定的目标而不是骂孩子、打孩子？如果是我觉得被藐视、被顶撞，孩子藐视、顶撞的理由是什么？先让孩子说清楚，我看看孩子是有理但表达不当还是没有理？孩子不是敌人，不是我们的绊脚石，更不是我们的出气筒。

家长如果发现自己总是发火，一周大爆发至少一次，中爆发至少两次，每天都会因某事生一次气，那就要审视一下自己的处事方式和情绪状态了。可能需要专业的心理辅导去梳理自己的情绪诱因并学习如何去处理。

把讲道理变成了说教和唠叨

我有一个 13 岁的来访者，厌学是他的家长来找我的主要原因。谈下来，这个孩子给人的感觉是乖巧、有礼貌、压抑。与一般 13 岁的孩子相比，他的想法偏天真，思路稍显混乱，最明显的是，没活力，不爱动弹。他显得很懂事，应该怎样，未来怎样，父母怎样，都说得头头是道，就是没有行动。学校里的挫败特别多，他与同学的关系、学校活动的参与、课余才艺的发展等，都没大问题，但都不如意。我把他的家长请了来。她妈妈不怎么爱说话，在家里也是。他爸爸则高谈阔论，谈到困难，用好多成语和古代典故去说明困难不可怕以及应该勇敢面对困难，连"愚公移山"都讲了。在他这样讲着的时候，我观察到，孩子脸僵了一下，眼神也飘走了，很无奈、很茫然的神色。

自从"家庭暴力"受到了公众的重视，自从教委明令学校里不许体罚学生，不许老师对学生有语言暴力，从家长到老师，好像都对怎么教育孩子没招了，就只剩下讲道理。讲道理是必须的，为什么对孩子有这样的要求，为什么那样的言行不对，我们必须把原因讲出来，才能让孩子明白事理，让孩子看问题的角度更广更高，让孩子知其然，还知其所以然。

但往往我们在给孩子"讲道理"的时候会无意中传达出说教的感觉，甚至同一件事情不停地说，来回地说，最后演变成了令孩子生厌却没有任何效果的唠叨。我们总是希望给孩子讲一大堆的道理来让孩子对世界有新的认识，能让孩子自发地改正行为。我们极力地推广自己的经验，实际上我们内心是在发泄自己对孩子的不满和对未来的焦虑。

▲ 对孩子的长久伤害

孩子长期处于说教的环境中，会对其成长产生一定的负面影响：

1）让孩子觉得我们是"常有理"。父母什么都知道，什么都能给说出个道理来，而且这些道理一定是绝对正确、要服从遵守的。

2）破坏亲子感情。因为说教不接地气，容易流于纸上谈兵，等孩子也有了一些自己的道理，和家长的交流就容易变成口舌之争，双方的情绪在争吵中升级，就又会演变为意气之争，最后谁也没说服谁，感情还被破坏了。

3）容易限制孩子的思路，不利于孩子开阔眼界、有创造性的思维。每个人都会逐渐形成自己的处世信念、处世标准，基于自身的经验，自己的成长过程中所受的教育和影响，以及自己的思考，因此这些信念和标准只适用于个人。有共通的、普世的价值存在，也有纯个人的、小概率的总结。家长的道理有些是对的，有些就可能需要做些调整才能适合孩子的情况。如果家长只是把自己储存的道理一套套搬出来，认为天经地义，必然会限制孩子的思路。

4）养成光说不做的后果。说起来滔滔不绝，大道理一个个，但却不会去动手实践，容易形成眼高手低的现象……

大多数家长不至于只有说教，总是说教。孩子也许忽略了这部分，也许就对说教很敏感，要综合考虑家长的语气、心态、性格脾气等，去推测带给孩子的影响，孩子越大，说教越不管用。家长也得随着孩子成长而扩容，多些"招数"，多些道理。

▲ 我们为什么会这样？

1）觉得自己是通情达理而且所知甚多、甚对的家长。事实恰恰相反。通情达理的家长会对孩子有同理心，能够知道孩子需要什么、不需要什么，能够耐心去了解孩子做错事的原因，而不是自以为是地就开始讲道理，讲的都是从自己经验和角度出发的道理。世界上的各种可能性太多了，没有放之四海而皆准的道理，尤其是孩子成长过程中的细节，必须具体情况具体分析，不能用大道理去套。

2）没有耐心，没有同理心，并不真正了解孩子，自己其实也没有多少应对的办法，而只有道理。

▲ 我们应该怎么做？

讲道理不仅仅是靠一张嘴去讲的，那么我们**如何才能不唠叨、不说教地跟孩子讲道理？**

1）在一定范围内给孩子独立自主的机会，让孩子有机会自己选择，自己决定，自己听自己的话。

2）用尊重的口吻、建议的态度，就事论事，与孩子"商量"，而不是强迫、威胁。

3）允许孩子"申辩"，让孩子为自己的行为"找理由"，养成讲理的习惯。

4）讲道理前一定要了解清楚情况，有的放矢。

5）讲道理时，要贴合孩子实际发生的事来讲，要用孩子听得懂的话讲。比如用孩子体会过的感受讲道理，或者用熟悉的童话故事来劝说孩子，借用孩子心中"偶像"的力量。

6）孩子不只是"听众"，要善于多用提问的方式讲道理。

7）讲道理时不要采取我都懂、我都对、听我的等等凸显自己正确、要孩子服从的情绪和态度。少说"你不能……"，取而代之的是"你可以……"。

8）除了讲道理，还要给出具体的指导，接纳孩子的情感，最好是引导孩子自己得出结论而不是逼孩子认可你的道理。

9）如果是对孩子的要求，明确提出你的具体要求，以及奖惩措施。如果是对孩子有批评，那么直接指出孩子的错误，不要因为讲道理而把实际的要求、批评等转移了。

10）多观察和听取孩子的反馈，而不是自己讲完了就完。根据孩子的反馈，调整自己的说话方式和内容。

11）最重要的是，一定要了解孩子所具备的理解能力，确保你说的话孩子听懂了，而且能执行，否则就是白费唇舌。

把传授变成了命令

家长是"大人"，孩子是"小孩儿"。大人见多识广，自己有很多经验和体会，为了让孩子少走弯路，避免犯错，自然会教导孩子；指点给他道理和诀窍，很多家长更是恨不得能把自己所知所会全传授给孩子。要是有一根连线，能把自己脑子里的东西直接传到孩子的脑子里就好了，就像两台电脑交换数据一样，那该多快捷、多全面！可惜人类的学习并不是这样的。如果没有亲身的体验使外来的知识"内化"，大人的灌输在孩子那儿只能是左耳朵进右耳朵出，存不住。即使孩子有时好像都明白了，能重复大人的话，大多数时候也只是鹦鹉学舌，并不真的明白，更说不上身体力行了。

因为我们如此热诚地想教育孩子，希望孩子能懂事，能快快成长，常常话说得太多，事儿管得太宽，态度太急切，情绪太暴躁。孩子小的时候，天真可爱，稚拙懵懂，让大人不由自主地会放缓语速，调整语气，哄着孩子说话，显得和蔼可亲。随着孩子一点点长大，越来越不听话，我们的语气就日趋严厉，眼神日渐凌厉，耐心越来越少，脾气越来越大，终于指导变成了指责，传授变成了命令。

当孩子不听话时，我们往往在不良情绪影响下说出许多强硬的话来：

"不准哭！"

"住嘴！"

"说不行就不行！"

"照我说的去做，没有为什么！"

"听老师的话！"

"别哭了，有啥好哭的！"

"连我的话都敢不听？听我的没错！"

"不准失败！""不准生气！""不准闹脾气！""大人说话，小孩别插嘴！"

"老实交代！"

"你别写了，给我站着！"

本来我们想要告诉孩子应该做我们认为对的事情，当孩子在我们三令五申后仍然做不到时我们就渐渐失去了耐心，感觉孩子在挑战自己的权威，于是用命令来强制孩子的行为，其实这些命令背后隐含了我们对孩子不满情绪的发泄，甚至有点给孩子惩罚的心态。

还有一种命令让孩子更难受，那就是"温柔的命令"。大人解释了"只能这样做"的原因，讲明了道理，也表示理解孩子的想法，但只有听大人的才是为了你好。这种温柔的命令会让孩子既愤懑又压抑，既恼火又窝火。粗暴的命令常常使孩子产生反抗之心，至少能让孩子有理由去冒险尝试自己的想法。"温柔的命令"让孩子连反抗之心都没有，反抗谁呢？父母吗？他们已经那么地苦口婆心、考虑周全，要是再不接受岂不是显得自己忘恩负义、不识抬举？不反抗或者反驳呢？自己又觉得憋屈，自己的想法得不到满足，就算父母的办法效果再好，也是不高兴，不开心。

我有个朋友，16岁的女孩子，跟我诉说种种不如意，"零花钱不能随便花，出去玩必须先请示、获批准，跟谁在一起必须汇报，剪什么头、穿什么衣服……都要听他们（指家长）的"。我说："既然有这么多的不满，有这么多的想法，为什么不跟他们说呢？"她说："说了，但是说不过他们。无论我说什么，他们都有理由、有例子，最后证明我又幼稚又愚蠢。每次我赔着笑脸，跟他们请求，到最后气得我回房间关上房门摔东西、哭。""是生他们的气吗？""也气自己，恨自己无能，讲不清楚，在他们面前显得那么幼稚可笑，怨恨自己笨，实现不了自己的愿望。"

这个女孩子的遭遇是很多独生子女都体验到的。大人谆谆地让你明白"听我的没错""必须且只能听我的"，你别无选择。粗暴的命令常见于以前的父母，他们没时间，没耐心去给孩子解释，也没有这个意识，觉得有必要跟孩子好好说。粗暴的命令有时还能鼓起孩子的"斗志"，给孩子一个理由去做点什么，而温柔的命令连这点生命力都给温柔地扼杀了。

◢ 对孩子的长久伤害

1）扼杀孩子的创造力。

"乖"、"听话"是我们常常要求孩子的，并将"乖孩子"等同于"好孩子"。听话，听谁的话呢？当然是听我们大人的，因为我们知道得多，我们正确嘛。可是至少有一样是我们不知道的，那就是孩子的想法和意愿。孩子越小，越不会表达自己的想法和意愿，大人越"高压"，越不容分说，孩子就越不敢表达，久而久之，孩子都不能也不会表达了，大人看到的就只是这孩子不听我的话，不照着我说的去做，脾气大，反抗我！

其实，孩子的行为背后有他自己的想法和意愿，有他的道理和目的。那些想法什么的在大人看来可能会太简单太天真，太傻太错误，但那也是孩子的想法，他尝试了才真正知道自己的想法不合适，才会自觉自愿地去找新办法，或者向别人（包括大人）求教，或者自己看书、琢磨。我们要保护孩子这些原创的想法，支持并促进其完善，而不是用"听我的"来扼杀它们，然后慨叹现今的孩子没有创造力。

2）让孩子失去自尊。

其实我们换个角度，把自己置于被命令的处境，然后去体察一下自己的情绪，就可以了解孩子的感受了。

当你听到一连串的"不准"开头的话时，你是否感到被限制、被压制的恼火和没有其他选择的无奈？"听我的没错"、"你就该如何如何"让人觉得没道理、太武断，凭什么？不公平感就产生了。命令的话常常是让人无条件地服从的，对于士兵来说，接受命令是其天职，是其义务，但对孩子来说就是操纵、控制，是对孩子的不尊重。孩子会感受到这种不尊重。长期被呼来喝去，慢慢地自己也不能尊重自己了。丧失了自尊的孩子剩下的就是自卑，自我价值感低，将来容易被别人利用和控制，不能自主。

3）让孩子或反抗或软弱。

总是被命令的孩子，长大以后大体会分为两类，一类是反抗型的，一类是软弱型的。反抗型的，不用说，就是对命令、指令、规则等"管制"性的事情特别敏感，常常表现为不服从。有句话叫"七个不服，八个不忿"，在生活中我们常会遇到这样的人，他们不能轻易跟别人"苟同"，一定会挑出不对、不好的地方，予以反对。有的人脾气大、暴躁，一句话让他觉得不舒服、不顺耳，就会爆发，不顾及他人和后果。这样的人有时若服从起来又会死心塌地、言听计从，忠诚又顺从，就像李逵对宋江，前提是这个人或这件事是我喜欢、我愿意的，不讲道理，不讲是非。显然，这样的人是走极端的，只有"听令"和"违抗"两个选项，不会综合考虑，不会与人商量，便宜行事。有的人把精力专门放在反抗上，他的生活和工作中一定要找个人来"斗"，在"斗"中感受到成就，感受到自我的存在和价值。若要让他建设或者创造什么，他是不会也不能的，只会破，不会立。他必须找到一个对手或者敌人，作为对立面，就像是一枚硬币的反面，而他就成了硬币的正面，两者一起才能成为一枚硬币。对手没有了，反面没有了，他也无法存在了。这样的人在生活中也很常见，成事不足，败事有余。

另一类人是软弱的，唯唯诺诺的老实人，总是听命于他人，执行着别人交给的任务。我们有时会非常同情他们，然而，可怜之人必有可恨之处，这类人不仅自己过得不如意，他们也不会让别人觉得舒服。他们往往是口服心不服的，嘴上唯唯诺诺，其实阳奉阴违，先糊弄过去再说，等着看领导的笑话。常常，他们有太多的郁闷和不满，但是却不知如何发泄出来，他们"老实巴交被欺负"的形象会引起别人的同情以及对"欺负"他们的人的憎恶，这种间接地对"欺负"他们的人的影响，我们称之为"被动攻击"。

我中学时有个同学，据她说是孤儿，住在姨妈的家里，像领养又像寄居。她经常流露出对姨妈的不满，觉得姨妈对她不公平、冷漠、严厉等。我们偶尔去她姨妈家找她，眉眼态度上都会显露出对她姨妈的不屑和反感，她的姨妈也一定感觉得到。出乎我们意料的是，她在姨妈面前笑容可掬，语调温柔乖巧，跑前跑后，整个一个幸福的乖乖女，让我们大跌眼镜。她后来给我们的解释是，她不得不这么演戏以博取姨妈的欢心，于是我们更加唏嘘。现在回想起来，她姨妈一定吃了她很多哑巴亏，因此也一定会被她的行为气得够呛。

闷声不响的人给人吃的闷气会让人更加气恼，所以他们即便再顺从，再软弱，也不容易得到真正的关爱。自怜自艾却不能自主自尊的人最多得到同情，却得不到友情。

现在很多独生子女的表现是这两者的混合。你说他服从、听话吗？也不是，他只是没有公然反抗而已。那么你给他自由和权利，让他表达，让他去做，他又不愿、不敢或者不会。现在单位、公司里已经有不少这样的员工了，让领导摸不着头脑。你要是真的生气了，他又很会来认错、讨好，让你不忍心怎么样。这样的员工不好用，不好管，下命令也不是，哄着也不行，他本人还一肚子的不高兴。

◢ 我们为什么会这样？

斯宾塞说过："父母们夸大了子女的不正当行为给他们带来的苦恼，总认为一切过错都是由于子女的不良行为所致，而与他们自己的行为无关。但是我们稍作公正地自我分析之后，可以发现父母发出的强制性指令，主要是为了自己的方便行事，而不是为了矫正错误。"

孩子小的时候，对这个世界一无所知，他仰赖并需要父母的解释、告知、指点和引导。他需要父母的提示和支持，更需要时间和空间去实践和体会，去比较和判断，去创建自己的想法和方法，去尝试，去失败，直到真正地学会。他需要一个教练式的父母，什么都不会的时候教练会手把手地教，但更多的时候他是启发和指点，因为比赛是自己的。孩子需要一个权威的父母，知道很多事，睿智且经验丰富。孩子小时候看父母就如同看天神一样，知道父母强大有力，知道父母渊博智慧，孩子才能安心地依赖、仰仗并信任父母。只不过，他们需要的是一个富有同情心的、宽容耐心的权威，一个能照顾到孩子具体要求并能与之磋商的顾问型权威。

其实，很多家长都明白这个道理，但是就是控制不住自己，命令式的话常常脱口而出。如果是这种情况家长可能需要多做一点努力，去发现自己，完善自己。家长不由自主地就命令吆喝孩子，一般是由几个方面造成的：

1）缺乏耐心，太过焦虑，控制得太强，不能、不敢给孩子"犯错"的空间（其实孩子未必就会犯错）。

2）自己眼界不宽，处事不够灵活，因此认为自古华山一条道，那就是自己的道，孩子只能走这条道，不肯承认条条大道通罗马，或者他也承认有别的道，但是别的道不一定好，只有自己这条道最好。

3）有的家长是不善言辞，不会沟通，只会简单地发出指令。如果是这种情况，一方面是注意多说点解释性的话，一方面要注意自己的态度和表情，即便话的内容很简短，但若眼中是期许，唇边是笑意，态度平和自然，也不会给孩子带来误解和伤害。

4）有的家长习惯了这样的方式，他小的时候就是被命令长大的，现在他就命令、指挥自己的孩子，一点儿都不觉得这样有何不妥、不好。更甚的是，他可能已经认同了当初父母对待他的方式：你看我今天不是挺好的吗？看来他们那样做是对的！

5）很多家长是因为不能理解孩子。我们自己不做孩子太久了，已经忘记了当孩子时的种种情况。我们的记忆也会欺骗我们，拣轻松愉快的记，忘了当初的恐惧、期待、苦恼和快乐。因为不能理解孩子，孩子又不能完整地表达他们的意图，我们当然会认为他们的想法幼稚、偏颇、不可取，再闹我们就只好不由分说下命令了。常有不识字的农村妇女能成为孩子一辈子尊重、敬仰、信从的妈妈，知识不一定重要，重要的是，你要有足够的耐心和对孩子的尊重，打开耳朵，打开心扉，听孩子说出来和没说好、没说出来的话，擦亮眼睛去观察孩子，能站在孩子的位置去体会孩子的处境。只要你下定决心，做孩子的妈妈或者爸爸，而不是要当孩子的领导或者老师，就够了。

6）有的家长是因为自己对"命令—服从"太敏感，自尊、自信不够，因此孩子的不同意见，孩子自己的想法被他误读为不听话、反抗、冒犯自己，是对自己的蓄意顶撞和不尊重，因此家长的反应会非常强烈，一定要在气势上和行为上压倒孩子不可。这样的家长常常有两种，一种是在外面颐指气使、发号施令惯了，回到家一下子转变不过来；另一种是在外面被命令指挥得太多了，太压抑，回家来把心中的怨气和压抑发泄到孩子身上。如果是这样的情况，那么家长要注意自身的提高和扩容，改变自己的行为模式，解开心结，必要的时候要找专业的心理工作者提供帮助。

▲ 我们应该怎么做？

过多的命令会给孩子造成各种长久伤害，并不是说我们就不管孩子了。常有家长问我这样的问题："难道我就撒手不管了？"教育孩子的方法并非只有黑白两色，非此即彼。孩子需要家长的扶持和引导，同时，也需要家长的耐心和尊重。我们要根据孩子的能力和状态，从手把手地教导、扶持，到提醒、指导，到与孩子协商规则、放手让孩子自己负起责任，切忌居高临下，不容分说地发号施令。

如果您注意到自己有时候太独断专行，常常用命令的口吻跟孩子说话，那您需要给自己喊"停"，试一试改变方法，用下面的方式与孩子沟通：

1）制订规则。每个人为所欲为的自由必然要受到各类道德准则和行为规范的限制。一个人是总感到被管制、被压抑呢，还是认同社会秩序而形成自律，有赖于从小父母、家庭所给予的规则以及遵守规则的行为训练。家里对于哪些事情该做，哪些行为不允许，要有明晰的规定，让孩子心知肚明。为什么会制订这些规范也要告诉孩子，即便他还小，不理解，家长也要尽量用孩子能听懂的话去解释说明，这些准则和规范全家人都遵守，不是对孩子一人的要求。

2）如果孩子已经足够大了，那么有时"无声胜有声"。不是非得吆喝、命令，你的一个眼神或者悄悄的耳语，或者自己带头做，都能起到很好的效果。

3）注意场合。越是人多的时候，孩子越兴奋，越难管束自己，很多家长看着就觉得别扭，就想管管了。加上中国有俗语云："当面教子，背后管妻"，很多家长就会开始命令孩子不许这样那样，或者要孩子做什么。其实，孩子的自尊强烈又脆弱，家长一定要保护孩子的自尊心，而不是伤害它。如果你真的很想管，那么尽量用上述的办法，递眼神，或者悄悄话，或者把孩子先领出去，切忌大庭广众之下训斥孩子。

4）给孩子空间和时间去犯错，去体验，去纠正。我们命令孩子这样那样往往是因为我们自己没耐心，希望立刻看到结果，这是为自己，不是为孩子。如果真的是为了孩子，就必须让他自己去尝试，允许孩子犯错。

把恐慌和焦虑转嫁给孩子

有一次我讲课结束后，一个妈妈上来拦住我说："曲老师，耽误您一分钟，我和我女儿昨天刚发生了一场冲突，我想向您请教一下。"她说："我女儿13岁了，平时性子就很慢，什么事都要我催，自己的事儿也不会安排。昨天她起得早，下午放学回家我先做饭，我就让她趁这会儿工夫先休息，等我做好饭，她也恢复了精神，吃完饭再写作业效率也高。她说想先写作业。我说，我做饭时间不长，你又写不完一个完整的卷子，又很困，不如先休息。她说她不困，非要写。但我知道她肯定困，因为起得太早。我就继续给她解释，她不听，把书和卷子拿出来放桌子上，翻开。我过去把她的书合上，她挥手就撞到我脸上，打了我。她长这么大，头一次暴力反击我。您看我该怎么办？"

当她讲到她去把女儿的书合上时，我的心一沉，我说："先给您一个回馈吧。当您讲到您去把女儿的书合上时，我感觉您很暴力，只不过没有打到女儿的脸上而已。"

我并没有指责她什么，只是描述了她的叙述带给我的感觉和想象，是她不敢正视自己的"暴力"，虽然很温和，动机是为女儿好，但也是暴力。而我的感受相信是与其时其地她女儿的感受相通的——被紧逼、被命令、被否定所带来的紧张、不安、烦躁以至于愤怒。

对于这样行为的妈妈，很多人会说她"控制"。我不常用这个词，因为这个词只是描述了她的行为，在一般人眼里，这个词是个贬义词。我们要深一步，看到"控制"行为背后的原因，是什么让她一定要如此细密地管制女儿？是她的恐慌和焦虑。上各大教育论坛去看看，家长几乎是从孩子一出生就开始焦虑了：母乳、奶粉、抚触、补钙、开发智力、亲子班、幼儿园、双语、学前班、幼小衔接、特长、电脑派位、小升初、中考……一个小时浏览下来，想死的心都有了。是的，前途黯淡，未来惨烈，焦虑的妈妈让孩子高兴不起来，因为前面的人生不值得过。焦虑恐慌的妈妈会唠叨、控制。

▲ 对孩子的长久伤害

先强调一下，人必然会焦虑和恐慌，因为人能想象未来可能发生的事。这是人优于其他动物的特征，是上天的恩赐。适当焦虑让我们未雨绸缪，防患于未然。但若总是处于忧患之中，惊弓之鸟，四面楚歌，那就是慢性自杀。有了忧虑，却没有应对措施，或只有华山一条路，就会让我们恐慌，恐慌之下我们就会紧抓救命的稻草，变得"控制"。

我们来看家长的焦虑和恐慌会给孩子带来什么样的负面影响。

1）重复与管制令孩子情绪变得烦躁，对母亲厌烦，更重要的是感到妈妈对自己的不信任、不尊重、不公平，这将影响到孩子的自信和自尊。由于总是妈妈说得对，总要听妈妈的，孩子对自己的能力和特点就没有机会去客观地认识，会自卑或自大。

2）恐慌的情绪会传染。

我的一个来访者——刚毕业的大学生小C说："人家都是妈妈唠叨，我却有个烦死人的爸爸。从小他就不停地说，这人就要上档次，要不然就完了。他同事家的孩子考上什么名校了，他朋友的孩子就普通人了，一辈子就这样了。他只要见着我在玩儿，或者躺着发呆，或者不论我干什么，都要过来说：'最近考试怎么样？'要不就是：'这会儿工夫不如去背几个英语单词。你得抓抓紧了！'我一听他说话，一见到他就烦。我从小一直是中上等，可是一考试就紧张，总是关键时候掉链子。"

来访者小C一到考试等关键时刻就掉链子，考试前肯定失眠，就是在"只有一条路""不成功就如何如何"的观念重压下过度紧张的表现。家长可能做梦都没想到，正是自己的谆谆教诲给孩子带来的压力阻碍了孩子的成长与进步。等孩子长大一些，就会更激烈地反感和反抗家长，家长因此会更恐慌，加紧控制，最终变成"压迫与反抗"的悲剧，感情破坏了，又两败俱伤。

◢ 我们为什么会这样？

这里有很大的原因是社会因素造成的。

以我的观察和接触的案例来看，焦虑的家长越来越多，从孩子零岁开始焦虑，直到结婚、买房、孩子再生孩子。人们谋生方式的急剧变化、人际关系的变化、规则混乱、信任危机等，家长确实看到很多的阴暗面和我们无能为力的事实，如社会资源的短缺和分配的不公平、污染、假冒伪劣等现实环境。当我们自己已经认为未来黑暗，就不可能骗孩子说前途光明，当我们自己侥幸成功或不幸落伍，我们当然要约束孩子去走那唯一让我们觉得可靠的路。家长的苦心真的可怜。

◢ 我们应该怎么做？

面对孩子成长中的问题怎样才能最大限度地减少恐慌和焦虑呢？

1）提前了解育儿的相关知识，了解孩子成长的特点，多学习一些教育孩子的观念和技巧，这样我们在遇到孩子的问题时才不至于很慌乱，也会更自如地应对。

2）多跟其他有经验的父母交流。

3）扩大视野，提升自己的认识，不要为目前的现实所困扰。

4）放眼未来和全球，用更长远的眼光来看待孩子的成长。

……

值得思考的是，不要把自己对其他事情的焦虑转移到孩子身上，减少唠叨，信任孩子。如果有不公，有黑暗，除了让孩子忍受或暂时忍受然后出国，自己有没有尽一份力去消除不公和黑暗？还是自己也趁机捞了些利益？家长作为一个成年人、社会人，除了对孩子施加影响和控制，又怎样更好地承担自己的责任呢？

不停地抱怨孩子

我们经常会听到父母这样抱怨和指责孩子：

"现在的生活条件这么好，你还不好好珍惜！"

"给你买了这么多书你也不看！"

"花了这么多钱到这个学校上学，你还不珍惜！"

"花大价钱买了钢琴，你却不愿意练习了！"

······

我曾经听一位母亲的怨诉与冤诉长达数个小时，每个治疗五十分钟，有四十分钟以上是她说，怎么都打不断、引不开。一切都那么不好，父母、兄妹、老公、孩子，都有负于她；也有好的，但由于别人的原因，她都无法享受。她的唯一缺点呢？太忍耐、太纵容、太自律，总之我是好的，别人和环境嘛，唉，一言难尽。

总是在抱怨的好像大多数是妈妈，那是因为她们更容易把埋怨说出来。我接手的案例中，持有"怨天尤人"的态度的父亲也相当地多，只不过他们没有唠叨出来，不那么容易被人察觉。

我遇到过一位父亲，面容很僵，身体也很僵地坐在沙发上，很少说话，面对母亲的控诉，一脸不屑，有时讽刺地回一两句，难得笑一下也是嘲笑。他的态度、身姿、言语都传递出一个意思：我没有问题，都是别人不好。领导和单位不好，所以我怀才不遇；老婆不好，所以我懒得理她；孩子也被她教得不好，所以我也没办法；老师和学校不好，所以我孩子很糟。

总是抱怨别人的人是生活的败将，是说不上快乐、幸福的。他们的抱怨时间久了就没人听、没人信了，于是孩子就成了听众和对象。孩子承受的往往是家长过度的情绪宣泄，孩子的事只是个导火索而已。

无论"怨母"还是"怨父"，带给孩子的负面影响是一样的。

◢ 对孩子的长久伤害

其实父母的抱怨，无论是直接对孩子发的，还是抱怨社会，抱怨亲戚，抱怨别人，对孩子来说，影响都非常坏。

1）让孩子自责、愤懑、不服气。孩子一般都辩不过父母。父母的抱怨一定是有实际证据的，借此发挥和引申："你要的东西都给你买了，你怎么还不行呢？""我该请家教该买教材全买了，你怎么还考不好呢？"等等。这会让孩子的自责加深，想反驳又反驳不了，则愤懑加深，不服气加深。孩子如果反抗了，则是忘恩负义、白眼狼，没大没小不孝顺，仍然不对，还罪加一等。

2）孩子不得不背负过多的责任和压力。不少家长抱怨是为了推脱责任，例如："因为你是女孩儿，爸爸才不喜欢回家了，我们才被别人歧视。""你学习不好，我在同事面前都抬不起头来。""你不知自立，我天天忙完工作还要忙你的事"……逼得孩子加深负罪感和愧疚之情。

3）抱怨的人往往感情不好，孩子夹在中间左右为难。谁都不愿整天和一个怨天怨地的人待在一起，而且谁都不能长期忍受软性的被动攻击。抱怨的人夫妻感情一定是有问题的。我就有一个已经成年的来访者，他回忆小的时候，常常是同情妈妈，恨爸爸，后来慢慢感觉不对，妈妈说的好像不全是事实。现在呢，他很后悔当初对父亲的憎恶，可是父子关系好像已经不可恢复了，因此他变得加倍憎恨妈妈。可有时候想起妈妈，又觉得她其实也挺可怜。两种情绪纠结下，让他倍感痛苦。

4）孩子除了学会抱怨，很难增长其他的能力。想一想，抱怨其实是多简单多有效的事啊：我们只要把失败和错误归因于别人或环境就行了，不需要承担责任，也不必主动付出，甚至已经不会主动付出。

◢ 我们为什么会这样？

1）习惯了"被动期待型"的行为和态度。抱怨的人是承认自己的失败的，承认自己生活不幸福，或者孩子不争气，但是，失败不怨我，怨别人，都是别人的错，包括孩子的错。我们管这类行为和态度叫"被动期待型"。他们完全是被动的受害者，他们无能为力；他们付出了那么多的爱心和努力，期待别人的转变，可是别人总是让他们失望。他们仿佛认命了，他们不闹不嚷不发火，承认失败，甚至刻意表现自己可悲可怜。他们散发的所有信息其实都是攻击性的：别人不好、不对。这种攻击又是很隐形的，他们已然是可怜的受害者了，你们还能反击吗？你们的反击只能被别人更加指责和唾弃。因此，被他们抱怨的人真是有苦说不出。

2）习惯了通过抱怨来纠正孩子的行为。对于习惯抱怨的父母来说，当孩子的行为偏离我们的期望方向时，我们往往为了让孩子理解父母的苦心，让孩子意识到自己行为的"不合理"，而发出各种抱怨，希望让孩子看到自己的辛苦付出而浪子回头，能听我们的话，按照我们的意愿去生活和学习。我们习惯了通过抱怨来纠正孩子的行为，认为这是在教育孩子。其实我们是打着教育孩子的旗号来发泄自己的情绪。

◢ 我们应该怎么做？

1）平心静气地接受失败的结果，用理智去分析失败的原因，尤其是分清自己的原因和别人的原因。

2）对于自己的原因，要勇于承担责任，自我反思，自我改进。

3）对于孩子的原因，指出他的错误是一方面，更重要的是，教会孩子或者启发孩子如何改进、如何完善，至少下次不再犯同样的错误。

4）觉察自己的情绪，如果不仅是对孩子，对他人、对环境，都经常持有抱怨、指责的态度，那么需要做深刻的自我发现和个人成长，清理过去的积怨，学会宽容对待他人，学会适应环境。

用贬低、蔑视和嘲讽击碎孩子的自尊心

我女儿曾经跟一位教练学游泳，一次我们在更衣室碰到了一对母女俩，女儿年龄在四五岁，还没上学。冬天穿得多，更衣室里空间又小，孩子的动作又笨又慢。妈妈在旁边不帮忙，估计是要培养孩子的独立能力，嘴却没闲着："哎呀，你先脱了袜子再脱裤子呀，怎么这么想不开呢？你把游泳衣先拿出来了，这不找事吗？你做事要动脑子，懂不懂？你会不会动脑子呀？"她说话的语气并不严厉，语速也不快。女儿的样子好像已经听惯了似的，眼皮耷拉着，面无表情，照样不紧不慢地换衣服。

这位妈妈看似是在教导自己的孩子怎么脱衣服，怎么独立，怎么做事情更有序，但是她的话语和态度中却充满了贬低、蔑视和嘲讽，她在发泄自己对孩子笨拙行为的不满。

后来我留心观察了一下，周边很多朋友都会跟孩子说这样的话："你这都不会呀？""这你还不明白吗？""这多简单啊！""你动动脑子好不好啊？"等等。也有这样的："这你不懂。""你才到哪儿呀？""你不明白。""你小小年纪知道个啥。"

有的家长在教导孩子的时候没有耐心，不能用孩子的标准去衡量孩子的进步，更不会用适合孩子的方式去教育。孩子一有不懂不会，家长就会认为是孩子笨或者不用心。也有的家长是自己很有成就或很有能力的，他们也为此而自豪。只是，自己的成就或本事再足以傲人，也不应用来"傲孩子"。

很多家长说出的话，自己都不觉得，听在外人的耳朵里却会觉得刺耳。孩子与家长比，当然要天真一些，"笨"一些，因为他们的记忆方式、思维方式与成年人不一样，知识、阅历就更不要提了，所以孩子才是弱者，才需要家长的爱护和指导。

▲ 对孩子的长久伤害

1）在家长面前孩子本就自卑，若再常听家长的贬低和质疑，孩子的自信心、自尊心就无从建立了。

2）当家长轻视孩子、嘲笑孩子时，对孩子是排斥的，而不是靠近的，对亲子关系的损害非常严重。

3）孩子稍微长大一点，就会学习家长的榜样，反过来瞧不起家长的某些言行。

▲ 我们为什么会这样？

1）当孩子有不当言行的时候，我们会不喜欢、不高兴，担心孩子长此以往将来变坏……这些都是正常的，因此，很正常的，**我们要教导孩子、纠正孩子，这中间会产生愤怒、焦虑等情绪**。然而，对孩子贬低、嘲笑，已经不是正常该有的情绪了。

2）根深蒂固的处世态度。贬低、蔑视、嘲笑，对应的是尊重、重视、同情。只有对一个人非常疏远、毫无关联的时候，只有对这个人充满了反感、憎恨的时候，只有当这个人言行不当我反而获益的时候，才会表现出蔑视、嘲笑等。因此，**对自己的孩子都能够蔑视和嘲讽，说明家长的妄自尊大、冷漠、不屑于搭理孩子等等特点真的是根深蒂固了**，他们一定不仅对自己的孩子，对其他人也是这种态度。这样的情绪状态，若是长期如此，必须要认真地反省和彻底地改变自己。

▲ 我们应该怎么做？

1）**警醒，自助，寻求帮助**。有一部分家长意识不到自己的情绪过度并转移、宣泄在了孩子身上。一个人若长期沉浸在某一种情绪中，如烦躁、敌意、恐惧、焦虑等，这就成了一种心境。拥有某种心境，就意味着常常会情绪大爆发，自己无法解释、无法控制。偶尔几次对孩子情绪转移或发泄没问题，但是若常常面对孩子控制不了情绪，总是发火、牢骚满腹或者处于委屈压抑状态等等，自己一定要警醒，及时想办法自助，或者考虑找专业的心理咨询或治疗人士来帮助解决。

2）**人有情绪很正常，注意不要矫枉过正。**我见过一些家长，害怕自己的情绪给孩子带来不好的影响，害怕孩子学自己的样子，因此努力压抑自己的情绪，在孩子面前尽量扮演温柔、包容、大方、善良的样子，无论孩子怎么错、怎么调皮都要求自己严肃、认真不发火。其实，如果孩子的言行真的冒犯了我们或他人，真的有错，我们表现出愤怒、失望等情绪并对孩子批评、责备，是非常正常而且应该的行为，孩子会因此而明白自己的言行造成别人如何的反应，自己与他人的互动可能会造成什么样的后果。否则，孩子无法确切知道自己的言行达到了什么样的程度，触到了什么样的底线，他也就无法从家长这里进行恰当的"社会学习"。

当我们意识到自己对孩子的情绪反应过度了，该怎么办？　　　　小贴士

若孩子被我们当成了宣泄情绪的对象，我们当然会内疚、后悔。其实，我们教育孩子的最佳状态当然是我们能控制、管理自己的情绪，不把孩子当替罪羊或情绪垃圾桶。但大多数人很难一下子就做得到。

如果我们意识到自己对孩子的情绪反应过度了，我们去补救也还来得及。

1）**家长首先要做的是向孩子承认自己言行过度。**但是别忘了，一定是有个什么事做的导火索。对于那件您认为孩子确实有错的事，要坚持您的看法，承认的是自己的反应有些过分。如果这样去解释，会让孩子明白，他的某些行为会引起他人什么样的想法和感受，这是在增加孩子对自己、对他人的了解。承认自己言行过度，就是承认自己的错误所在，认错与道歉是两回事。

2）**接下来，我们要了解一下孩子的感受。**当家长刚才有过度的言行和情绪时，我们及时问问孩子"你害怕了吗？还是很生气？还是委屈、羞愧、怨恨？"我们要

接纳孩子的这些情绪，承认孩子的这些情绪是由刚才的互动引起的，我们要承担责任。这样做，孩子的情绪和反应会得到家长的理解，也有了释放的机会。

3）做完第二步，我们可以道歉，为自己不恰当的反应造成孩子的困扰而道歉。

如果一上来就道歉，孩子的情绪没有得到梳理和接纳，孩子还会误解家长的动机，以为你就不该管我，我做错了的事你也不应该生气，等等。而且一上来就道歉，也会逼迫孩子原谅你，让孩子更加委屈，让孩子学不会去平衡和梳理好自己的情绪。

第四章 《《
把孩子当宠物养

>>>>> **自我反思**

真爱还是溺爱？

什么是真正爱孩子？我们有没有好好思考过这个问题呢？一起想想下面这些方面是真爱还是溺爱？

● 觉得自己再苦也不能让孩子受委屈，虽然自己经济条件不好，但是还是争取让孩子拥有跟其他孩子一样的玩具或其他物质条件。

● 总觉得自己的孩子是天才，尤其是在小的时候，一有机会就让孩子展示自己的"绝活"。

● 不用孩子做家务，觉得孩子学习好就行了，希望孩子把精力全放在学习上。

● 孩子犯错了，看到孩子很委屈，就不忍心批评了。

● 常常说"现在的孩子太累了"、"现在孩子竞争太激烈，多可怜"，不停地怜悯孩子。

● 孩子小时候多可爱啊，胖嘟嘟的，有空就去逗一下，不高兴了理都不理。

虽然国家已经放开了计划生育政策，允许"单独"家庭生二胎，但总体来看，目前还是独生子女盛行的时代，四个老人、两个大人，围着一个孩子，全家人都把自己的目光投射在这个孩子身上，自然对孩子格外呵护和关爱。不少家长尤其是老人总觉得孩子是小孩，什么都不懂，把孩子当作宠物一样来照顾，不希望孩子受一丁点的委屈。而且几个大人都希望自己能给予孩子更多的照顾，甚至有家人之间因为孩子而互相"吃醋"的现象出现。这种不懂节制的爱心往往让孩子失去了独立成人的机会。溺爱孩子成了不少家庭的通病。

网友们对溺爱归纳了很多种形式：

1）特殊待遇。孩子在家中地位高人一等，处处特殊照顾。比如吃"独食"，好吃的食物放在孩子的跟前，比如爷爷奶奶可以不过生日，孩子过生日一定得买个大蛋糕，等等，这样的孩子自感特殊，习惯于高人一等，容易变得自私，没有同情心，不会关心他人。

2）过分注意。一家人时刻关照他，陪伴他。尤其是过年过节，亲戚朋友聚在一起，所有人的注意力都放在孩子身上，把孩子围在中间让孩子表演节目，掌声不断。

3）轻易满足。孩子要什么就给什么。

4）生活懒散。允许孩子饮食起居、玩要学习没有规律，要怎样就怎样，睡懒觉，不吃饭，晚上看电视到深夜等。

5）祈求央告。例如边哄边求孩子吃饭睡觉，答应给孩子讲3个故事才把饭吃完。

6）包办替代。舍不得孩子参加任何一点劳动，"我疼都来不及，还忍心让孩子劳动"，或者"让他做事更麻烦，还不如我帮他做了"，三四岁的孩子还要喂饭，还不会穿衣，五六岁的孩子还不做任何家务事，不懂得劳动的愉快和帮助父母减轻负担的责任。这样下去必然失去一个勤劳、善良、富有同情心的能干、上进的孩子。

7）大惊小怪。孩子摔一跤，大人就表现得紧张兮兮，有点病痛就惊慌失措。

8）剥夺独立。为了绝对安全，不让孩子自己走出家门，不许他随便和别的小朋友玩。甚至一直都搂抱着睡觉。

9）害怕哭闹。从小迁就孩子，孩子一不顺心就哭闹、打滚、不吃饭，父母只好哄骗、投降、迁就等。

10）当面袒护。尤其是有老人一起带孩子，父母管教孩子时，老人就会站出来："他还小，大了自然就会了。"

我们这里选取典型的一些溺爱形式来一一分析。家长们一定要警惕自己施加在孩子身上的这些不加节制的爱心。

给孩子"特殊待遇"

在独生子女家庭，尤其从农村奋斗出来的父母，往往都会辛苦工作，勤俭持家，舍不得给自己买新衣服，可是对孩子却很大方，他要奥特曼、要超人，都照给不误，生怕自己的孩子跟其他孩子比起来受了委屈，也不教孩子节省。这些父母常常在想："就这一个孩子，挣钱不就是为了他吗？小时候让孩子多见见世面，以后就不容易被新鲜事物诱惑了。"果真如此吗？其实这样教出来的孩子只会索取，啃老族就是这样产生的。而等孩子大点了，一旦索取不到，就开始怀恨在心。

除了物质上的特殊待遇，还有态度上的。俗话说：穷死有个家，老死有个妈。只要有妈在，不管多大年纪的孩子也是孩子。于是，孩子成了特殊人物。他在学习，别人不许看电视，看电视也不许大声。要吃饭，一定做他喜欢吃的菜。出门玩，去哪儿要征求孩子的意见……

▲ 对孩子的长久伤害

不管是物质上还是态度上，孩子接收到的都是"特殊待遇"，时间长了，孩子可能会从自己得到的特殊待遇中总结出"我是特殊的人"的结论。可惜，出了家门，你凭什么是特殊的呢？凭什么要求特殊的待遇？这种巨大的反差会让孩子很困惑，而且不知如何应对。**他们会对别人产生抱怨，感到自己受了委屈，处理不好人际关系。**

▲ 我们为什么会这样？

1）补偿心理——"我小时候没有得到的，现在一定要让孩子拥有！"

2）攀比心理——"别的孩子有的，我的孩子也必须有"，不仅要给孩子争面子，更重要的是自己的面子。

3）对孩子无节制的爱——只要孩子开口，甚至不等孩子开口，就无条件地满足。

4）不能看到孩子的力量——总是把孩子当小孩，这其实是对孩子的一种贬低。

◣ 我们应该怎么做？

孩子的成长需要被关注，但要避免被过度关注，下面几点是我们在跟孩子互动中需要遵守的原则：

1）家是我们大家的。对于建设家、维持家、从家中获得支持，每个人都有责任、义务和权利。孩子从小到大，随着年龄的增长，应该逐渐对家、对家中的其他成员有付出。这是每个家庭都必须认识到并建立起规定的。

2）爱是互相的。我们爱孩子，也要孩子爱我们。

3）在家中，每个人都是特殊的，因为每个人都有她／他的特点，都在做着不同的事，因此每个人得到的待遇都不一样。

4）在家中，每个人都没有什么特殊的，因为每一个家庭成员从人格上都应该是平等的。

让孩子时刻成为大家的焦点

孩子小的时候，稚拙可爱，客人们有的喜欢孩子，有的喜欢借喜欢孩子来让主人开心。因此，请小朋友唱个歌、跳个舞、背首诗等成为很多家庭聚会的主要节目之一。

7岁之前的孩子也大多愿意展示自己的才艺或自己的玩具等，有的内向的孩子可能会比较慢热，一旦熟悉后也会愿意以种种展示来获得客人的注意。这种时候压着孩子是压不住的。一方面孩子渴望参与，而参与的形式常常是表现他们的所长，另一方面，家人对客人的礼让也让孩子学着去"讨好"客人，在客人面前呈上最好的一面。

所以，在适当的年龄段，孩子适当的"表演"，是增加孩子的自信、让孩子以其所能参与社交的一种方式，也是大多数中国人熟悉和喜欢的家庭娱乐方式。要引起警惕的，是不顾孩子的年龄和意愿，让孩子"献宝"式的不分场合、不看访客身份的表演。

◢ 对孩子的长久伤害

1）**给孩子贴上害羞、不听话的标签，引起孩子的不满**。我们很多父母往往意识不到，孩子长大一点后已经开始有了自己独立的意愿，也更关注自己的面子，会对那种讨好客人的表演比较排斥，不喜欢自己这么被聚焦。但是家长往往觉得孩子越大越没有出息，给孩子贴上了"害羞"、"不听话"的标签。而不顾孩子的意愿强迫孩子表演必然会引起孩子的不满。孩子的拒绝或不情不愿的表演也会让大家都很尴尬。

2）不顾客人的意愿、时时处处让孩子献宝，则**会养成孩子以自我为中心、以自己的所有来换取别人关注的习惯**，不利于孩子将来处理人际关系。

◤ 我们为什么会这样？

1）有的人过度聚焦孩子，是真心觉得自己的孩子太优秀了，太聪明了，不让别人知道太可惜了。

2）有的人是不知道什么场合应该做什么样的事，不懂礼貌、礼仪，觉得逗逗孩子挺活跃气氛的。

3）大多数聚焦孩子的人还是比较宠溺孩子，就像前面所说，给孩子特殊待遇。

◤ 我们应该怎么做？

最好的办法是综合考虑场合、各自的情况以及孩子的意愿，既不把孩子当小玩意儿、小宠物，也不把孩子当成天下无双、人见人爱的宝，既给孩子空间，也不让他过度膨胀。

在亲友聚会时我们该如何把握好让孩子表演才艺这个度呢？

1）当孩子小的时候，特别愿意展示自己的各种"才能"，在客人的邀请下或为了活跃气氛，可以适当让孩子自行选择一些表演的项目来展示。

2）当孩子大了，有了自己的想法时，如果孩子有演奏乐器、唱歌或朗诵等方便表演的才艺，要跟孩子探讨这个问题，问孩子如果客人提出希望孩子表演，孩子自己愿不愿意，如果愿意，可以和孩子商量好，要考虑今天的活动目的，参加的有哪些人，是不是已经有了主题，我们的表演会不会喧宾夺主，还是大家都好久没见希望看看孩子的进步，孩子的表演会活跃气氛？如果孩子不愿意表演那就事先准备好托词，以备有人提议时家长和孩子都有个推脱的说法，或者孩子想表演，那么以什么名义、在什么时机提出来让孩子给大家表演等等。

3）每一次的情况都会不同，所以最好每一次都事先准备、商量。几次之后，孩子就能学会综合考虑种种情况，做出自己的选择或者准备好几个不同的选项，到时随机应变。这也是对孩子处理一些人际关系问题的一个很好的教育机会。

不忍心"苦"了、"亏"了孩子

我有一个来访者，家里条件非常好。她记得自己上幼儿园的时候很有兴趣地洗手绢，被妈妈看到了，说："宝宝呀，你还小，洗不干净的，让阿姨洗！"中学去军训，妈妈说："到乡下去很苦的，而且浪费时间。我想办法给你请假，你在家复习功课好了。"大学，她考得不好，家里通过关系还是让她进了一个不错的大学，专业也是爸爸给确定的。大学里谈的男朋友被父母否定了，因为"这个男孩的出身与我们家不配"，而且她毕业以后去哪里留学，学什么专业，爸爸也提前给安排好了。就连她留学结束在哪里工作，一旦结婚后的新家等等都已经被安排好了。她来求助的原因是，从高三起，她就一直觉得自己牙齿不齐，眼睛一双一单，下颌骨太方，鼻梁不高，髋骨太大不苗条等，于是整牙，割双眼皮，现在大四要做更多的整容手术，家里不同意，而且觉得有点不对了。在爸爸的安排下，由秘书陪着她来找心理咨询师。

在有些父母的眼里，孩子永远是孩子。于是这样的场景很常见：三十多岁的孩子回家看望父母，自己伸腿儿坐在沙发上看电视，老爸老妈忙做饭。

在有些父母的眼里，孩子只要学习好就行，主要任务是学习。于是，家务事等等一概不用孩子动手，什么都不用干。

在有些父母的眼里，孩子是幼稚的、单纯的，而社会多么复杂、险恶。因此，孩子上什么大学，学什么专业，找什么工作，与什么样的人结婚，等等，都由父母来安排，来把关。

上面这些情况看似是父母不忍心让孩子吃苦，舍不得自己的孩子吃亏，其实父母的这种心态就是对孩子的包办。

包办有很多不同的形式和内容，但都出于同一个原因：父母对孩子的"爱"。有的人一看到"包办"这两个字，会说，包办孩子事情的父母控制欲强，自私。如今，把孩子当成自己的私有财产，把孩子的事情当成自己事业的筹码的这种家长是少之又少了，绝大多数包办孩子事情的家长的本心是对孩子怜爱，只是已经过度了，到了溺爱的程度。若说家长出于自私的目的控制孩子，实在是冤枉了家长。但这种说法也不见得错，如果站在孩子的角度，自己的事情都被父母给安排了，不顾自己的意愿和感受，父母的所作所为确实是控制，而且确实自私。

▲ 对孩子的长久伤害

我们结合开头来访者的例子来分析。这个女孩的外在生活条件可以说完美无缺了，可是她心里并不感到快乐。

1）**她很自卑，觉得自己有很多事情不会做，做不好**。独自来北京上大学，她的生活自理能力几乎没有。爸爸给安排了关系照顾她，可是有太多的生活细节是必须靠自己的，她能感受到室友的鄙视，也确实怨恨自己无能，因此也就怨恨父母从小没给自己锻炼的机会。包办孩子一切的父母可能不会想到，他们的包办剥夺了孩子自理自立的机会，让孩子成了一个"废人"。

2）**她有着强烈的无力和无奈感**。每一个人都有自己的意愿、自己的喜好，每一个人都会对自己努力付出而换得的收获感到自豪，因为那证明了自己的能力。可是她的一切机会都来自父母的本事和能力，她自己永远是那个年轻、幼稚、笨拙，还小还不懂事，只要听话就好的小屁孩儿。她记得自己第一次在公共场合与父亲冲突是初二时一次和同学吃饭 K 歌，庆祝好朋友的生日，结果她爸爸也在同一家酒店请客。席间，她爸爸"放低身段"过来向她的同学们问好，并豪迈地宣布她们的费用全由他出。她的同学们倒是很高兴，可是她气得当场与父亲发了脾气，说他"插手，多管闲事"，显得她自己连个同学聚会都搞不好似的。可是人是不愿意接受自己无能、无力、无奈的，于是会沉迷于其他能给自己带来掌控感和成就感的事情中。我这个来访者选中的事就是整容。身外的生活都由父母做主了，她能做主的就只有自己的身体了。

3）**对父母充满怨恨**。包办孩子的事本来是怕孩子吃苦，让孩子少走弯路，真的是一片爱心，可是爱得过分了，孩子那里往往不见得领情。这个女孩自己看了不少心理方面的书籍，面对我的时候她竟然能用术语剖析评判她的父母。有意思的是，她对父母的怨恨是轮流的。这次来呢，主要诉说对父亲的不满和指责：霸道啊，虚荣啊，对妈妈很同情；下一次呢，换成说妈妈的唠叨、焦虑而抱怨连连，反而是爸爸不计较、包容。这反映出，她不是不知道父母对她是真的关爱，真心想为她好，可同时她又确实对父母有太多的不满和责备，她到今天这样就是父母造成的。责备完父母她又更多了一层自责，觉得自己有些忘恩负义，自责让她很难受，又会找理由证明自己不必自责，父母确实不好不对……恶性循环下去，她的内心充满纠结，情感的矛盾，生活中点点滴滴的挫败，强烈的自卑，让才上大四的她无法承受，终于走进了心理咨询室。

▲ 我们为什么会这样？

　　包办孩子的一切的父母表面的目的是给孩子爱和保护，潜意识里，未尝没有炫耀自己本事的意思。老爸出马，一切搞定！尽管家长自己没有意识到，但这种炫耀会被孩子感受到。孩子因此得出"我很弱，我不行"的结论就自然而然了。

▲ 我们应该怎么做？

　　1）我们对孩子不同年龄阶段成长的能力、性格、特长等要有清醒的认识，让孩子通过自己的努力去达成力所能及的目标、增长经验和能力。如果孩子确实达不到，我们可以慢慢地去引导，不要急着大包大揽，对孩子遇到的困难，我们要反应"慢半拍"，在我们的适当提醒下鼓励孩子依靠自己的力量解决问题。

　　2）家长如果实在忍不住，为子女做了什么事，也请尽量不要再总把此事挂在嘴上，让亲戚朋友知道自己多有本事，也就是让孩子知道自己多么渺小无能；让孩子感恩自己，也就是把对孩子的爱变成了"市恩"；更不要总拿此事来证明自己的选择多么正确，孩子多么无知多么错误。我们不能假设未来。也许没有你的包办，孩子会自己闯出一片天来。

　　3）包办孩子的事情，是真的为了孩子好，还是为了自己的面子，在包办前要想清楚。

轻易原谅和袒护孩子

我们家长还有一种常见心态是，不愿意让孩子受委屈，孩子无论做了什么，无论怎么做的，尤其是在犯了错误的情况下，家长很轻易就原谅了孩子，甚至以孩子年龄还小而袒护孩子，纵容孩子的错误行为，这最终会导致孩子以后的错和恶。

我在某学校亲眼看到这样一个场景：

一个二年级的男生和家长被老师留了下来，同时还有另外几个孩子和家长。这个男生在学校里有时无缘无故地就去打别的孩子，同学有被他抓破脸的，被他抠破手的，被他推过、踢过的。当老师把情况说完后，小男孩的妈妈对小男孩说："你怎么能这样呢？你这样做是不对的。你给同学们道歉了吗？"在老师讲话的时候，那个孩子明显不安，我不知道他心里是否知道自己错了，还是只是害怕可能的惩罚，但从他的表情和动作上看得出他是紧张的。妈妈说话时他也认真地听，回答说："道歉了。"妈妈接着问："他们原谅你了吗？"孩子迟疑着没有回答，在场的几个同学和他们的家长纷纷说："原谅了。""以后注意吧！"男孩的妈妈笑了，对孩子说："以后要注意啊，不许再打同学。"那个男孩的眼睛本来是低垂的，此时一下子睁圆了，左顾右盼起来。本来是收手收脚站着的，也一下子动了起来，从他咧嘴而笑的空洞眼神里，看得出来，他没有了解为什么打同学不对，为什么不能打同学，打同学也没什么大不了，道歉就行了。

北京话管这种回护自己孩子的情况叫"护犊子"。一般"护犊子"的人，是不准别人说自己的孩子不好或者教训自己的孩子的，即便是老师也不行。大多时候他自己还是要管孩子，教训孩子的。也有一部分家长是无论如何也看不到孩子的缺点或错误，或者看到了也舍不得管教，或者不知如何管教。

孩子做的事给别人带来了伤害或者侵犯了别人的利益，要给别人赔偿，要道歉，求得别人的原谅，没有错，这是我们承担责任、为自己的行为负责所必须做的。对于孩子而言，更重要的是，要从错误中汲取教训，明白事理，纠正和防范错误行为，学会正确的应对方式。如果孩子的错误不能纠正，家长面临的将是不断升级的道歉和赔偿，直到有一天家长和孩子都赔不起为止。李某某和梦鸽的事例近在眼前，这里就不赘述了。

▲ 对孩子的长久伤害

1）对孩子的纵容等于放弃了教育机会，拒绝让孩子学习和进步。

很多家长认为，我给他讲道理了，他也听明白了，也保证下次不犯了。这样还不够吗？不够。小孩子没有足够的生活经验和积累去明白抽象的道理，即便孩子自己都能把道理说得头头是道了，那也不过是鹦鹉学舌，他并不真正懂得。有的孩子听过道理后就"变好了"，常常是因为他信从家长或惧怕家长，很少是明白了道理并自觉地奉行。讲道理是有必要的，即便他还暂时不懂得，家长要告诉他原因，要告诉他社会的规范或行为准则。更重要的是，要让孩子为自己的行为负责，让他为自己的错误付出代价，无论是接受惩罚还是做出补偿，他必须亲自体会，亲自行动，才能印象深刻。

2）养成拖延症。

大多数家长都明白不能纵容孩子，所以在大的是非问题上还是能够去主动管教孩子的，方法是否合适另当别论。需要我们特别注意的是，**很多家长会因为孩子年龄小或事情小就不注意了，而这正是我们要强调的，点滴之处都要小心。**

我的心理咨询中心接待的所有所谓有"拖延症"的孩子，主要是写作业拖拖拉拉，起来出门上学拖拖拉拉等等，都有一个共同的特点，就是早期尽管孩子效率不高，未能按时达到目标，家长都给想了种种办法或借口，让孩子最终还是交上了作业或没有迟到，或迟到了也没有受到批评。孩子的拖延，显示了孩子的不情愿。家长若不能去细心考察孩子的不情愿，只是硬压着孩子必须完成任务，孩子的不情愿会一点一点地累积，越来越拖延。比如：写作业拖拉，很多家长会帮忙指点，陪着写，原定的时间被不断延长，实在写不完有的家长会给老师写假条等，给孩子找借口。孩子起床磨蹭，家长会一遍一遍地催促，帮着穿衣、梳头、挤牙膏，尽量不让孩子迟到。

我有个来访者的家长就是这样的，每天早上的忙碌和催促让她一整天都很难受。我问她："如果你不这么着急，就让他迟到一次，会怎么样？""那怎么行啊？他绝对不能迟到！老师会批评的，影响了别的同学，其他同学会笑话他。不行，不能让他迟到。"

我们可以说，这位妈妈所做的一切，其实是在纵容孩子的拖拉习惯。不能从源头上解决孩子磨蹭的问题，他的遵守时间能力就不会得到开发，即便在母亲的帮助下他暂时上学没有迟到，以后在其他事情上他仍然不会有守时的好习惯，妈妈不可能跟着他一辈子。

▲ **我们为什么会这样？**

1）家长对爱的理解有误，对孩子的感情过度，对孩子的成长没有清晰长远的看法。

心理学家温尼科特在 20 世纪 60 年代就提出了"足够好的妈妈"概念。他认为，"足够好"就是给孩子提供一个拥抱的、支持的环境，在这个环境里，孩子学习、充电、疗伤，获得同情、理解、接纳和指点，以便他的潜能得到最大的开发，能在外面的世界过上属于他自己的幸福生活。

包办与纵容就像是小鸡破壳时不是由自己啄碎蛋壳，而是人为地帮小鸡清除障碍。我们知道，这样的小鸡活不下来，它没有足够尖硬的喙去啄食，也没有足够的力气去奔跑。爱是给孩子机会让他翅膀变硬，包括给他犯错的机会，而成长就是孩子翅膀变硬、飞离父母的窝，建立自己的窝。如果家长不忍、不舍，那就是家长自己的问题了。要审视和反思自己为什么会对孩子有过度的疼爱，为什么不肯（事实上就是不肯）让孩子长大！

2）家长自己都不明白的一些"错误"行为。既然家长都不认为是错误，那么对孩子就称不上纵容，而是很自然、很应当。

有一个孩子，在学校进行火灾演习的时候，一路跑一路把墙踢脚线处的荧光"安全－方向"提示灯一个个地踹坏了。学校找来家长探讨此事，家长认为，孩子在黑暗中看到亮的东西，忍不住去踢一下，是天性啊，有什么大惊小怪的？你们校方并没有事先明确要求不许踢吧？而且，你们用的材料也太差了，一踢就踢坏了？

说到底，身为家长，责任重大。家长自身的反省能力、与时俱进的成长和学习，对孩子的健康成长起着重要的作用。

◢ 我们应该怎么做？

我们需要一起思考怎么看待孩子的"错误"。如果我们把错误看成污点，当作耻辱，那我们一定会尽量回避错误、掩饰错误、否认错误。如果我们把错误看成是必然经历的适应社会过程中的不恰当尝试，那么人生就是在不断的试错中找到正确的理念、正确的行为。因此，错误是成长进步的机会，必须面对和解决。

先看个例子。这也是一个8岁的男孩，在学校里跟同学争吵的时候用铅笔划过了同学的脸，差一点儿就划到了眼睛。老师向他妈妈反映了这件事。他妈妈回到家，用布把他的眼睛蒙起来，让他体会盲人的感觉，告诉他如果把人弄瞎了，别人得有多痛苦啊。那么妈妈就得赔给人家很多钱，咱家把房子和车都卖了也赔不完，那咱家就什么都没有了！

正如这个例子中的妈妈，如果孩子确实犯了错，我们不能因为孩子小或者事情小而轻视，放弃了教育孩子的机会。面对孩子的错误，我们要抓住这个机会来引导孩子的正确行为。

1）及时指出孩子的错误，不拖延。如果孩子在自己面前犯了错误需要立刻让孩子停下来，明确告诉孩子的错误所在；如果是在学校或其他地方，由别人转告的，我们也需要及时去处理。

2）讲道理是有必要的，即便他还暂时不懂得，我们也要告诉他原因，要告诉他社会的规范或行为准则。

3）更重要的是，要让孩子为自己的行为负责，让他为自己的错误付出代价，无论是接受惩罚还是做出补偿，他必须亲自体会，亲自行动，才能印象深刻。

总是可怜孩子

别的孩子在玩什么新奇的玩具，赶紧买给自个孩子玩，生怕孩子玩不上受委屈。

别的女孩穿了件漂亮的衣服，赶紧给自个闺女也买一件，生怕孩子羡慕别人受委屈。

孩子们一起玩耍，自己的孩子一时被冷落，就赶紧过去说服其他孩子跟自己孩子玩，生怕自己的孩子受委屈。

天天打听老师如何对待孩子，有没有冷落自己的孩子等等，生怕自己的孩子在学校受委屈。

……

这些"委屈"因家庭不同而各有不同的内容：没有吃到、穿过或玩过什么等物质的内容，孩子失去机会等社会内容，孩子被歧视、被差别对待等人际关系的内容，等等。

我们必须承认，现在的社会贫富差距很大，城乡差距、一线二线三线城市间的差距很大，社会资源分配不公，拜金主义、笑贫不笑娼等，确实存在很多的不公平竞争，存在歧视和差别对待，这些会引起人们不同的情绪反应，而这些情绪反应又会影响到个人的行为、社会的反弹，如果不能好好处理，积压得久了，酝酿得长了，会给社会带来很大危害！

▲ 对孩子的长久伤害

具体到孩子这里，不论是孩子真的受了委屈还是我们觉得孩子受了委屈，不论孩子受的委屈到底有多大，如果我们总是因此而可怜孩子，为孩子感到难过，孩子会受到什么影响呢？

1）**孩子会可怜自己，自怜自怨，外加自卑。**如果与他人交往的模式固化为"他对我好就是要可怜、同情我",以及"可怜、同情我就是对我好",那么孩子会下意识地在与人交往时,尤其是希望对方对自己好时,变得怯怯的或弱小可怜的,以赢得对方的同情。总是被家人可怜的孩子会越来越"值得"人可怜,因为他会习惯性地贬低、矮化自己。这样的孩子还谈何自信、阳光?

2)让孩子习惯自己不努力争取,不主动积极,反而常常抱怨连连。常见的是抱怨他人和社会,还有很多孩子会抱怨那巴心巴肝对待自己的父母。这也都是有对应关系的,可怜孩子而自责、内疚的父母,有时非但得不到孩子的理解、体谅和感恩,反而得到的是孩子的责备和抱怨。这种"白眼狼"孩子我见过,虽说很让人反感,但他变成"白眼狼"绝对有家长养育不当的责任,而且孩子的内心也经历过"抱怨—自责"的恶性循环。最终变成"白眼狼"是孩子自己要负主要责任的,因为这是他主动的选择,不能也不应把自己打扮成被动的受害者,好像全世界都欠着他们似的。很多被父母可怜疼惜的孩子长大后会有这种"受害者"的被动心态,这是父母对他们的心态逐渐累积造成的。

▲ 我们为什么会这样?

1)用这种态度对待孩子的,往往是感觉自卑的家长,有的自觉家境平平,无钱无势,自己的一辈子是受欺负、忍辱负重的艰难挣扎史,因此不能让孩子再受委屈。

2)也有后来发达了的家长,那就更加振振有词了:现在生活好了,今非昔比了,不能委屈了孩子!

3)也有的家长虽然物质上不自卑,但心态上总不能自信坚强。

▲ 我们应该怎么做?

作为父母,我们如何看待孩子之间的"不平等",非常重要。中国传统有"比上不足比下有余"的说法,以及"别人骑马我骑驴,后面还有走路的"这种俗语。这些可以起到一定的心理安慰的作用,但是不值得提倡,因为其根本还是在与别人比较,而且,面对那些比自己还弱势的人,不无沾沾自喜之意。

　　我们要做的，是转向自己，清点自己所拥有的、所缺失的和所需要的。如果受到了歧视或不公平的对待，我们应如何面对它？如何反对它、改变它？如果是处在我们确实无能为力的处境，我们自己又能做些什么呢？

　　1）首先学会区分是孩子真的受了委屈还是我们夸大了事实？这需要家长有比较好的自知，放弃攀比的心态。

　　2）如果孩子真的受了委屈，被人欺负，可以利用这个机会让孩子明白，什么是自己的利益，什么是他人的利益？如何做到双赢——既维护自己的利益又不损害别人的利益？做不到双赢时，如何守住自己的底线？对方强势伤害自己的利益时，自己如何反抗？如何找相关权威（例如老师、对方的家长等）解决问题？

　　3）如果让孩子感到委屈的是事而不是人，那么这正是机会教孩子学会分析情况，哪些是我们必须接受的现实，哪些是我们可以改变的，哪些是我们可以逃避的，而不只是抱着受害者的心态在一边委屈。

　　4）也会有孩子真的感觉受到了委屈，而事实上是孩子自己过于敏感了。这种情况下，家长就要去自行考察孩子是对什么敏感？是否经常过于敏感？正好利用机会训练孩子拥有宽广的胸襟和包容的态度。

把孩子当宠物，逗弄孩子

我见过一个家长，女儿小的时候千娇万宠，小辫子变着花样地梳，裙子一套一套地买，芭比娃娃和全部配件都齐全，孩子的相册、纪念品多极了。在电梯里我们经常遇见，孩子常常是没什么事情的，妈妈总是眉开眼笑，眼神不离女儿，宠爱和"来看看我女儿"的显摆之情溢于言表。突然有一天，就发现她们母女间的互动变了。女儿还是不言不笑，皱着眉头不耐烦的样子，妈妈则是一脸的不悦之色。后来听她唠叨："我怎么养了这么个孩子！白喜欢她了！她长大了，我管不了了！她爱怎样就怎样吧！"

这是把孩子当宠物养的典型例子。

▲ 对孩子的长久伤害

1）孩子做事会目标不明，容易感到挫败，不能自主和自律。

把孩子当宠物养，在家长可能是一腔的怜爱和热情，在孩子感受到的是关注、呵护、喜欢。当孩子渐渐长大，他有可能感受到当"宠物"的另一面，那就是弱小、驯服、傻气，总之是被贬低。孩子的成长是要逐渐变得强大、聪明、独立自主，恰恰与宠物的特点相反。当孩子模糊地感觉到了自己在某些事上"行"，有想法，想照着自己的意愿去做的时候，如果得到的不是家长的赞许、鼓励、支持和引导，反而是嘲笑（尽管是善意的，外带"好可爱、好天真"等赞美），是压制（"这你不行，妈妈帮你"，尽管是为了呵护和帮助），是否认（"你这样不对，听妈妈的"），孩子的感受会是感激还是怨恨？是心悦诚服还是不服气？是成就感还是挫败？

孩子对自己的认识不清晰，没有也无法建立"自知之明"，而他人给予的评价和对待，尤其是最重要的他人——家长，给予的又是贬低，孩子如何建立起自信和自尊？

在缺乏自信和自尊的情况下，孩子与他人的交往就会变得唯唯诺诺，讨好别人，对别人有反感的同时又会惧怕别人。总之，行为表现上也会变成一个"宠物"。一旦得不到别人的认可和接纳，或者讨好别人但行不通，他的惶惑与恐惧就可想而知了。

2）孩子会倍感无辜、困惑，怨恨自己与家长，变得自卑。

只有极少数的家长会一直把孩子当宠物。当孩子长大了，大多数家长会渐渐意识到孩子的成长和独立，会转变态度，变为尊重孩子也是一个独立的、有尊严的生命。有的家长的态度是转为冷漠和反感，就像前面例子中那位妈妈那样，觉得这孩子大了，不好玩了，没意思了，会犟嘴了，太烦人了！于是，家长由原来的宠爱、溺爱变成厌烦孩子，看孩子不顺眼、不顺心。而孩子会倍感无辜、困惑，怨恨自己与家长，变得自卑等等，同样是伤害！

3）讨好他人，依赖他人。

有时候，我们自己都没有觉察已经把孩子当成宠物了。我们的眼神，我们的表情，已经把我们的态度传递给了孩子。孩子小的时候，会不自觉地、下意识地"配合"大人，因为他知道大人喜欢什么。我们把孩子当成宠物养，孩子自己也会把自己变成宠物。

◢ 我们为什么会这样？

1）小孩子弱小。这个弱小引发了我们的怜爱之心，让我们愿意为他做很多事，在为他做事中显示了我们的强大。

2）小孩子听话。我们的决定，我们的赠予，我们的关心，都是出于为孩子好，孩子作为受者只要听我们的，就足以让我们觉得有了回报，满足了我们的成就感和权威感。

3）小孩子天真，同义词是幼稚，傻里傻气。他们的幼稚令我们发笑，让我们一面感叹纯真的美好和易逝，一面为自己的复杂、世故叹一口气，半是自怜半是自豪。

4）把孩子当宠物还有一个更大的原因，就是"拥有感"。你是我的，你的一切都是我施与的。我是你的恩主。在中国传统文化里，这种子女"隶属"父母、父母生子有恩的观念是根深蒂固的。我见过太多的家长，甚至是80后的独生子女家长，认为孩子天生就应该听我的，就应该感激我，就属于我。这种"拥有感"会让家长在面对孩子时变得主观和独断，在与孩子有不同意见时变得居高临下，不讲理。一个生命"拥有"另一个生命，一个生命附属于另一个生命，这本身就是对生命的不尊重。

有的家长说，孩子小的时候这么可爱，宠爱一下也无妨嘛。小狗不是都有四五岁孩子的智力吗？等孩子长大了，上小学了，我们再严格要求也不迟。殊不知，孩子一旦形成了某种行为模式，改起来就难了。

▲ 我们应该怎么做？

1）从态度上，真诚地对待孩子，真心地尊重孩子也是人。

2）认识到并承担起家长的责任。

3）保护孩子，免于被其他人逗弄。

即使自己没把孩子当宠物，也要警惕身边的人逗弄孩子，拿孩子当玩意儿耍。

有很多大人不知道怎么跟孩子玩，非要用谎言把孩子逗哭、逗急了，或者逗生气了，他觉得开心。比如："你妈妈不要你了，她把你卖给我了，这就跟我走吧！"或者"你刚才吃了一个虫子，怎么办？"还有过去农村逗小男孩要偷走他的小鸡鸡，等等。孩子则被逗得害怕、着急、信以为真、说错话等，在大人的笑声中，感到被耍、被欺骗，感到自责、失去自尊。

当别人逗弄孩子、戏耍孩子的时候，只要家长在场，一定要来"救"孩子！孩子再小，也能通过对方的表情、语气等察觉对方的不真诚，会对怎么反应感到迟疑、困惑。这个时候孩子最需要的是家长的帮助，或者帮助他解除疑问，例如，妈妈可以果断地说：'阿姨是跟你闹着玩呢，不是真的！'或者帮助孩子去应对这个处境，例如，告诉对方，小孩子不要逗，咱们换个话题！如果孩子已经感到受了委屈或者很生气等等，那么家长一定不要忘了安抚孩子的情绪，对孩子的"出丑"表示理解同情，让孩子确信自己没有出丑，不会被人嘲笑！

这种逗弄孩子的人，并不是真正地喜欢孩子。喜欢孩子，就会尊重孩子。他们更多是为了娱乐自己。所以，不管他是朋友、亲戚、邻居还是谁，不要怕得罪了他，一定要及时保护孩子！以后尽量不要让他再有机会逗孩子，或者找时间专门跟他谈谈逗孩子的事，摆明你的要求和底线。

　　也有的二百五家长自己逗孩子，以为小孩子没什么，很快就忘了。我就见过父母两个人告诉孩子他们要离婚，问孩子要跟哪一个。等孩子哭了，他们才告诉孩子是骗他的！希望这样的父母能多长个心眼，站在孩子的立场，看看自己是否愿意被耍弄。孩子再小，也不能骗，不能耍。

如何有效避免对孩子的溺爱？	小贴士

　　1）及时了解孩子自身的成长规律，让孩子在成长的不同关键期历练自己的不同能力，比如吃饭、穿衣等。

　　2）让孩子为自己的错误埋单，比如自己去道歉，用自己的零花钱去赔偿，等等。让孩子知道为自己的言行承担责任。

　　3）增加内省。独生子女的家庭里，家长潜意识里就会把全部的资源用在子女身上，把全部的希望寄托在孩子身上。太多溺爱孩子的家长根本没有意识到自己在溺爱孩子。所以，家长能否冷静客观地反省自己的言行是非常重要的。

　　4）拓展自己的生活，不要把注意力都集中在孩子身上。

　　5）解决自己的焦虑，增加对孩子的信任。太多的家长对社会失去信心，总担心孩子在将来的竞争中败下阵来。这是家长自己把生活看作了一场竞争，不相信孩子有能力过独立的生活。

　　6）不要总是跟别人家的孩子比，正确认识自己的孩子。

　　7）增强自身的修养，明辨是非，有积极乐观的人生观。

第五章 《《
教育理念简单化、绝对化

>>>>> 自我反思

说一不二的教育？

很多父母对于怎么教育孩子都有自己的一贯做法和观点，我们也在不断地寻求一些好的教育方法。有时候我们也极容易轻信其中某一种。看看下面这些所谓的教育观念是不是合理呢？

- 我们要赏识教育，好孩子都是夸出来的。

- 不行，孩子最容易翘尾巴，动不动就夸会让孩子骄傲的。

- 我小时候天天被逼着学习，我自己的孩子就是要散养。

- 就是要让孩子多锻炼，越早自立越有闯劲、越独立。

- 孩子还小，啥都不懂，当然要听我的话了，要不以后有他吃亏的时候。

- 常常这样认为："我觉得这个挺好吃的，孩子一定喜欢。"

过去当家长的是带孩子、养孩子或者管孩子，很少主动去寻找教育方法教育孩子。于是孩子们或者是自然而然长大的，或者是被束缚、管教大的。大多数家长无为而治，也有少数家长"无知者无畏"，不了解孩子，不了解自己，无意中造成孩子成长中的创伤与恶果。

现在不同了。讲怎么教育孩子的书籍、网站、电视节目等非常之多，古今中外，各家都有各家的理论、工具和实际效果的呈现。家长的选择多了，可是也出现了一些问题。

首先，简单化、绝对化。不少人总是纠缠于一些绝对的对错和是非概念，在孩子的教育观念上往往也是非此即彼。有的家长说了"好孩子是夸出来的"，有的家长就说"孩子不能夸，要让孩子越挫越勇，夸奖只会让孩子变得骄傲"，有的家长也说了"养孩子就是要散养，家长要学会放手"，也有的家长说了"孩子的成长需要我们去设计"等等。

人是非常复杂的。在养育孩子的过程中，会出现各种令家长手足无措的情况。孩子到底在想什么？孩子到底要什么？我应该怎么做？常常令家长很迷茫。很多家长不愿或者不能付出更多的耐心、好奇和时间、精力去了解孩子，去探索与孩子共处、互动以及教育孩子的方法，于是倾向于认准几个道理一直用下去。

其次，不结合自己孩子的实际情况灵活变通。把所谓的育儿理论生搬硬套到自己孩子身上，必然会不符合孩子的实际情况，长此以往地只看教条不看孩子会对孩子造成伤害。

最后，人云亦云，不求甚解。家长们常常不考察就相信的教育方法有这些：美国的或者其他西方发达国家的；成功的家长说的，所谓成功就是他家孩子考上了牛校或者出了名、挣了钱的；当一种教育观念盛行时，家长们也会倾向于用这个观念去教育孩子，看到别人的成功方法就认为教育孩子非此方法莫属。

亲子、育儿知识是必须了解的，但不要被理论蒙住了双眼。下面列出一些听起来没错，但是如果应用得太教条反而会带来害处的育儿理论。

孩子是不禁夸的

"你家孩子真懂事！"

"哦，呵呵，一般般啦，在家也很淘气！"

"你家欢欢在学校表现不错哦！孩子们都很喜欢。"

"不行啊，学习成绩可是很普通啊！"

"你家孩子英语学得不错哦！"

"这还好啊！每天逼着学呢！"

我们是不是常常可以听到父母们之间这样的聊天呢？很多父母都会去刻意夸奖别人的孩子，但是对于自己的孩子却保持极大的谦虚。孩子们常常也会对父母的这个行为表示反感，"你怎么总是夸别人，不夸我呢？"也许是受中国传统习惯的影响，中国人比较吝啬赞美，尤其是家人之间。我们总习惯从自己家人身上找出很多的不足之处而对优点视而不见。也许我们对家人有更大的期望和要求，所以看到的都是需要改进的地方。对于孩子的教育也一样，我们总在不断地发现甚至放大孩子的缺点，觉得孩子的那一点点努力不值得夸奖，甚至认为夸奖会让孩子变得骄傲。

夸奖真的会让孩子变得骄傲吗？答案是否定的。

我非常喜欢的一位中国作家阎连科在回忆自己小时候的求学经历时说，自己的成绩比不上二姐，二姐总是受表扬，自己总是被批评的那一个，于是想尽办法给二姐捣乱，自己的成绩却还是上不去。直到有一次，他的老师因为某事对他表示了赞许，用手拍了下他的头，他当时的感觉比活佛灌顶还受用，而且还真的给开了窍，从此越来越爱学习、成绩也越来越好。

很多家长不愿意夸奖孩子的理由是，这样会让他们产生骄傲的情绪，不利于培养谦虚的品德。俗话不是说"谦虚使人进步，骄傲使人落后"嘛。这句话说得没有错，值得深思的是，夸奖孩子就一定会使孩子变得骄傲吗？在阎连科的描述中，我们能看到他在得到赞许后，有的是自豪感，但没有骄傲，反而是更虚心、更踏实地去学习。其实总是不夸奖孩子，才容易造成孩子的"骄傲"，容易给孩子带来一定负面影响。

我们可以想象一下，一个孩子拿着自己的作品，不管是泥捏的小熊还是考试成绩给妈妈看，妈妈如果不置可否或者反而挑了毛病出来，孩子会怎样呢？很泄气，很沮丧。有的孩子会很不服气地再去捏一个来或者等待下次考试再拿给妈妈，而妈妈仍然没有夸奖。不甘心的孩子再去尝试……几次之后，当这个孩子再拿着作品走向妈妈的时候，他会带着什么样的态度？

◢ 对孩子的长久伤害

1）孩子会变得更加自傲、自满、自恋。 长期得不到认可和夸奖的孩子会形成自己的潜台词："你不欣赏，我只好自己欣赏；你不夸奖，我只好自夸；你不满，我只好自满！"而他的自满自恋无非是在向亲人大声说："你看，我好不好啊？够好了吗？"当亲人不夸奖，而事实又证明孩子确实不错，孩子只好转向自己求，自己来夸奖、鼓励自己。不是所有骄傲的孩子都是因为长期得不到夸奖，也不是长期得不到夸奖的孩子就一定会骄傲。有一部分孩子的骄傲确实是因为长期得不到亲人的鼓励和认可而造成的。这样的骄傲没有坚实的基础，与自豪、自信等是截然不同的，因为孩子的心底对自己到底如何还是困惑的。缺少亲人的认可和肯定，对于一个未成年的、一直在寻找自身价值的孩子来说，就是对自身和自身表现的最大质疑和否定。很多成年人都要靠他人和外在的物质来证明自身价值，更何况孩子，所以这些外表骄傲的孩子，其实心底很虚弱，甚至自卑。

2）孩子可能会逐渐把学习的动机变为寻求夸奖，而不是为了获取知识、增长自己的能力，直至成年。 孩子一次次捏了小动物，不再是为了捏东西、创造东西的成就感，不再是为了锻炼手艺，只为了获得妈妈的一次夸奖。我们在工作场所见到过这样的同事，他们努力工作、小心顺从，就是为了博得领导或同事们的称赞。同样，在领导或同事的称赞、夸奖下，他们任劳任怨，不敢也不会保卫自身的利益，成为人尽可欺、人尽可使的冤大头、受气包。

3）孩子会对自己彻底丧失了信心，变得自卑。如果一个孩子长期得不到父母的夸奖，自己在成绩、性格、外貌等各方面又确实不突出，这样的孩子很可能会建立不起稳定的自信，对自身价值模糊不清，平庸，碌碌无为，大多数会相对比较自卑。

◢ 我们为什么会这样？

1）害怕骄纵了孩子。

2）确实不会夸奖别人。

有些父母由于自己成长的过程缺少正向的鼓励、接纳和夸奖，或者由于身处的环境令自己感到压抑，郁郁不得志，或者自己对人的态度就是挑剔的、抱怨的、敌视的，那么这样的家长是不可能夸奖孩子的。他自己想要却得不到的东西，他自己都没有的东西，怎么可能送给孩子？如果家长是这里描述的情况，那么要对自身多加重视了，可能家长需要重新审视和评估自己的人生经历、为人处世的态度、自己的处境和行为模式等等，自助或者请专业人士协助调整，以免因为自己的问题影响了孩子的成长。

◢ 我们应该怎么做？

夸奖并不会让孩子变得骄傲，过于吝啬夸奖反而会影响孩子的成长，那么面对孩子成长中的各种成绩，我们如何去夸奖呢？具体可参考下一节后面的小贴士。

好孩子是夸出来的

　　随着"赏识教育"的兴起，很多家长偏颇地认为孩子就是需要多鼓励、多表扬、多肯定，这样才能让孩子更有自信心。而对于赏识教育的真正做法却知之甚少，而只是人云亦云地无条件地不断赏识孩子：当孩子会搭积木了，家长就说"你真棒"；会系鞋带了，说"你真聪明"；考试考好了，说"你真优秀"；表现让你喜欢了，说"你真可爱"……其实这些都是过度夸奖。

◢ 对孩子的长久伤害

　　1）挫折承受力弱。从发展心理学的观点看，3～6岁是保护儿童自信心的关键期，自信心在这段时间建立得怎么样，对小学甚至成年都有举足轻重的影响。很多父母经常用尽各种表扬、鼓励的方式，孩子还是常常把"我不行"、"我不去"、"做不了"挂在嘴边。近来研究发现，挫折承受力弱，居然是家庭误用"赏识教育"的结果。很多父母（老人）为了鼓励孩子，动辄将"真棒"、"最聪明"、"最厉害"挂在嘴边，一点点好的表现就夸赞不已。但是，孩子在外获得的信息与此反差极大。他就很容易发现，完全不是那么回事儿！自己不但不是最棒的，甚至在某些方面还差得很远。自信心从此一落千丈。经历教育往往比语言教育来得深刻。关注过多，也是造成挫折承受力弱的又一原因。备受关注的孩子通常敏感，怕出错，非常在意周围人对自己的看法，在没有十足把握的情况下，不敢轻易尝试。

　　2）形成虚假的自我认知。如果孩子常常得到的表扬只是"你真棒"，虽然通过大人的表情他也会知道对方高兴，喜欢自己，但具体的原因很模糊。长期这样概括、过度地夸奖下来，这个孩子很有可能会形成虚假的自我认知，觉得自己聪明、棒、可爱，无论做什么都会赢得夸奖，直到某一天现实会击碎这个神话。届时，孩子的幻灭和挫败是可想而知的。

3）会让孩子变得为得到夸奖而做事，而且是带着"我只要做好了必然会被夸奖"的期待去做事。现实生活会让他很快体会到失望和挫折。

▲ 我们为什么会这样？

1）可能是出于真心地喜欢孩子，孩子做的任何事都让家长感到好棒！我曾经见过一个妈妈，孩子扔了下皮球，她说真聪明！孩子跑过去捡回皮球，她说你真棒！家长真心觉得孩子好，优秀！

2）夸奖的词有限，看不到细节，所以就概括、笼统地夸。

3）接受育儿理论的影响，经常夸孩子。

▲ 我们应该怎么做？

夸奖代表我们对孩子的成绩或行为表现的认可，它可以鼓励孩子，增加孩子的自信，可以传达我们对孩子的满意和喜欢。但是我们不能因为对孩子喜欢，就一个劲儿地夸奖。我们对孩子的认可和鼓励，要让孩子明白我们认可的是什么。举个例子：

在一次讲座中，一个妈妈问我："我的孩子三岁就能一个人专心地摆积木摆上30分钟，倒了也不放弃，重新摆。此时，我夸奖他'你真棒'对不对呢？"我说："一个三岁的孩子能像你描述的这样摆积木，说明他很专注，能集中注意力，而且很耐心，倒了重新摆。那么我们就具体地表扬这两样：'宝宝，你做事可真专注，真认真呀！而且你很有耐心，不怕小小的失败，真有毅力。'如果再加上表达我们的感情的话就更完美了：'妈妈真喜欢或真高兴！妈妈为你感到自豪！'"

想一想，这个孩子还很小，通过妈妈具体的表扬，他明白了自己认真、专注、有耐心，明白了这样做事能做成，是让妈妈高兴和喜欢的。他以后很有可能会继续保持下去。

怎样夸孩子才更有效、更科学？　　　　　　　　　　　　小贴士

当批评孩子、指出孩子的错误的时候，要严格区分是孩子本人不好、有错，还是孩子的行为以及该行为造成的后果不好、有错。批评孩子的时候要指出具体错误，不要贴标签，不要借机发泄自己的情绪。其实，表扬和夸奖孩子的时候也应遵守同样的原则：不贴标签，表扬孩子具体的行为或者能力。具体怎么做呢？

1）及时表扬孩子的具体行为，有时可以引申到该行为代表的能力或者性格特征。比如前面的例子："你很有耐心，不怕小小的失败，真有毅力。"

2）加入我们的感情表达。比如："妈妈为你感到自豪。""你开心吗？"等等。

3）除了表扬，记得总结经验，下次怎样做。如果孩子大了，让孩子自己总结。

4）夸奖与认可有时不需要语言，胡噜一下孩子的头，给个拥抱，赞赏的笑容，都可以。

5）避免过度夸奖，避免在夸奖中蔑视别人，让孩子产生自高自大情绪。

6）很重要但是常常为家长所忽视的一点：态度要端正！夸奖孩子时不要采取居高临下的态度，例如像领导给予评定那样打着官腔说"还不错嘛"；不要采取轻佻的开玩笑似的态度，例如"真是太阳打西边出来了，你竟然会自己穿衣服了"。

7）可以向旁人讲述孩子的进步，例如给姥姥打电话时特意告诉她，或者在与朋友闲聊时顺便提到，让孩子"旁听"到你向别人的介绍，会给孩子一个不同的角度去了解自己，了解家长是如何看待自己的。

孩子就是要散养

第一代独生子女的家长，普遍都很焦虑，20 世纪 80 年代整个社会还很僵化，物质、经济条件都不好，过上好日子、出人头地的路就只有考大学一条。那时一到周末就带着孩子补课、学钢琴、学各类能加分的才艺的家长到处都是。与现在不同的是，当时的家长大多是骑自行车带着孩子，现在很多都是开车，造成补习学校周边交通拥堵。那会儿的家长为了孩子的前途和未来必须"押"着孩子去做很多事。

现在很多家长看开了，放手了，什么都不管了："我什么课外班都不给他报，让他快乐一些，我们是散养。""我不给孩子立那么多规矩。""我不过多地管束他，不能压抑孩子的天性。""只要他快乐就好，我们不要求他一定如何如何……"不过，这些号称什么都不管的家长，细究起来，做不到"什么"都不管，甚至管得还不少。例如，见人要打招呼，自己的事情自己做，上学不迟到，等等。

家长管得多，或者家长声明不管，都是从家长的角度去考虑的，却忽略了孩子是需要你管还是需要你不管？孩子需要你管什么？不需要你管什么？很多崇尚散养的家长，他们对孩子的完全不管肯定也会在一定程度上给孩子带来长久的伤害。

▲ 对孩子的长久伤害

1）错过了从他律到自律转换的关键期。

我遇到过两例，求助者都是家庭条件比较宽裕的孩子，一个男生，16 岁，一个女生，18 岁，求助的原因都是厌学，也没发生什么大事，就是不想去上学了。这两个孩子有一个共同的经历，小时候，男生学过围棋、两种乐器、乒乓球等，女生学过钢琴、素描、陶艺等等，都是他们自己提出来想学，家长才给报的兴趣班或单独请的辅导老师。后来也都是他们自己不想学了，家长也就没坚持，不学就不学了。

这应该是散养的理想状态吧？让孩子发挥天性，随心所欲。这两个孩子在谈到自己的这段经历时，都露出悻悻之色，对当时为什么喜欢，后来又为什么不喜欢，学习过程中是否有乐趣，等等，都记不起来了。

我们现在来做个假设：当他们一时兴之所至，提出要学围棋或素描时，家长是花钱的那位，所以家长决定跟孩子立个"约"：学习的目的、学习的过程和时间，遇到困难时怎么处理等等。从有兴趣、好奇，到真的潜下心来去学习、钻研，直至有心得，是挑战，同时也是训练一个人的过程。借由这个过程，一个人学会耐心，学会勤奋，学会在有瓶颈的时候如何去鞭策、鼓励自己，学会在有所获得时如何不自满，继续保持好奇和探索，学会协调、安排自己的时间，收获自己"一分努力一分成就"的自信和快乐。从两三岁时搭积木、拼图到后来上学、学习才艺，到最后选择职业以及自己认为应该去做的事，这些训练都在一点一滴地进行。小的时候，孩子控制不住自己，容易转移注意力，容易放弃。此时，需要来自父母的"他律"，帮助孩子慢慢习得上面说的要做成一件事所需的品质，逐步地在十岁以后由他律变为自律。浅尝辄止，轻言放弃，不仅是虚度时间和浪掷精力，更重要的是错过了从他律到自律转换的关键期，孩子容易形成任性而为、"想一出是一出"的习惯。孩子一次次放弃才艺的学习，可以，由他！真到了孩子不去上学、不愿意高考，家长才慌了。此时再回头补课就难了。正常的社会行为的要求，在孩子看来可能是对他的管束，不公平。这时即便他想做到自我控制也已经做不到了，这会让孩子体验到更深的挫败。

这种没要求的教养，孩子是否感激呢？小的时候可能觉得妈妈好，不逼我，不管我，慢慢地长大了，孩子会觉得你并不真的在意我，因为你不操心，无所谓，随我便，你应该尽的责任例如指导、培养等没有尽到。孩子也会觉得你不信任他，否则怎么会不坚持？是不是不相信我有这样的天赋或能力？孩子后来的这些抱怨却是说不出口的，因为当初大家都认为"不管"是对孩子好，是少有的好父母，现在如果推翻这一结论，自己就成了忘恩负义的白眼狼，成了反复无常、自相矛盾，而且自我否定是很不舒服的，让我们往往不能接受。于是，孩子"哑巴吃黄连"，有苦说不出，该有多郁闷！

2）让孩子变得散漫、任性。

还有一种散养，是对纪律和社会规范的无视。我接待过一个13岁的男孩和他的母亲，是学校要求他们来做咨询的。

孩子小的时候父母离异，母亲一直觉得带给孩子不好的影响，愧对孩子，所以尽力满足孩子的一切要求，从小学开始几乎每门功课都请家教，在学习上是有要求的，孩子的成绩还不错。他母亲的叙述有："我觉得他们的英语老师教学思想太陈旧，不能因材施教。课堂上那些东西我儿子都会了，就打了个哈欠，他就小题大做，批评我儿子。"后来我去问英语老师，老师说："他打哈欠的声音大到每个同学都听得到，还伸懒腰，然后扑腾一声趴在桌子上假装睡觉，引得其他同学笑啊、学啊，课都没法上了。"他母亲说："数学老师留的作业都是重复性的，他都会了，就不想写了。中国这种题海战术真压制人的创造力，把孩子全变成呆瓜了。我支持我儿子不写作业。老师没话说了，就指责我儿子没礼貌，跟他讲话没有用'您'。"数学老师的说法是："我问他为什么没交作业，他的声调比我还高，嗷嗷地说'你就会留作业，一点儿都不会开发我们的创造力，你该反思一下自己的教学理念了。'我从没见过这样的学生，我对他说，你有意见可以提，但你要守纪律，而且跟我说话至少应该用'您'而不是'你'吧，小学生都该懂得礼貌，家里怎么教的？这孩子回去告诉他妈了，他妈还来学校找了。这样的家长太少见了。"他母亲说："我们跟他班主任沟通过了，班主任说这孩子想听课就听，不想听就两脚蹬着墙半躺在椅子上。不交作业，不举手参与学习，在班里造成很不好的影响。不管他，就管不了别的学生。现在是义务教育，没法让他退学，又不许各种惩罚，也没有评定、处分等等，家长不但不配合，反而还纵容……我是管不了了。只要他不影响别的同学，就随他去吧。"

他母亲说他的"事迹"，都是当着他的面说的，这孩子在诊室里，也是旁若无人地东摸西看，坐累了就伸直了腿半躺在沙发上。他妈妈说了一句："哎，坐好！"他哼了一声，一动没动，他妈也就不再说什么了。

我了解情况后脑海里出现的第一个词就是"散漫"。散养的目的不应该是让孩子变得散漫、任性吧？

我的团队曾经应邀在宣武区的几所小学开展"问题"学生心理辅导团体活动，面对的是三年级以上的、学校和班主任认为有"问题"的学生。这些孩子的言行上确实各有不恰当的地方，高度一致的是，他们都不会，也许不愿、不想去审视环境、同伴、老师的状态，也辨不清自己的最终目的和眼前的冲动，跟三四岁的孩子一样，只顾满足自己随时而起的兴趣和需要，又没有三四岁的孩子那样的天真单纯。设身处地地想一想，我是不愿当他的同学的，因为他并不能跟我互动，只顾自己，老打扰我；我也不愿当他的老师，因为他不能跟着我的教学和给出的建议，还自以为是，影响其他同学的学习，让我的教学工作受到挑战，浪费我的时间和心血。他们最终要长大，走上社会，若一直保有这样的行为习惯，谁会愿意当他的同事、上司、下属？谁愿意做他的朋友、与他恋爱？在社会上受的挫折多了，吃的苦头多了，可能他会变得收敛一些、抑制一些，但与自律—自我控制不同的是，他的收敛是被动的，是因为失败和教训而不得不为之的，因此他不会满足，不会心甘情愿，会充满抱怨、失望、无奈、愤懑，他是不成熟的，也是不自由的。

◢ 我们为什么会这样？

1) 出于自己的心结而散养。 家长对孩子过度散养，往往是其自身有些心结没有处理好。感觉自己从小到大处处被束缚、被管制，把自己的挫败和不得志归因于环境或他人的压制。这种被动忍受型的家长，会倾向于过度放手孩子的教养，甚至挺身而出，去反抗那些他认为对孩子约束、压抑的人或制度、环境，就像前面案例中的那位母亲一样。

我们很多人心里都有一个没有长大的孩子，那是小时候的自己，带着未被满足的需要，倔强地拒绝长大。这个内在的孩子会时不时地闹起来争取他的利益，于是我们会在很多成年人身上看到他们不成熟、不理智的行为。大多数时候，我们自己压抑着这个孩子，直到我们有了自己的孩子，于是，这两个孩子合体了。我们为孩子所做的一切，大多是为了满足我们内心的孩子的需要，而不是为了眼前的孩子。我们自己小时候需要疼爱，现在我们就会过度疼爱自己的孩子；我们自己小时候需要自由，现在我们就会过度地放纵自己的孩子。面对这种情况，家长首先要解决的是自己的成长问题，要安抚好自己内在的孩子，让他长大，自己才能成为成熟、理智、客观的成年人，才能当好爸爸妈妈。

2) 拿散养当借口。还有的家长是拿散养当借口。自己事务缠身，即便身在家中，也不停地打电话，发短信，运筹帷幄于沙发之上，咂摸回味于饭桌之旁，根本没精力和时间去教养孩子。这样的人如果事业还算成功，家里物质条件还过得去，就会觉得可以给孩子买到诸如家教、留学等条件，孩子有了这些条件，自动地就可以有所成就，会做事了，却忽略了自己的"管"、"参与"，除了对孩子的指导，还让孩子感受到被关注、被期待、被陪伴。

▲ **我们应该怎么做？**

别忽视对孩子自控、自律的培养。

对于"散养"，我没有支持还是不支持的态度，因为这本身就是一个很主观的说法，不同的人对"散养"有不同的定义和做法。我强烈反对打着"散养"的旗号，放弃对孩子的教养责任。

1）关注孩子成长为一个成熟社会人的过程中所应该有的一些能力，例如做事情的条理、规划、耐心、毅力等行为自律，与人相处的关心、同情、友善、沟通互动等情感力，这些会影响到孩子世界观、价值观的形成，影响到他自我价值的界定，终极影响是他对自己人生意义的判断，更不要说对她每时每天是否快乐、舒心的影响了。

2）做循序渐进的自我控制训练。

2010年暑假，我们一家在美国的老朋友家住了两个星期。他家的外孙女Lila当时5岁，跟着她的爸爸妈妈到我们的露营地去玩。因为时间的关系，他们要提前回去。Lila和我女儿玩得正开心，非常不情愿离开，站在帐篷边迟迟不肯上车。这时，她的妈妈，教育学毕业的中学老师，既没有命令她必须走，也没有耐心地讲道理，或者提醒她"我们已经说好了……"等等，她只是站在车边，大约两米外，对Lila说："Self-control, Lila."对于5岁的孩子，她已经在要求、训练自我控制了。Lila站在那里，看得出眼神里透露出的挣扎，做着艰难的选择和决定。不到一分钟，谁都没说什么，Lila 自己转身上车去了，神情很落寞。

我个人认为 5 岁讲自我控制稍微早了点，从六七岁开始一点点地训练，到 10 岁能建立起自我控制的意识，13 岁开始能主动去实践，是一个循序渐进的过程。孩子很小就会自我抑制，但自我控制则是要心智比较成熟时才能做得到。当时，这件事还是让我感到很触动，有了自我控制，才谈得上自我承担责任。

孩子的成长中哪些该管？　　　　　　　　　　　　　　　小贴士

1）对孩子要有与孩子的年龄相匹配的言行上的要求，例如要有礼貌，要讲卫生，要准时等。孩子将来的行为自律，有赖于一开始父母的"他律"。父母必须管。

2）可以不要求结果，但不能忽略过程。例如，不要求孩子必须考一百，但是要求孩子主动、认真地学习知识。

3）对于孩子的错误一定要管。犯错误并不意味着孩子就是坏孩子，我们常常是在试错中明白了道理，学会了本事。所以，看到孩子的错误，一定要管，不要丧失了孩子成长的机会。至于什么是错误，每一个家长有自己的定义和标准。

4）要培养孩子的品德，基本的道德准则必须要管！例如：诚实、善良、公义、尊老爱幼等等。

5）孩子提出了疑问和要求，一定要管，而不是拒绝或忽视。

6）如果有别人反映了孩子的问题，无论是孩子的老师，同学的家长还是谁，一定要管，要调查清楚真相，再相应处理，而不是"护犊子"，或者否认别人的看法和意见。

7）选择散养的父母一般都有一套理论，或者外国如何，或者我小时候如何，一定要实时检视自己的理论是否过期，是否与你家具体处境相符，是否符合孩子的特点等等，避免教条。

孩子越早"自立"越独立

一位老师给我讲过这样一个故事:

一天,我在地铁站看见了我们班上的于志远,就他一个人,我叫住他,问他:"干吗呢?"他说他要去西单图书大厦买书。我一算,他还得乘两趟地铁。我问他:"自己一个人能行吗?"他才9岁。他说行,说这是他妈妈给他的任务。我犹豫了半天,要不要陪他一起去,后来看那孩子对人不搭理的样子,觉得还行,可能不会跟人搭话,也就不会受骗。我看他上了车才走,也没发现他的父母是不是悄悄跟着了。周一我问他妈妈,他妈妈说早就让孩子自己独自做很多事了,培养孩子自立。据说是美国的教育经验。

美国法律有规定,13岁以下的孩子,不能单独一人在家里或外出,必须有人陪伴。我们看美国的一些电视电影里,常有父母要出去应酬,就得请人来"babysit"——直译过来就是"陪孩子坐着"。很多学生会应聘干这个工作,不必非得陪孩子玩,可以写自己的作业,只要一只眼盯着点孩子,别让他玩火啊什么的伤害着自己就行。并不是美国的治安有多不好,提防家里进贼,而是考虑到13岁以前孩子的心智成熟度和经验,不足以应付突发事件,所以需要人陪伴。

培养孩子的自立和自理,应该是让他在自己的能力范围内,自己的事情自己规划、自己做,而不是不顾现实地给予任务去挑战他。孩子的心智和能力发展到一定的程度,你想压都压不住,他会自己去探索外界。每一个孩子的发展是不一样的,不能看到别的孩子如何,我家孩子就也该如何。

我家小区门口有一家小超市,卖些日常杂货。小区里有一个女孩儿比我女儿大两个月,五岁多时她就能够自己去小超市给爸爸买啤酒,帮妈妈买面条了,可是我女儿却就是不敢自己去做这些事。到她6岁时,一天,她自己请姥姥陪着她去超市买冰棍儿,她让姥姥站在超市门外,自己进去挑冰棍儿,付款。几次之后,可以自己去买东西了。每次她回来，我们都问她发生了什么，怎么办？或者假设一些情况，例如有人问路，电梯里进来一个送快递的人等等，问她应该如何应对。

孩子有他成长的规律，可是太多家长在做拔苗助长的事。

◢ 对孩子的长久伤害

孩子会对外界和他人无感，不能与环境和他人形成良好的互动，生活在自己的小世界里。

孩子没到那个程度，非要让他迎接挑战，孩子只能发展出一套应对措施去渡过眼前的难关，这些应对往往是不恰当的。前面坐地铁的例子中，换乘地铁，一路上看到、遇到很多新鲜事、新鲜人，成年人是司空见惯，可在孩子那里是很吸引他注意力的。跟着大人一起坐地铁的孩子，会靠在妈妈的怀里或坐在妈妈旁边，眼珠转来转去，看不完的新鲜，眼里透着好奇。当孩子知道自己是安全的，他才能放松地去观察世界并探索世界，否则，他首要的任务是保证自己的安全。在老师的描述里，那个孩子低头顺眼，对老师只是答话，并没有显示出在公共场所见到老师的惊喜和热情。这是人在不确定的情况下，在陌生不知如何应对的情况下所做出的自然反应，抑制自己的好奇心，压抑自己的行为，不去看不去听以抵制外界诱惑，强迫自己只专注于自己的目标。据他的老师说，这个孩子在班里也是很安静，不太与其他孩子一起闹，老师跟他说话，他大多时候只是听着，但不照着做。他不想交作业就不交，上体育课他跑累了就坐一边儿休息，不听老师的口令。学校给家长反映情况，家长反倒认为学校清规戒律太多，不给孩子成长的空间。

◢ 我们为什么会这样？

1）只认同理论，不结合孩子自身实际。

现在越来越多的家长意识到教育孩子的重要性，注意力从单纯要求成绩、才艺，转到了个性发展、综合素质等。这些家长都看过很多书，有不少育儿的理论。大多数理论都是成立的，例如，孩子要自立。至于针对不同年龄的孩子，什么样的行为表现是自立？如何培养自立？孩子做不到自立怎么办？理论就给不出答案了。很多家长认同了理论后，实施起来就自以为是，不顾孩子的实际情况，也不注意方法。9岁男孩的自立表现在自己按时洗漱，自己收拾书包，饭前洗手，帮家长做力所能及的家务等等，绝不是换两次地铁自己去四层楼的超大书店买书。

2）"崇洋媚外"。

我常常从网上、从家长那里听到看到很多"美国育儿理论"，有的真是很荒谬，例如，小婴儿哭的时候不要抱，否则他就养成了哭闹的习惯。你硬起心肠来不抱他，几次之后，他就学会自立了，不缠人了。这个帖子或说法我见一回批一回。小婴儿不会表达，唯一的方式就是哭。小婴儿最简单，要不是真不舒服，他不会哭的，才没有大人的那个"用哭闹来缠人"的心眼呢。小孩子的哭，轻了是告诉妈妈"我不舒服"，重了是求救，此时他既需要妈妈的抚慰，更需要妈妈的援手。突然的一个响声可能会把他吓哭，妈妈来安慰他，用祥和的态度告诉他没有危险，用语言告诉他发生了什么，增加他对这个世界的认识，用关注和拥抱安抚他的情绪。逐渐的，他知道不同的响声意味着发生了什么事情，他不再害怕；他知道了害怕要怎样去求助；他知道自己是安全的，因为妈妈是爱他的。然而，按照刚才的理论，妈妈要不理睬孩子不舒服的信号或是求救召唤，"干"看着他。

先不说婴儿，如果一个成年人，遇到了危险，或自己难以忍受又难以自己处理的情况，向自己熟悉的、坚信一定会帮助自己的朋友发出了信号，对方却迟迟不来，这个成年人会怎么做？他首先会提高呼救的声音和密度，此时他仍然信任朋友，怀疑自己的表达，如果还是迟迟没有回音，他只能自己忍了，身体变得僵硬，因恐惧而心跳过速，消化系统不好的可能会拉肚子，泌尿系统不好的可能小便失禁，他会因为自己的无能为力而变得自责、自卑、羞愧，会对朋友产生怨恨，不再有信任，会对这个世界产生恐惧、悲观的看法，变得消极、被动。婴儿的反应与之一模一样。只是婴儿理不清楚这一切的变化，他记住的是当时的感受。婴儿还有很长一段时间要依赖父母，所以他不会记仇，仍会努力去爱父母、依赖父母，原谅他们。可是那些感受已经抹不掉了。若是父母一直给予孩子"不理睬"、"你要靠自己"、"忍着"等等印象，时间长了，孩子必然会缺乏安全感，神经质，与人不亲近。与其说这样的孩子"自立"，不如说他们冷漠、主意大、自私。

我们实在没必要一听说美国人如何如何就照着学，一定要看自己、孩子以及自己的环境是什么样的，找到最适合自己的方法。

3）忽略孩子的成长规律、特点和需求，想当然地看待和要求孩子。

有的家长是真的不了解小孩子的特点和需求。大多数人能记清楚的"我小时候"，多是三四岁以后的事，前面的，尤其是与感受相关的事，真的忘了，于是就想当然地以大人的标准去看待和要求孩子。

打个比喻吧。小孩子到了一岁左右，会不屈不挠地学走路，摔多少跟头都不怕。大人心疼他，要抱他或让他歇歇，有时都不管用。等他学会了走路，有时又会偷懒，非要大人抱了。没有哪个家长会在孩子6个月、8个月时非要让他练走路的。"孩子长大了要学会自己走路"这个理论或者要求没有问题。但是家长们都知道要等孩子一岁左右才能实施。然而，到了学奥数，学钢琴，自立自理的时候，就不去考察孩子是否"到时候"了，而是家长觉得该怎样就要怎样。孩子学会走路以后有时反而要大人抱，有的时候家长坚持不抱，"不能惯着他"，但有的时候家长也要先考察一下孩子为什么不肯自己走了，也许真不是偷懒耍赖，可能是鞋不合脚；可能是走的时间太长了，累了；可能是他想关注路边的什么东西，走路让他不能集中注意力；可能是他觉得环境太陌生，有点儿害怕，妈妈抱着让他有安全感……家长只要细心一点，多观察，多分析，孩子的心思还是好猜的。只有综合考虑孩子的需求与目的以及自己的理念情况和目的，才能找到最好的办法，既不宠溺了孩子，也不自以为是，忽略或误解了孩子。

◢ 我们应该怎么做？

父母最大的欣慰，应该是在自己的付出下，孩子终于磨炼出坚实的翅膀，能够找到自己的一片天，展翅翱翔！我们怎么做才能更科学地帮助孩子自立？

1）关注孩子生理、心理的发展，找到符合孩子现实情况的标准，鼓励孩子去锻炼。

2）孩子不会一下就学会，我们要及时安抚、及时指导、及时鼓励。

3）不要一下子放手，到13岁就自己上学，到18岁就撵出门，而是逐步地退出，例如，当孩子13岁自己上学时，可以先送一半的路程，逐渐完全不送；也可以自己先偷偷在后面跟着，逐渐放心让孩子一个人走。

4）不教条，不攀比，每个孩子不一样。如果孩子强烈反对或者做起来不开心、力不从心，那么要回头审视一下自己的要求是不是过分了。

5）辨别清楚是孩子真的做不到还是偷懒、恐惧等原因，根据具体情况介入。

6）自己定的要求和规矩自己也要做到。

7）不可因自己的心情随意改变标准和规定，令孩子无所适从。

8）对孩子的进步要及时表扬，帮孩子树立信心和自豪感。

家长永远"伟光正"

"家长怎么会犯错误呢？当然不会，因为我的年龄和阅历在这里摆着呢，我吃过的盐比你吃过的米都多，我走过的桥比你走过的路都多！"——这是我在咨询室里经常遇到的家长，包括父母和上辈的（外）祖父母常说的一句话。他们大多有一个共同的特点，就是在外人看来是成功的，自己也认为自己是成功的。按照国内惯例，这个成功单指事业成功——有的是坐到了一定的位置，有的是挣到了足够多的钱。同样根据国内的实情，这些人大多是白手起家的，有的人甚至是从社会底层干起来的。他们确实有自信的资本。只不过，他们因为孩子的问题而坐进了我的咨询室，就说明他们还是在某一点上没有成功，那就是在教育孩子上。因此，他们往往会推卸责任，常见的理由是：孩子的妈妈没带好孩子，遇上了不好的老师，现在的社会环境不好，我们老一辈的管不了那么多，是孩子不好或孩子的父母不好，等等。

还有另一种永远"伟光正"的家长，却是在外人看来并不成功的人士，自己也认为自己是怀才不遇或者时运不济的不甘心的人，因此就更要在家里、在孩子面前证明自己的正确，也只有孩子无法驳斥和嘲笑自己。这样的家长会更固执，更易怒，给孩子带来的负面影响会更大。

▲ 对孩子的长久伤害

面对"伟光正"的家长，孩子会变得自卑，会无能，会更加容易想入非非，空有白日梦却无实践能力。

我有一个 31 岁的男性来访者，是他妈妈找了人介绍过来的，本来我那段时间讲课、做咨询的时间已经排满了，但是她硬是找到了我的朋友和一个学员跟我约时间，一定要尽快见到我，等一个星期都不行。尚未与这对母子见面，我已经感受到了母亲的能量之大和做事之决心与毅力。

第一次见面的时候，母子两人都是一身名牌，长相都很好，举止也都很有礼貌，只是 31 岁的儿子无论相貌还是表情行为都显得很年轻，也就二十三四岁的感觉。母亲单独跟我谈的时候提到，儿子从小就聪明，非常淘气，歪点子特别多。家里条件好，所以学习上、业余爱好上都尽量满足他，可是他干什么都没常性。大学毕业让他留学他也不肯走，家里托关系给他找了个央企的工作，收入高还很清闲，但是他不安心工作，总惦记着辞职出来自己开店，跟家里说要两百万启动资金，家里不肯给，他就很不高兴。后来母亲说可以给他请个半年的假，给他二十万让他试试，他又嫌二十万太少。直接导致母亲急着非要见我的原因是，他在工作单位的表现越来越不好，怀疑同事们笑话他、整他，对领导也很不满，有一次情绪失控，在领导的办公室里与另一位同事起了冲突，领导找到介绍人，让介绍人提醒他母亲，带他看看心理医生或心理咨询。

与儿子单独谈的时候，儿子的表情和状态与跟他妈妈在一起时不一样了，这种与妈在一起和不在一起很不一样的表现一般是在小孩子身上很常见的，31 岁的人有这么不同的表现是很引人注目的。儿子认为，父母从来都不信任他，他要学围棋，爸爸就给他讲了一大堆学围棋的好处以及如何下好围棋，他学围棋的兴趣一下子就没有了。他要学架子鼓，爸爸又是一大堆指点。有些事情他要做，爸爸妈妈就会联合起来不让他做。留学他本来是愿意的，但是留学的地点、学习的专业、当地的监护人全都是父母安排好的，所以他不想去了。后来他也承认，真的去留学他是有些心虚的，怕自己应付不了国外的生活。我问他："那这次心理咨询也是母亲安排的，你是真的愿意来的，还是不得不来的？"他说他是真的愿意来的，他背着父母偷偷地学习并参加了心理咨询师的考试（为什么要背着父母？"无论我做什么，只要他们知道了就会发表意见，要么不让做要么让做但一定要听他们的"）。他自己觉得自己是有心理问题的，有时很自信，觉得自己像诸葛亮，有很多的好主意，看问题很透，有预见性，可有时又非常没自信，觉得自己什么都不行，一事无成。有的时候他会很烦躁，父母无论说什么他都会发脾气，之后又很后悔、自责，毕竟事实证明父母总是对的。（后来他反思说，也没有机会和事实去证明他的就一定不对。）央企的工作是他绝对不想去的，但是大学毕业几年一直没有什么正经的事，只好听了妈妈的安排，但是那个工作环境是他绝对不喜欢的，不自由，不知如何与同事相处，他觉得"应该"的事、"正确"的事，都没有发生。父母的话他早就不相信了，但自信又没有建立，这是他心里最大的纠结。

面对"伟光正"的家长，孩子其实很早就能看出家长的破绽，并不是事事都那么正确的，但是，出于恐惧，后来是出于同情和理解，孩子很少能反驳得过家长，但是孩子心底的不服和不公平感是一直存在的，而且会层层累积。如果家长真的是外人眼中的成功人士，孩子就更加处于两难的地位，反驳不是，不反驳也不是。

▲ 我们为什么会这样？

1）我们这里并不是要说家长就是错的。家长从自己的生活经验出发，从自己的理念和角度做出的决定或判断，肯定是出于为孩子好。

2）家长没有意识到的是，这个世界是非常复杂多变的，通向同一目标有很多条路，家长只熟悉自己走过或自己知道的一两条而已。

3）家长可以"伟光正"，孩子有的时候也可以"伟光正"，并不是只能有一个人完全的伟大光明正确，另外的人就要错误、渺小、卑劣。如果家长的考量是现实的，孩子的想法是理想的，理想与现实之间当然会有摩擦，家长的责任是帮助孩子去掉理想中那些虚幻的部分，将理想变成可掌握、可实现的目标，最终通过孩子自己的努力，让孩子的理想成为现实，而不是用自己看到的眼前的现实击败孩子的理想。

▲ 我们应该怎么做？

孩子向家长要什么呢？要物质的养育，要买书买本儿，这些是家长必须提供的。作为孩子在世界上最亲近、最信任、最仰赖的家长，孩子索取得更多的是成长过程中的非物质的支持，比如具体的建议和行为的指导，比如人生的道理、未来的规划，比如人情世故的描述，还有最重要的，作为家长是怎么看我的？从"我"到他人到世界，孩子都希望听到父母的直接意见，作为参考。注意，是作为参考，而不是作为标准答案。那么我们作为父母需要怎么做呢？

1）了解自己的优缺点，谦虚、诚实，即便在孩子面前也承认自己有不知道的事情和不足之处。

2）了解孩子不同阶段的特点，不用成人的标准去衡量孩子，不随意否认孩子的想法和做法。在大人听起来不着边际的幻想，可能相对于孩子的年龄段来说表现了孩子知识丰富、善于想象。

3）在家里就真实地做孩子的爸爸、妈妈，而不是公众或公司里的角色，不是人人仰慕的老师或导师，不是领导，不是不可复制的成功人士。

4）如果自己感到怀才不遇，没有得到过认可和尊奉，那就更不要从孩子这里去讨要认可和尊奉，不如自己去社会上提高、努力。

5）开阔视野，放松心态。条条大道通罗马，不是只有自己的见解和方式是唯一正确的。

与时俱进，不做"懒"家长	小贴士

由于独生子女的政策和社会环境的变化，孩子与父母的相处时间越来越长，孩子越来越依赖父母的养育和帮助。我们养育子女的方式必须"与时俱进"，仅靠我们记忆中残存的"我小时候如何如何"作为自己教育孩子的指导已经不够了。如果不能对自己的育儿方式有反思，不能够及时觉察和孩子互动中出现的问题，那么我们的育儿方式将是本能的、潜意识的，很有可能把带给我们自己不好影响的养育方式从我们的父母那里传给孩子，造成恶性循环。也有可能我们把自己一直渴望却没有得到的，过度地补偿给孩子。这两种方式都可能给孩子带来不好的影响。

也有很多的家长越来越重视孩子的教育，不少人都在阅读、听讲座或用其他方式学习，形成自己的育儿理念和育儿方法。从这点来说，家长们的苦心可勉可叹！对于这部分钻研和寻找育儿知识的家长，要注意的是：

第一，不能教条，适用于美国的、适用于别人家的、适用于过去的，不见得适用于自己家现在的情况。

第二，不要过度自信，认为自己掌握了科学的方法，便事事照本宣科。

第三，要多关注各家不同的说法，毕竟心理学本身在发展，教育学也同样在变化，本书中就举了不少以前被认为是规律的后来发现有修订的必要，因此一定要多读书，但不能尽信书。

第四，要举一反三，灵活运用所学的知识。

其实，说到底，还是家长自身修养的提高，自己见识的扩大，自己的人生过得自在、自安，不焦虑，不压抑，踏实而愉悦，才能完成自己的社会责任，包括当家长、教育孩子，才能有慈悲、宽容、互相有爱的人际关系，包括亲子关系，才能用自己积极乐观的人生观与价值观影响孩子。

我们对孩子习惯的做法和态度，体现了我们自己对人生的看法和生活方式。修己方能更好地教育孩子。

第六章 《《

只看到孩子的成绩和外在表现

>>>>> 自我反思

我们会把孩子看扁吗？

孩子是一个人，有血有肉，有思想，有情感，而不是现在的学习机器，将来的工作机器、赚钱机器。我们有没有无形中把孩子看扁了呢？把一个丰满的生命简化成程序化的"纸片人"？看看下面这些话我们有没有说过，有没有想过？

- 你看看那谁谁谁，多懂事，多听话，每次学习都是第一名。
- 我小时候想学钢琴没条件，你们现在的条件多好，好好抓住机会吧。
- 多学知识，多看书，其他的不用学，到时候就会了。
- 班干部选不上没关系，没啥好当的，学习好就行。
- 你现在辛苦点儿，上了初中就好了。中考辛苦些，上了高中好日子就来了。高考抓紧点，上了大学好日子就来了……
- 希望孩子琴棋书画样样精通，自己才有成就感。

一说起中国的家庭教育，很多人都会提到一度盛行的"虎妈"、"狼爸"，这些父母用极为强势的方法管教孩子，获得了不错的成果：孩子学习了很多才艺，学业成绩杰出，甚至进了哈佛大学等等。这些父母把孩子视为自己的部下，采取高压的方式管制孩子，让孩子沿着自己认为的成功之路走，扼杀了孩子的纯然天赋。

有些父母把养孩子变成了一种职业，全身心投入在孩子的教育上，当孩子的表现和成绩不理想时，就开始抱怨"我都是为了你好"、"我为你付出这么多"等等，总在期望孩子能给自己一定的投资回报。

有些父母为了实现自己儿时的梦想，而让孩子学习钢琴等各种乐器，一说就是："我小时候想学都没有条件，你们现在条件这么好，机会这么多，还不赶紧好好把握？"

更多的父母总在无意识地拿自己的孩子跟别人家的孩子比，"你瞧人家×××，再瞧你！""你要是有人家一半好，我就谢天谢地了！""同样在一起上课，你为什么就赶不上人家呢？"

其实父母们的这种做法是把孩子当作实现目标的工具，无论是为了孩子的成绩、本领，还是为了自己的面子，控制孩子的成长和未来，这个标准是完全出于功利的，是以社会价值标准为坐标的，是以成功为指标的，孩子个体的价值在我们的意识里没有任何意义，也看不到一个人的人生除了学习、工作还有其他的方面，还需要其他的知识与能力。

要求孩子走自己认定的道路

很多家长过着简单而正确的生活。因此，他们对孩子的指导也就简单而且自认为非常正确。这个简单而正确的背后，就是没有充分认识到孩子成长的复杂性、孩子作为个体生命的复杂性以及人生的复杂性。

有的家长是在孩子小的时候就开始表现出"简单而正确"的控制，例如孩子从幼儿园到小学到中学到大学的规划，从孩子刚出生就已经制订好，上哪个学校，学习哪些课外班，参加哪些活动或者竞赛，选择哪个专业……家长不可谓不尽心尽力，每一个具体的细节都要去考察、去把握。孩子自己能够做决定的空间几乎没有。

有的家长只把握大的方向，例如搞艺术还是搞体育，学文还是学理，工作还是考研……在这些大方向上，家长肯定是无比正确的，如果照着做，一定会成功；如果不照着做，一定会有各种惨和难发生。家长的分析也是头头是道，国内国外大形势，孩子的成绩和擅长，职业的发展，现在的流行……家长也是尽心尽力，而且绝对是为了孩子好。

作为家长，我们是要为孩子的未来负一定责任的，而且也要付相应的账单，所以，我们必须综合考虑各种资源、条件，帮孩子做选择、做决定，这不仅无可厚非，而且是我们家长的责任和义务。然而，凡事都有个度。当我们把孩子的事当自己的事，把孩子的人生当自己的人生，我们认定的道路才是通途，其余都是独木桥；我们考虑的才最周到，孩子的想法太简单、太幼稚。如果这些都曾经发生过，那我们可能不但没有帮到孩子，恐怕反而给孩子带来了负面的影响。

▲ 对孩子的长久伤害

1）孩子感到被限制、被控制。父母对自己的想法要么不予考虑，要么批评，孩子只能听父母的，他的挫折感可想而知。

2）孩子不了解自己真正的需要，做决定时会过多考虑外在的条件与资源，却忽略了自己的愿望和目的，最后总是做不好选择，或者做的选择总是不能让自己真正满意。

3）孩子会有失望感和怨愤。我们看看这些年的高考志愿热吧，80 年代是数理化，后来是外贸，后来是计算机，后来是管理，现在是金融……而那些当年听了父母的话跟着热点专业的人，有多少并没有达到预期的目的？有多少已经改行？家长也是普通人，不会预测未来，却又在做决定时说得那么有理有据，等事情并不像家长的预期发展时，孩子当然会对家长感到失望和怨怪，也会自己懊悔不已。

4）没有学会自己选择的孩子，会说服自己这是唯一正确的事情，最后自己也变得像家长一样视野狭窄，独断专行，不会考虑别人的想法和感受，贻害自己的孩子。

▲ 我们为什么会这样？

1）过于自信。以为自己一切都正确。

2）头脑简单，眼界狭窄，自己也找不到更多的办法或选项帮助孩子。

3）基于自身经验的焦虑或者担忧，泛化到孩子身上，看不到孩子与自己在性格、能力以及外在环境上的不同。

4）权威心态过重，低估孩子的判断力，不关心孩子的需要和具体特点。

▲ 我们应该怎么做？

1）把人生还给孩子。小的时候我们帮他，逐渐地我们变成顾问，只提供意见，决定权在孩子。在我女儿 4 岁以后，有时在外面吃饭，碰到一次性的筷子，一般家长会不由分说帮孩子掰开，而我会问她："你要自己试着打开还是要妈妈帮忙？"随时随地给孩子自己做主、自己做事的机会。

2）给孩子出主意的时候，多给几个选项，并且分析每个选项的利弊，而不是只有一个正确答案。

3）不做权威，做顾问。充分尊重孩子，时刻注意"立"孩子而不是证明自己对。

4）养成孩子灵活、自信的特点。没有什么路非要一条道走到黑，要学会分析情势，结合自己的需求与目的做判断。

5）如果是自己对孩子的未来过于焦虑，那么要花时间做自我反思，看自己是情绪的问题还是思维的问题，用别的办法来化解焦虑而不是控制孩子。

总拿孩子跟别人比较

互联网上曾经流行过一篇文字，叫《别人家的孩子》：

"从小我就有个凤敌叫'别人家的孩子'。这个孩子从来不玩游戏，不聊 QQ，不喜欢逛街，天天就知道学习。长得好看，又听话又温顺，回回年级第一，还有个有钱又正儿八经的男／女友。研究生都考上了，一个月 7000 工资。会做饭，会做家务，会 8 门外语。上学在外地一个月只要 400 元生活费还嫌多……"

我们能听到来自孩子内心的呐喊吗？相关调查也表明，将子女作为攀比工具，经常拿别人家的孩子来"刺激"孩子，是最让孩子讨厌的父母的五大行为之一。

想想下面这些话，我们是不是也经常挂在嘴边呢？

"你瞧人家 ×××，再瞧你！"

"为什么别人行，你就不行？"

"你要是有人家一半好，我就谢天谢地了！"

"你学学别人！"

"同样在一起上课，你为什么就赶不上人家呢？"

"人家每次拿第一，你看你！"

"人家的钢琴已经考到五级了，你呢？"

我遇到过很多这种被父母过窄的期待和要求赶上绝路的孩子。过程中的恐惧和最后未达预定目标的绝望使他们崩溃了。

有一个女孩子，15 岁，来找我的原因是厌学，不写作业，不参加考试，除了每天还去学校，与学习相关的所有事全都放弃了。这个孩子从小由姥姥带大，姥姥是个意志坚强、爱憎分明的人。她对世界的看法和处世为人的做法非常果断。孩子 12

岁（小学六年级）才离开姥姥来到北京，所以她还记得姥姥的许多话，例如，我们这样的家庭（知识分子、干部、三代城市居民）与别的家庭是不一样的；少跟那些平房里的孩子一起玩，他们庸俗、市侩；你的大舅比小舅有出息，你妈不如你二姨有出息，但是她嫁得好；你爷爷奶奶姑姑他们是农村人，穷、计较，你爸因为出来这么多年了，跟他们不一样；在我这些孙子、外孙子当中，你最聪明，而且你爸妈在北京，你将来也要去北京，你可要争气，要最有出息；给你买的衣服都不是随便买的，都是商场里的名牌；你不用学做饭，将来雇保姆，学习才是你的正经事；学校里组织的一些活动没意义，搞好学习，让学生的成绩好才对……

这个孩子告诉我，刚来到北京，插班进入一所小学的六年级时，她充满了自卑，艰难地适应了很久。她说的是不太标准的普通话，尤其不会说北京话，没有北京口音，她担心同学看不起她。她用的文具、水杯、书包样子和图案与北京流行的不一样，有的同学表示好奇，她说，现在想来人家确实只是觉得好奇、新鲜而已，但她当时却觉得对方是在笑话她的东西土气。虽然她姥姥家是在一个省会的城市，但与北京一比，那个城市是小、土、偏远而且不发达的。我问她后来是如何克服了这些困难适应了北京呢？她说："慢慢地，我发现，班里很多同学的家庭条件并不好，他们的衣着、见识、成绩什么的都不如我，有的同学甚至都没有出去旅游过。"

我们看，在姥姥的比较观念的灌输下，她的自卑源于与别人的比较以及她以为的别人对她的比较，她的自信也源于与别人的比较。她自己真正的能力、特点和价值在哪里？不知道，也没有人告诉她。中学，她考得还可以，但并没有达到她妈妈想送她去的那个学校。她妈妈动用各种关系，在开学一周后，她进入了那所著名的中学。由于像她这种情况的孩子很多，于是学校专设了一个"条子班"，里面的学生全是凭条子进来的，这些学生的家里要么是有关系、有背景，要么是有钱。在这个班里，她的自信彻底丧失了，比穿戴名牌、旅游、装备，她比不上家里有钱的；比家庭背景，她比不上关系更硬的。慢慢地，她发现自己文科还不错，理科越来越差，数学她是真的搞不懂，与那些数理化学得很轻松的同学比，她学习得吃力而且成绩还不如意。她开始形成"自己笨，不如人"的认识，努力用功的动力也不存在了。

学习成绩下降，她"认"了，让她更加难受的是，她找不到朋友，没有喜欢的人，就连家人她也喜欢不起来。她的同学们于她而言，不是层次太低，不值得交往，就个人非常优秀或家庭条件太优越，她过于自卑而不敢和他们交往。老家的亲戚们由于不常见面，也都生疏了。尤其是姥姥不断地说她在北京有多么好的条件，多么牛，为她树"敌"不少，亲戚们很少主动与她联系。对姥姥她是不满的。虽然从小由姥姥带大，现在她长大了，有了自己的判断力，在北京又"长了见识"，她现在认为姥姥其实也就是个"井底之蛙"，很多事情没见过，很多见解都不对或有偏颇，还沾沾自喜。她与父母的关系比较纠结。她认为妈妈与姥姥很像，强势、妄自尊大，其实并没有多高明。可她又离不开妈妈，毕竟妈妈对她很宝贝，基本做到了要啥给啥，而且真心地相信她是优秀的。对爸爸呢？她有时可怜他，尤其是当她觉得爸爸受了妈妈的欺负的时候；有时她也反感他，当他用家乡口音很重的普通话跟她打官腔时。与妈妈一样，看到爸爸穿得不够体面，言行举止不够优雅的时候，她会感到丢人，感到深深的羞耻。而有的时候，爸爸的官职和政绩又是她深以为傲的，甚至禁不住向要好的"朋友"夸口。

这个女孩儿是我见过的非常极端的一个例子。她从小就被浸泡在"比较"之中，她的优势、弱势，她的出身和外在的穿戴，她的学习成绩和人际关系，都是在与别人的比较后才有了价值和意义，从来没有过自己的真正意义。与那些"别家的孩子总比你强"的孩子比，她在比较中是比胜了的那个，优越、高级。可是不用太长时间，一到初中，就显出了"比较"思维的致命性——你总会在某些方面被某些人给比下去。这个孩子是因为不想上学了才被父母带来做咨询的，从前面的分析中，我们可以看到，不仅是学习上她失去了信心、希望和动力，在人际关系上她也没有建立起良好的社会支持系统，在自我身份认同和自我价值的认识上，她更加迷惘，不知道自己到底是谁，有多大的能力，能干成什么样的事情，可以拥有什么样的未来。她看到的永远是别人的后脑勺。

很多爱拿别人的孩子与自己的孩子比较的家长，不是真正地爱孩子。爱意味着尊重、接纳和信任。

有的家长倒是不拿自己的孩子跟别人家的孩子比，却是跟自己小时候比，动不动就说："我小时候如何如何"或者"我像你这么大的时候如何如何"。其实，大多数人能准确记忆的小时候，尤其是有事实能拿出来吹牛的小时候，都在十一二岁以后。

无论是与别人比还是与自己小时候比，这些比较都是把孩子当成一方，把另一个完全不同的生命当成另一方，进行比较。

还有一种"比较"也是很常见的，同样给孩子的成长带来负面的影响，就是家长常常对孩子所做的事情和孩子生活中发生的事情做比较，例如过去的说法是"万般皆下品，唯有读书高"，现在的说法是"只要把学习搞好了就行，其他的无所谓"，"考不上大学就扫大街去"，"学理科的都是聪明、脑子好的，脑子笨的才去学文科"……

不管是哪类比较，长期下去都会给孩子带来长久的伤害。

◢ 对孩子的长久伤害

1）总拿自己的孩子跟别人比，最终让孩子迷失前进的方向。

总被与别人比较，会逐渐地让孩子把目标设为赢得竞争，超过别人，却不知道自己真正的目的是什么，超过别人后又怎么样？自己到底要什么？胜利带给自己什么？接下来怎么办？就好像一个运动员，如果他的目标不是发挥自己的潜力，提高自己的成绩，在赛场上眼睛不是盯着终点线而是总盯着别人的后脑勺，那么他的赛跑就永远是跟在别人后头，到达了一个终点，又有另外的人在他前面，他又要超过另一个后脑勺。于是，一个一个终点过去了，他却永不能满足，总是自责、嫉妒、催促自己动用一切资源和能力超过别人，最后没有自己的终点，也没有自己的方向。与挑战自我、自我实现的人相比，他们胜利的喜悦短暂而且苦涩。

2）总被比下去的孩子，最终会感受到挫败和希望的幻灭。

总被与别人比较，尤其是每次比较的结果都是"别人好，你差"，孩子对别人会产生怎样的情感？羡慕、嫉妒、憎恨、惧怕，在别人面前会自卑，当我们发现别人没有那么好的时候我们会惊讶，会失望，会责难和抱怨别人，因为我们曾经的预设是别人好，我们对别人采取的是信任、顺从、仰慕、依赖、谦恭……的态度，结果我们的失望可想而知，预设别人越高，失望就越大，对别人的责难和怨恨就越多。最终，孩子越来越感到受欺骗、被伤害、没有得到公平的回报，也就越加感受到挫败和希望的幻灭。

3）也有的孩子总是被与别人比较后，他是不服气的，这个不服就很可能将孩子带到错误的方向上。

因为他可能看到了家长所没有看到的那个别人的另一面，于是这个不服要么压在心里，让对别人的憎恨蚕食了自己的心灵；要么说出来与家长辩论，导致家长觉得自己受了顶撞而自尊心和面子受损，于是加倍地指责孩子，孩子于是加倍地不服，如此恶性循环下去。家长大多数时候只是凭家中的地位和权势压倒了孩子，孩子的不服没有被真正解决，这个不服就很可能将孩子带到错误的方向上，例如，想办法让别人犯错，把自己的成功、满足和快乐建立在别人的失败和痛苦上，把精力放在挑别人的毛病和差错上等等。其结果便是更不可能与别人处理好关系，他对别人的厌恶、反感、憎恨是会在一举手一投足一个眼神中表现出来的，别人都会感受到。即便他不做什么有损别人的事情，别人也会轻则远离他、不喜欢他，重则专门挑战他、对抗他。与别人的关系处理成这样，还谈什么合作，谈什么做成事情，完成目标。

4）大多数被比来比去的孩子，心里会混杂自卑与不服两种情绪，他与别人的关系就会受到自己的情绪的影响，而不是理性地把握。

与他人的关系不能处理好，这个他人可能是老师、同学、同事、领导、朋友、配偶……那么做事就很难成功，或者即便成功自己也会觉得代价太大、太辛苦，不能享受劳动的成果。

5）总拿孩子跟自己的过去比，会让孩子更加自卑。

面对父母，孩子是崇拜和仰慕的，自然地就带着自卑。我还记得我女儿小时候和我一起玩游戏时，有时会又遗憾又羡慕地说："妈妈，你做得真好！我做得就没有你好。"**极端的时候，甚至丧失了动手尝试的勇气。**这时候，我就会告诉她，妈妈这么大了，比你高，比你力气大，所以才做得好，等你到了妈妈这个年龄，至少会和妈妈一样甚至比妈妈还棒。有的时候，根据游戏或事情的性质不同，也会告诉她，妈妈是因为做这件事已经做了很多次了，一开始也不行，但是要有耐心，要多观察、总结规律，不断调整和进步，慢慢地，就熟能生巧了。向往完美很好，要一步步地去达到。如果孩子太沮丧，我有时候也会鼓励她，以你的年龄和能力，第一次玩这个游戏，能做到这样，真的很不错。

常拿孩子和自己小时候比较的家长请记住一点：不是不可以比，通过横向的比较，即同一年龄段上孩子与自己小时候的比较，大概可以了解孩子的进度、状况、特点等，要注意的是比较的时候要全面，社会大环境、家教小环境、时代特征、个体天赋特征等因素都要考虑进去、综合评定。例如，我小的时候可以脖子上挂着钥匙自己放学回家，那是因为那会儿学校离家近，不需要穿过很多条马路，马路上也没有那么多的车。可是现在在北京的大多数学校里，孩子没人接送就是不安全。我小时候不缠着大人，是因为我有兄弟姐妹或者小伙伴一起玩儿，现在的孩子在家里没有玩伴，只能找大人，其他孩子则有课外班的活动或者别的家庭计划，很难凑齐了一起玩儿。我小时候玩得有创意是因为那会儿条件简陋，不得不自己去创造玩具和玩法，现在的孩子被各种已经设计好的功能齐全的玩具和游戏包围，他们的创意体现在别的方面。

接纳孩子的现实状态，从中找到他的特点尤其是优点，鼓励他的点滴进步，支持他的探索与尝试，拿今日的他与昨日的他比，才是真的关心帮助孩子，才会真的令孩子进步。

6）拿孩子所做的事情跟其他无关事情比，易让孩子产生偏见。

这类比较源自于父母对各类工作、文理分科、各种事情的"刻板印象"。如果我们不随着新的经验做出调整或者不认可别人也有别人的经验和看法，那么它就成了我们认识上的障碍，从而导致我们处理人际关系时以及采取行动时出现问题和偏差。

现在的世界变化非常快，中国的速度已经让人瞠目，全世界都因互联网的发明而交流着更多更新的信息，冲击着我们的刻板印象。父母太过决然的比较结果可能很快过时，等孩子长大了发现社会不是父母描述的那个样子，此时孩子怎么办？是留在国营单位还是选择辞职去外企应聘？是去外企应聘还是考公务员？是给人当雇员还是自己创业？是学外贸还是学计算机？是出国留学还是国内高考？……我们的世界总是变的，我们需要不断地做出选择，而选择的前提是比较。好的比较是全面地看，每个选项都有利有弊，否则也不至于让我们如此踌躇。父母要教会孩子的是如何去比较和选择，而不是简单地归类和判定。**决然的非黑即白的判断会让孩子的世界失去色彩，只有黑白好坏之分，让孩子的判断力趋于简单，在复杂的社会环境下，这就等于不会判断。决然的好坏之分也会让孩子对其他的选择充满恐惧：**既然通向彼岸只有一条独木桥，那么一旦我没有踏上这条独木桥，就意味着我彻底的失败，没有前途与未来。

◢ 我们为什么会这样？

1）家长的眼界狭窄，不能全面地看问题。俗语说，不能拿橘子与苹果比，可是家长却常常只截取孩子身上的某几个点去与别的孩子比，不能看到孩子与孩子的不同。

2）家长不能接纳孩子的现状，总是要求孩子变得更能让自己接受。

3）家长以为让孩子把别人的优点全学到，就能出类拔萃，却忽略了孩子自身的特点和条件。

4）家长缺乏自我接纳，总是用评判的眼光与别人比，才找到自我认知和自我价值。

5）家长的思维和情绪都比较负面，看不到，或者看到了也不愿意指出孩子的优点和成绩，而总是盯着缺点和错误。

▲ 我们应该怎么做？

1）**停止比较，关注孩子**。每一个生命都是独特的，每一个孩子都有其优点，也有欠缺。家长要正确认识自己的孩子，看到她本身的特点，接纳孩子的特点。

2）**用孩子的过去与孩子的现在比较**。如果非比不可的话，那也是用孩子自己来与自己比较，认可、鼓励孩子的进步，指出孩子的退步，以及根据孩子的自身特征来评估孩子的现实。

3）**培养孩子成为一个全面的人，而不是考试机器、书呆子**。孩子所做的所有事情都是有意义的，在培养孩子的能力和品格上都有助益。我记得小时候看姥姥做鞋，从选择布块打袼褙，量尺寸剪鞋样，搓麻绳，剪鞋面，纳鞋底，沿边儿到绱鞋，我虽然没有学会做鞋，却潜移默化地学会了如何统筹安排事情、有条理地一步步做事情。这些生活中的经验，会帮助一个人养成良好的行为习惯，甚至会帮助孩子养成良好的学习习惯，不是白浪费时间。

唯成绩和外在表现至上，忽视孩子本人

我在接待未成年的来访者时，都要约其家庭成员面谈，以调查更多的事实，除了父母外，若孩子跟爷爷奶奶或姥姥姥爷生活时间较长、关系较密切，也要约见隔辈的亲人。12～18岁的来访者求助原因各有不同，与家属访谈时，我发现了一个共性，所有的家长都会花很多时间谈孩子外在的事，而不是孩子本人。

我一般都会问："为了更全面地了解孩子的情况，以便我做出诊断配合心理咨询的过程，请您介绍一下某某。"或者"请您描述一下某某是个什么样的孩子。"家长就会讲，他学习怎么样，写作业怎么样，课外班怎么样，与老师、同学关系，内向或外向，听起来就像是写在学生手册上的学生鉴定，尤其在学习上，细节更多，考了多少、年级排名，请了家教后有何变化，老师的反映……

我常常不得不打断家长，解释说："我想了解一下，您是怎么看这孩子的，比如他的优点有哪些？缺点有哪些？"这么一问，有的家长的回答只有几个词，好强、友善、倔强等一般性描述词语，有的家长可以说很多，但说的仍然是孩子在学习上的优缺点而不是孩子本人的特征。有的时候，我也需要向孩子的老师了解情况，尤其是建议家长带孩子看心理咨询的那些老师。大多数老师对孩子的描述比家长描述得更细致、更贴切。老师的描述能让我脑中产生一个人的印象，而家长的描述在我脑中只呈现出一堆数字、评语，却不见人，或者只有几个面具，写着"好强"、"友善"、"倔强"，摆在一堆资料上面。

现在的家长都特别关注孩子的成长，但有时他们的关注会出现错位或偏差，往往更关注孩子的成绩、外在表现。在亲朋好友的聊天中我们最常听到的也是"孩子学习成绩怎么样？""孩子都学什么乐器了？考级了没？"等等。而父母们在回答"我的孩子成绩很好，班级的前几名"、"我们钢琴已经过了五级了"、"英语说得很流利"时，也是光彩照人，感觉面上有光。

家长眼里没有孩子，只有孩子的成绩、升学、行为表现，是造成孩子成长过程出现问题，需要到心理咨询室的原因之一！

▲ 对孩子的长久伤害

当父母在不断地讨论成绩、升学、外在表现时，**孩子会感觉到自己是被忽视的、不受宠的。**与他争宠的不是具体的人，而是他的成绩、他的行为举止、他的表现。孩子越长大越能体会这种被忽略，他会从父母的表达中总结出这样的结论：你们爱的不是我，是我的成绩是否让你们值回学费，是我的表现是否让你们有面子，是用我的未来证明你们是否是成功的父母，你们是要把我变成你们的养老保险，但你们从来不关心我这个人。因此，**他们与父母的关系会很纠结。**一方面怨父母并不真正爱自己，另一方面，父母又确实为自己做了很多事，关心自己的事情。他们往往表面顺从，内心怨怼；或者抱怨父母、与父母吵架，心里又很自责。

1）被忽视的孩子找不到真正的自己，会以为他的成绩、外貌、表现等就是他自己，于是只追求外在的、物质的，却不能做真正的自己、爱自己。

2）被忽视的孩子容易太在意别人的看法，会用出格的言行或者外在物质的积累来获得别人的注意。

3）被忽视的孩子会对别人的评价非常敏感，却不能真正去了解别人，因为他们没有得到过了解，自己也不会去了解别人。

▲ 我们为什么会这样？

1）家长自己对人生的认识就在于外在的成就，而不重视内心的安宁与愉悦。这是我们大多数中国人的模式。说起来过得好，就是有房有车，子女出息；说起来子女有出息，就是成绩好，考上了好大学，找到了好工作，有房有车……我们真的不知道除了这些物质条件外，内心充实、安宁，为人宽容、友善，精神乐观、主动，处事果断、从容才是好。

2）确实爱孩子，不只是爱孩子的成绩，但是不会表达，只会用外在的标准衡量和要求孩子，以便孩子将来能成长、成功。

3）不是真的爱孩子，更爱的是自己的面子，靠孩子的成绩和表现在外人面前显得自己家长当得好，比别人强。

4）不仅不爱孩子，这样的父母也不会爱他们自己。在他们自己的原生家庭中，在他们自己还是孩子、被父母爱着的时候，可能由于物质条件的问题，父母尽心让孩子吃饱穿暖就是爱了，因为那要付出很大的努力，孩子领情；也可能由于他们的父母就是注重外在成就的，大环境都一样，他们没有体察到爱的缺失。如今的时代不一样了。家中只有一个孩子，物质的丰富让他们更注重关系和感情，缺少兄弟姐妹让他们更看重与父母的交流和互动，父母理应给予孩子的爱与关注与孩子自己体会到的关注不一致等等，都会造成孩子的失望与渴求，孤独与压抑。

5）不只是独生子女有这种现象，如果父母工作忙，或者父母都是不善于表达感情，看重外在成就表现的，孩子都会有"爱的失落感"——我不被父母重视。只是独生子女的感受会更强烈。作为唯一的孩子，他当然知道父母对他的关爱，可是他又感受不到！与父母沟通呢他又说不明白，也说不过父母；对父母抱怨呢，他自己都会自责；让自己理解父母、忍了吧，心里又觉得委屈。所以，他们更加纠结。

◢ 我们应该怎么做？

那么，抛开那些所谓的成绩和外在表现，我们真正需要关注孩子的哪些方面呢？

1）关注孩子的行为，更关注孩子行为背后的动机，以及孩子要达到什么样的目的。

2）关注孩子的成绩，更关注孩子是如何取得这样的成绩的。

3）关注孩子的喜怒哀乐，更关注孩子为什么会产生这些情绪，这些情绪意味着什么？情绪背后的需求是什么？

4）关注孩子的想法，更关注这些想法背后的逻辑，了解孩子是如何推论出这个想法的。

5）关注孩子的衣食住行，更关注孩子对衣食住行的看法和追求。

6）关注孩子的身高体重，更关注孩子随着年龄的增长，相应的心理变化。

7）关注孩子对他人的看法，与他人的关系的处理，与社会的融入情况。

8）关注孩子的自我认知，是自卑还是自大，是清晰还是模糊。

9）关注孩子的精神状态，是被动等待，还是积极乐观。

10）关注孩子的心灵与意识，关注孩子的世界观。

……

最重要的一点：关注不等于介入。永远尊重孩子也是一个独立的生命。

忽略孩子的感受和想法

下面这段"与母亲的典型对话"摘自龙应台女士的书《目送》。这是他的儿子安德烈在母亲节的时候电邮给她的一则影像对话：

我去探望我妈。一起在厨房里混时间，她说："我烧了鱼。你爱吃鱼吧？"

我说："妈，我不爱吃鱼。"

她说："你不爱吃鱼？"

我说："妈，我不爱吃鱼。"

她说："是鲔鱼呀。"

我说："谢谢啦。我不爱吃鱼。"

她说："我加了芹菜。"

我说："我不爱吃鱼。"

她说："可是吃鱼很健康。"

我说："我知道，可是我不爱吃鱼。"

她说："健康的人通常吃很多鱼。"

我说："我知道，可是我不吃鱼。"

她说："长寿的人吃鱼比吃鸡肉还多。"

我说："是的，妈妈，可是我不爱吃鱼。"

她说："我也不是在说，你应该每天吃鱼鱼鱼，因为鱼吃太多了也不好，很多鱼可能含汞。"

我说："是的，妈妈，可是我不去烦恼这问题，因为我反正不吃鱼。"

她说："很多文明国家的人，都是以鱼为主食的。"

我说："我知道，可是我不吃鱼。"

她说："那你有没有去检查过身体里的含汞量？"

我说："没有，妈妈，因为我不吃鱼。"

她说："可是汞不只是在鱼里头。"

我说："我知道，可是反正我不吃鱼。"

她说："真的不吃鱼？"

我说："真的不吃。"

她说："连鲔鱼也不吃？"

我说："对，鲔鱼也不吃。"

她说："那你有没有试过加了芹菜的鲔鱼？"

我说："没有。"

她说："没试过，你怎么知道会不喜欢呢？"

我说："妈，我真的不喜欢吃鱼。"

她说："你就试试看嘛。"

所以……我就吃了，尝了一点点。之后，她说，"怎么样，好吃吗？"

我说："不喜欢，妈，我真的不爱吃鱼。"

她说："那下次试试鲑鱼。你现在不多吃也好，我们反正要去餐厅。"

我说："好，可以走了。"

她说："你不多穿点衣服？"

我说："外面不冷。"

她说："你加件外套吧。"

我说："外面不冷。"

她说："考虑一下吧。我要加件外套呢。"

我说："你加吧。外面真的不冷。"

她说："我帮你拿一件？"

我说："我刚刚出去过，妈妈，外面真的一点也不冷。"

她说："唉，好吧。等一下就会变冷，你这么坚持，等着瞧吧，待会儿会冻死。"

我们就出发了。到了餐厅，发现客满，要排很长的队。这时，妈妈就说："我们还是去那家海鲜馆子吧。"

很好笑，是吧？但是我们在生活中是不是常常也有类似情景呢？我在生活中见到、听到很多这样的桥段。一次是在上学的路上。奶奶拿着一顶帽子往小明头上扣，小明一边躲闪，一边嚷着："热！不要！"奶奶一边奋斗，一边喊："风大！出了汗别着凉！戴上！"还有一次，是在咨询室里。女儿鼓足勇气，终于流着泪把憋在心里的话说完了，爸爸回应道："你看，她的想法就是这么简单、幼稚。"

常常，父母好像就是听不见孩子的话；或者听到了，也不相信——"你不爱吃鱼？"；或者相信了，但是不接纳——"你就得吃鱼"、"你太幼稚"、"你的想法不对"。相信很多家长能够找到自己平常的例子。我们可能觉得没有什么，因为第一我们是为了孩子好，第二我们的意见更正确嘛。可是我们有没有想过孩子的感受呢？

▲ 对孩子的长久伤害

1）孩子会感到很挫败。还要我怎么说才能让你听到？

2）孩子会感到不被尊重，感到自我价值低。

3）孩子会怀疑父母是不是真的爱我？

4）多次打击下，有的孩子会变得无奈，干脆关闭了与父母交流的大门，有的则变得很抵触，事事跟父母反着来，看你还听不听到我？前者会变得抑郁，后者会变得过度叛逆。

5）不仅是亲子关系受到损害，孩子长大后跟别人提自己的看法或者要求的时候也会不那么顺畅。如果没有跟父母练习好怎么互相诉说和倾听，在与他人交往时就也会预设对方可能听不到或者不愿意相信自己，这个预设就会影响到交流的结果和两个人的关系。

▲ 我们为什么会这样？

1）家长真的没有关注孩子，不认为孩子说的重要、有理或者值得听。

2）听到是听到了，觉得孩子的话幼稚，想法太简单，所以不予采纳。

3）家长过于自信，坚持己见。

◢ **我们应该怎么做？**

无论家长是无心的，还是有意的，对孩子的不倾听、不信任、不接纳影响是深远的。那么，家长能如何改进呢？

1）**让自己"听见"孩子的话**。最简单的办法，可以重复孩子刚才说的话，并问一下孩子这么说的理由。例如"你不想吃鱼？为什么？"这样，既是对孩子的想法的尊重和好奇，还可以引导孩子不仅说出自己的结论，还给出原因或者理由，帮助家长更好地理解孩子。

2）**说一句"我听到你的话了"，再论述自己的想法和意见**。这样，可以让孩子和自己都明白，眼前有两个想法，一个孩子的，一个自己的，我们可以就此继续商量下去，而不是只能有一个意见存在。

3）**明确地告诉孩子您的决定**。如果家长有自己的目的，给孩子提出的是孩子必须要遵守的，那么态度要坚定、认真地告诉孩子你的决定，告诉他为什么不采纳孩子的意见；如果事情是可以商量的，那么与孩子充分讨论。

4）**信任孩子**。孩子说出来的话无论听着多么不靠谱，他一定有自己的逻辑、理由或者目的，不要不由分说就否定，尤其不能用自己的标准来套孩子。

5）**尊重并接纳孩子的感受和想法**。把自己的不同想法解释给孩子听，把选择权和决定权交给孩子。

不由分说地拒绝孩子

我们可以一起想象这样一个情景：你在冬天的山路上行走着，千山鸟飞绝，万径人踪灭。你又冷又饿，但是你坚持着，因为你知道再翻过一个山梁，那里有个房子，屋里有炉火，足够取暖，有水有食物，能满足你的需要。你尤其知道，那房子虽然不是你的，但是却是你天地间唯一可以不需要理由就能走进去的，只是因为你是你，房子的主人也是这世间与你有斩不断的情缘的人，他们应该也一定会接纳你。当你满怀希望地到达了房门前，你却发现门是关着的，任凭你报上姓名，任凭你请求、哀求或是哭闹、讲理或是恫吓、谩骂，房间里的人听而不闻、置之不理、大门紧闭，此时，你有何感受？你会怎么想？

是的，你此时的感受和想法，就是孩子遭到父母拒绝时的感受和想法。孩子会由惊讶到失落、伤心。回想一下，我们之前有没有常常这样对待孩子？下面这些话或展示出来的行为态度传达给孩子的就是一种赤裸裸的拒绝。

◎ "问起来没完没了，不知道！"

◎ "去，去！没看见我正忙着呢！"

◎ "又问为什么，你有完没完啊？"

◎ "算了！不带你去了！"

◎ "你怎么就这么多奇怪的想法呢？"

◎ "别缠着我！我没时间！"

◎ "闭嘴！我不想听你说！"

◎ "你还狡辩！我都是为了你好！"

......

▲ 警惕我们的"软性"拒绝和"隐形"拒绝

还有一种拒绝是比较软性的、隐形的，也要引起我们的注意，就是父母工作太忙了，没时间照顾到孩子的需要，尤其是除了穿衣吃饭上学作业之外，孩子想与父母在一起做些什么，想向父母提出的请求，想从父母那里得到些回应和反馈等等孩子主动的需要，孩子表面上可能没什么，甚至有的孩子还会表现为很懂事地不烦大人，自己去一边玩或者看书，但是并不代表孩子没有感到被拒绝。

工作特别忙的家长，在孩子眼中和心中是做了判断和选择的，即工作挣钱比孩子重要。家长若为此选择表示了歉疚并予以补偿的话，孩子可能感受还好一点，若家长觉得这个选择天经地义，而且引以为豪——老子多忙多能挣钱啊，挣钱都是为你啊，那么孩子的不公平感会增加，自己在父母眼里不被重视、不重要、没价值也是显而易见的——当然，孩子的左脑不会有这么清晰的推理过程和结论，这个结论是经由"感受"被右脑理解和记住的。孩子可能一辈子都不会对父母有怨言，但是孤独、失落、自卑的感觉会一直伴随着他。

我有一个朋友，父母都是大学毕业、工作努力而且有成绩的人，她从小被放在姥姥家，由姥姥接送上幼儿园。小学低年级时在奶奶家，高年级以后就与父母一家三口一起住，但放学回到家屋子常常是空的，父母或者留了饭菜在冰箱里，或者给她钱让她在外面吃。她是个安静乖巧内向的人，顺利地上大学，出国留学，回国工作。在外人眼里是非常难得的淑女＋乖女。她自己也觉得挺好的，一切都很正常，除了会向父母抱怨一下："你们从来没跟我聊过天，从来不说些家长里短的话，我现在都不会跟人聊天儿。"她除了不会聊天，还不会交友，虽然同事、朋友都觉得她不错，但与别人在一起时，她总是感到自卑，不会聊闲篇，不会打扑克，不会开玩笑，等等。她还不会主动向别人提要求，本来特别想让男友送她回家，但就是说不出口，而等男友提出要送她，她又为男友着想，怕他回去晚了，怕他太累了，反而会拒绝。等男友走了，她又后悔，也很失落，感觉没有被爱的幸福。她还不会拒绝别人，对别人说不。她还不会维护自己的利益。有时朋友的玩笑太过分，她感到不舒服时，却怎么也无法找到合适的话去让对方知道自己的边界，又不得罪对方。外人看来一切都好的她，有时会突然爆发，与男友下班后喝点小酒、微醺的时候，心里会特别难受。心是荒凉的，荒凉得让她难以忍受，她会突然伤心地痛哭起来，跑到外面的街上乱走，没有目的，没有原因，就像前面故事中那个被关在门外的人，没头没脑地在天地间乱走，找不到归宿，心里是恐慌与无边的孤独。第二天，她会一切如常地去上班，只是心里的温度又冷了一些，父母、男友都不足以给她帮助，她也找不到任何可以抱怨的人，对父母她一直理解，也早已不抱希望，她也不会向别人求助。到我这里来几乎是被朋友"绑架"来的，虽然来了她也能说很多东西。问她为什么没有去寻找和采取自助的办法或向专业人士求助？认为一切都没有用，她一点儿都不想去试。

看着她，我在想，她得经历了多少挫败和拒绝，才能变成今天这样安静、这样认命，这样失去了所有的动机和主动性啊。孩子的生命力本是旺盛的，他们天生好奇，爱探索，在探索的路上他们需要父母的陪伴指导和回应。总是拒绝孩子的父母，是在扼杀孩子的活力和生命力。

◢ 对孩子的长久伤害

1）拒绝让孩子感到"我不值得父母爱"。孩子会感到孤独，被拒绝、被遗弃的孤独，他以后很可能不敢向他人求助，无论是父母、老师，还是同事、朋友。被拒绝和遗弃的感觉是冰冷彻骨的，对于孩子来说还伴随着巨大的恐惧，因为在这个世界上，这是他唯一的落脚点，父母是他唯一信任和仰赖的人。看看那些老年人，经历了青少年时的朋友成群、同学结伙，中年时的同事交往、各种人的来来往往，最后身边剩下的只有家里人。每一个人都是独一无二的，因此就都是孤独的，而人又是社会性的生物，他需要伙伴，需要群体，需要他人，核心的就是自己的家人。家人中又只有父母，尤其是母亲，应该给予自己最大的包容和无条件的接纳。但是现在，父母却不接纳孩子，不理睬、不回应，甚至推开，孩子的恐慌可想而知。

2）拒绝让孩子变得自卑，自我价值低。孩子越小，越不会、不能综合分析情况，他不会主动去理解父母此时的处境以及父母的本意，他不会明白父母有时也会有情绪，也会怕烦怕吵，小孩子容易把事情归因到自身。因此，他会得出"我不值得父母回应"的结论，长此以往，孩子会变得自卑，自我价值低。一个低自尊、低自我价值的人在与人交往中往往会显得懦弱、被动，不会维护自身利益，因此一定会被欺负，被侵犯。这样的例子太多了，任何一个单位都有一个受气包，任何一个群体都有一个替罪羊，指望别人不要"挑柿子捡软的捏"，本身就是被动的表现，就是把自己的利益和命运放在别人的手里了。自我价值低的女孩子尤其容易处于危险境地，她们会"很好骗"，几句好话、几个笑脸就能把她们骗走，而且被人卖了还要帮人数钱。

▲ 我们为什么会这样？

1）当自己正忙着或者累了、情绪不好的时候，也会觉得孩子烦，因此会拒绝孩子，对孩子的态度也比较急躁、不耐烦。

2）有些父母自己也是独生子女，自己从小玩惯了，一直被自己的父母宠着，忍让自己，现在轮到需要牺牲自己的兴趣爱好和时间来陪孩子，常常做不到。

▲ 我们应该怎么做？

1）担当起做父母的责任，做出必要的牺牲。为人父母，就是有责任和义务陪伴孩子，给孩子时间。如果自己总觉得时间不够用，觉得孩子太烦，那是家长自己在时间管理与利用上有欠缺。为人父母的伟大之处，就是能在一段时间内牺牲自己的兴趣爱好和时间。孩子小时你给孩子时间，等你老了，孩子会愿意回报给你，陪伴你。现在对孩子不耐心，将来老了孩子也会对你不耐心。

2）管理好自己的情绪，不要把情绪发在孩子身上。

3）学习更多与孩子相处和沟通的方法与技巧。

当我们不断地被孩子打扰时，我们该怎么做呢？　　　　　**小贴士**

◎ **解释原因**。家长不是不可以说不，而是说不之前或之后，把理由也告诉孩子，让孩子明白不是自己被拒绝，而是自己的请求被拒绝。家长不是不在乎孩子，而是因为某些原因无法答应孩子的请求。这样做，孩子的感情和自尊不会受到伤害。

◎ **留有余地**。当我们说不，而且明确了说不的理由后，往往也就意味着，当条件许可的时候，我们会说yes。所以拒绝时一半是说明不可以，另一半是告诉孩子什么情况下就可以。

◎ **态度和蔼，严肃，有耐心**。当我们被打扰时，或者说了几次孩子仍然不听，我们会变得急躁，于是说出来的话可能就带着情绪，斩钉截铁，不由分说。为了强调我们的决定，态度可以严肃认真，但不要冷漠甚至带着厌恶。孩子对家长的情绪和态度是非常敏感的。

◎ **如果本来是应该答应孩子的，但因家长自身的原因暂时不能满足孩子的要求，那么要向孩子表达歉意**。例如，本来答应孩子周末出去玩，但是自己早上起床后感到不适，那么要及时告诉孩子原因，并表示遗憾或歉意，请孩子理解，不能理所当然地觉得孩子就应该随时听家长的安排，就应该体谅家长。

◎ **了解孩子言行的原因**。孩子再幼稚，行事也是有其原因和逻辑的，所以，如果时间允许就在当时，时间不允许的话在事后，一定要去了解孩子行为背后的原因，而不是我们想当然地立刻对孩子进行负面评价。

◎ **提前制订规则，事后总结、补充规则**。这样可以避免孩子反复提出同样的事情，也可以灵活地总结和调整规则，就孩子的言行或者提议不断地完善规则。

用道歉压制孩子的真实需求

"我的态度是强硬了一些，我承认。但是我都是为了你好啊！是你把我惹急了！"

"好吧，我刚才打了你，我给你道歉。那你呢？你做得对吗？"

"我的方法可能简单粗暴了一些，可是，我是一片苦心哪！都是为了孩子好啊！"

有很多家长也不是那么一意孤行、对孩子完全忽略的，他们能看到孩子的不满、孩子的反抗，也会觉察到自己有时候过分了，所以他会向孩子道歉、认错，不过道歉之后总会有一个理由或解释，例如"我这都是为了你好啊……"之类的话，要孩子体谅家长，前面的道歉也就勾销了，因为我的出发点、我的动机是好的、正确的。

很多家长的道歉，不是承认自己的错误，不是真的关注到孩子的想法和需求，更主要的是要获得孩子的原谅。原谅一个人，包容一个人，需要很深厚的爱，很坚强的自我和内心，需要悲悯的情怀和理智的清醒的洞察，以及坚定的信念。这些都不是一个孩子所能全部拥有的。现实生活中，是孩子需要父母情感上的包容、谅解和体贴，以及具体的对行为的指导，对错误的分析。现在反过来，家长要求孩子包容，对孩子是太大的挑战。很多孩子未必做得到，或者未必可以立刻做到原谅。网络上有句话挺流行的，叫作"别跟我道歉！不原谅你还成了我的错了！"这句话很好地反映了孩子的想法。

这样的家长以为自己关注了孩子，身段也很柔软，事实上，这样的道歉是不恰当的，同样会带来负面的影响。

▲ 对孩子的长久伤害

1）从家长的行为中，孩子学会了找借口，推脱责任。

2）孩子对家长的过错不可能就这么忘了、算了，与家长间的感情会堆积起越来越厚的不信任和抱怨，孩子自己会一直感受到委屈和不公平感。

3）在与他人的相处中，孩子会掌握不好忍让、谅解别人与维护自己利益之间的平衡，而我们的一生中处理很多冲突的核心问题就是要平衡好这个关系。

4）孩子还是没有机会去弄清楚自己的需要是什么、利益是什么，以及如何去表达和争取自己的利益，尤其是当对方很强势、对方做错了的时候。

5）孩子没有机会去发展"冷静、客观地表述自己"的能力，面对类似的场景，如同事的错误、领导的冤枉等，他的情绪体验会很纠结：一方面感觉不公平，愤怒，想维护自己的利益；另一方面，又说服自己应该宽容、忍耐、克制。这种纠结会令孩子很受伤。

◢ 我们为什么会这样？

家长道歉的重点是，关注点还是在家长身上。家长如果真的意识到自己有过错，要道歉，那么就要纯道歉，而不是以道歉为手段却抱有其他目的。常见的其他目的有：

1）既然我的动机是好的，我的行为是可以原谅的，那么我虽然道了歉，承认了错误，但心理上我的触动并不大，甚至可以说，我绕了个圈子证明我还是正确的，而且因为我向孩子道歉这样的低姿态行为，让我更加感到了自己在道德上和行为上的优秀，有了"伟光正"的感觉。我的道歉不仅让孩子原谅了我，我自己也原谅了自己，因此就不会有深刻的"教训"感，也不容易真正改正。

2）我的道歉还是另一种形式地对孩子说："闭嘴！"本来孩子还想跟我辩一辩他的想法、他的理由、他的意见。现在，我不给他这个机会——"我道歉了，你还说什么？"常常，当孩子想表达他的不同意见时，尤其是平时没有建立起平等沟通习惯的家庭里，孩子未必能客观从容地去表达，常常伴随比较激烈的情绪。很多家长是在对孩子的情绪做反应，而不能及时地了解、体会孩子表述的内容。面对孩子激烈的情绪，我们常常是两种极端的反应，一种是我也激烈地反击，别跟我以下犯上、家长永远正确！另一种就是息事宁人——"好好，我向你道歉，但是由于种种原因，说到头你要原谅妈妈，妈妈还是有理的！"

◢ 我们应该怎么做?

首先,永远尊重孩子说话的权利,允许孩子有不同的意见,并辅导孩子条理清晰地论述自己的想法,准确恰当地表达自己的感受。这并不等于说就是"听孩子"的了。听孩子的,还是听大人的,还是制订出第三方案,要等综合了解所有信息之后才能做决定。孩子的想法和感受是必须了解的信息。

其次,如果我们决定坚持自己的意见,那么要给孩子解释,对孩子的想法和感受予以分析,如果能在其他事情上予以实现和补偿,就最好了。

有一个一年级孩子的家长告诉我,他儿子从开学到期末,几乎没有交过作业,老师找了家长。她儿子认为,这些东西他都会,测验、考试他都拿了一百分,用不着写作业。老师和家长都认为他必须完成作业,但谁都说服不了孩子。家长采取的是不由分说地命令,告诉说"这是必须做的!否则老师会批评,学校会不让你上学了"。这些说法都不太管用。我问她:"让孩子写作业的目的是什么?""复习、巩固学到的知识。""还有呢?""不知道了!"其实,写作业是学习习惯和方法的建立。一年级的孩子上过学前班,那么可能对一年级的一些知识已经掌握了,不用写作业也能考好。可是,我们除了让孩子掌握知识,还要让孩子掌握"学—习"这个方法,学了之后要写作业来复习和实践。还有更重要的,却比较隐含的,就是懂规则、守秩序。老师的要求是针对全班同学的,尤其是该要求是合理的、不存在"题海战术"的情况下,应该让孩子养成守规则的能力。这与个性发展是不冲突的。我们生活在充满规则和规范的社会,人与人之间的各种关系、人类的各种活动都牵涉到各种规范。交通、法律不说,建筑师设计时有建筑规范要遵守,心理医生在治疗时有职业伦理要遵从。孩子进入学校,正是要逐渐地培养他从"他律"养成"自律"的行为习惯的时候,按时完成作业就是训练中的一项。如果家长从这个角度去解释,则问题就不是"要不要听家长的,家长是不是正确的"的问题了,而是以孩子为本,让孩子全面发展的问题。孩子是知道这两者的区别的。

再次，当我们发现自己确实错了的时候，无论是错怪了孩子还是做了错误的决定，一定要真诚地承认错误，对造成的后果或对孩子造成的伤害道歉，不要主动要求孩子的原谅。大多数孩子在家长承认错误并道歉后就已经原谅了家长，有的孩子因为情绪尚未得以发泄或某些原因暂时没什么表示，但稍后也都会原谅家长的。也就是说，认错与道歉，责任在家长，而是否原谅家长，决定在孩子。当孩子能自主做出原谅的决定的时候，他的原谅才是真心的，也是持久的。

最后，给孩子机会去表达自己的不满、愤怒或者抱怨。要真心聆听孩子的意见和感受，而不是我就我认为的我的错道歉而已。

| 真诚地向孩子道歉的几个注意事项 | 小贴士 |

1）从内心真正认识到自己的错误。

2）蹲下来与孩子平视，把对孩子的尊重表现出来。

3）态度诚恳地说："妈妈错了，对不起"或"刚才是我的疏忽，我错了"。

4）为自己的错误埋单，比如跟孩子讨论一下惩罚措施。

5）根据情况，当时或者另找时间，与孩子一起分析事情的前因后果，与孩子交流事情过程中孩子的认识和感受，不要让自己白错一回，要让自己和孩子都从错误中学习、进步。

第七章 《《

把"负面刺激"当激励

>>>>> **自我反思**

打是亲，骂是爱？

我们是不是常常觉得孩子太难管了，有点山穷水尽，所以只能以暴制暴，给孩子点颜色看看，也希望通过负面刺激让孩子认识到问题的严重性。

你是不是觉得不应该太娇惯孩子，应该该打就打该骂就骂？看看下面这些话我们是不是常常有意无意中就说出来了？

- "再不乖就没人喜欢你了！"

- "不要吵，再吵警察来了！"

- "再闹，妈妈不要你了！"

- "你怎么这么不懂事？"

- "还不快点，做什么都这么慢！"

- "你怎么就不长点记性呢？总是丢三落四的！"

- "你干什么都没有常性！"

- "你这孩子怎么这么没礼貌？没出息！"

- "玩游戏真有激情，怎么没看到你学习这么有激情呢？"

- "你再学也是那样！算了吧，你不是那块料！"
- "你一点都不听话，你太让我失望了！"
- "考不好别吃饭！"

......

中国启蒙的书，上来就说"人之初性本善"。可是，几千年来的现实是，家长很少把孩子看作天使，反倒是对孩子严防紧盯，仿佛我们只要放松教育，孩子就会变得奸懒馋滑坏，变得不思进取，变得堕落。这与我们的信念正好相反。

于是，我们有很多育儿经验谈："不打不成才"、"棍棒之下出孝子"、"三天不打上房揭瓦"等等。我们一般都说"管孩子"，管教，听起来像是对待潜在的犯罪嫌疑人。

于是，我们常常会高高在上，我们常常对孩子的"错误"绝不姑息，我们真心相信只有严格才能让孩子成才，却不料，一不小心，我们就成了严厉、严酷，孩子接收到的不是爱，不是期望，而是责备、詈骂、羞辱，是肉体和精神上的伤害。

本章列出了一些会对孩子造成心理创伤的常见的家长言行，虽然家长的本意，是出于爱孩子、为了成就孩子……

用威胁的话逼孩子就范

小石头是小区里有名的小淘气，一会儿在草地上跳来跳去，一会又去爬树或者揪树叶，妈妈每次都跟在后面吆喝着小石头不能动这个，不能动那个，但是再怎么注意也没法让孩子听话一点。气得妈妈不停地说："我警告你啊，如果再爬树，小心工人叔叔把你抓起来。""你再揪树叶，小心别人把你关起来。"……只要带着小石头出去游玩，小石头总是给妈妈惹来好多烦恼，妈妈常挂在嘴边的话就是"我数到一二三，你如果还不听话，我就告诉爸爸，让爸爸回来好好收拾你！"

当孩子的言行令我们倍感生气，而我们又一时无能为力的时候，我们往往通过威胁来逼孩子就范。看看下面这些话我们是不是常常挂在嘴边呢？

◎ "我数到一二三……否则……"

◎ "再不乖就没人喜欢你了！"

◎ "等你爸爸回来，看他怎么收拾你！"

◎ "不要吵，再吵警察来了！"

◎ "如果你下次再这样做，我可就不客气了！"

◎ "再哭，让狼把你叼走！"

◎ "你不做，什么都不买给你！"

◎ "再考不好，爸妈都没脸见人了！"

◎ "我今天不信收拾不了你！"

孩子犯了错，有时自己是知道的。他的哭闹、发脾气等不好的情绪和行为恰恰表明他并不自安，他在挣扎，在努力。此时听到的却是父母的狠话，传达的是不接纳、不原谅甚至有诅咒的意思，孩子的心灵会受到极大的打击。

▲ 对孩子的长久伤害

1）被恐惧控制。上述的一些话小孩子听了真的会被吓到。久而久之，稍微做一点与众不同的事，或者刚刚有了这样的念头，孩子都会先感到害怕，可是有的时候，越是让人害怕的事反而越会吸引人去做，从中体验"犯禁"带来的快感。

2）不知如何改正错误。常常是在孩子确实犯了错误的时候，我们会说威胁的话。这些话只有命令、警告，没有交代什么是正确的言行，也没有解释为什么这样做不好，对于错误的惩罚过于空洞而且没有时效性，只是用可能发生的惩罚来吓唬孩子。孩子因为恐惧而不是因为别的向你认错、向你求饶。时间长了，孩子大了，他慢慢也就看透了这些威胁的话都是"纸老虎"，外强中干，于是这些话就不管用了，孩子满不在乎，甚至悄悄嘲笑你的无能。

3）对家长和他人产生偏见，恐惧或憎恶他人。常见的威胁话除了威胁对孩子实施一些惩罚外，就是小石头的例子中那些妖魔化工人叔叔、别人、爸爸等的话。我们中国人对"别人"、"外人"有看似天生的惧怕、戒备、反感，与从小被他们的形象给吓坏了不无关系。

4）让孩子感到自己不被理解，只是被管教。任何一个孩子都期待父母的理解、接纳与包容，"即便全世界的人都说我不好，都不理睬我，我还有个家，我的父母能原谅我，了解我"。小小孩说不清楚也想不到这么细，但是他会说："妈妈对我好。"这个好，除了正向的夸奖、鼓励、关爱之外，也包括自己受伤、失意、不快的时候妈妈对自己的抚慰、陪伴和支持。

长期过分地威胁孩子，最终会让孩子产生冰凉的孤独感，原来期待的疗伤避难之地没有了，他要背负着罪责，自己想办法；他会丧失对父母的信心，无法相信还有人肯谅解包容自己，他也会变得没有同情心，不包容；他会逐渐蔑视自己的父母，只会说威胁的话，没有实质的解决办法，既不能让他心服，也不能让他口服，因此这样做对纠正孩子的行为没有任何好处，他甚至可能一意孤行、变本加厉。

▲ 我们为什么会这样？

大多数家长也并不想这么恶狠狠地对待孩子，往往是因为自己的无能与无力以及自己的心结被触犯到，才会激起如此强烈的情感。

1）说威胁的话，意味着自己的权威性不够，但是又不肯放弃这个权威，所以虚张声势、外强中干。我们都希望孩子听话、勤奋好学、有礼有节，像我们想象的那样。因此当孩子表现得与我们的想象有差距，我们轻则不接纳，不允许，按着他的头要他改过来；重则觉得自己受到了挑战和冒犯，把孩子看成了冤家对头。这是我们自己的自信和自尊出了问题，已经不是孩子言行不当的问题了。

2）没有更好的办法去处理，只能沿用过去那些貌似短期"有效"的方法。随着孩子的长大，事情变多变复杂，一定会让家长不断地遇到新问题，我们有时候处理得很好，有时候就会处理得不恰当。这是必然的，我们不能因此就指责家长，说是家长犯的错，家长也不应过于封闭，觉得自己只要是一片好心为孩子，一片真心爱孩子，就怎么说怎么做都可以。在我们自己的成长过程中，我们怎么交友，怎么工作，怎么对待挫折和失败……都有了自己的方法，都已超出当初父母的教导和影响，但是怎么养育孩子，对大多数人来说却是第一次。我们既无从前的经验，也无理论知识的系统学习和储备，只能凭感觉走。因此我们就很容易受到潜意识的影响，也就是我们小时候被对待的种种，常常就冒出来被我们用来对待自己的孩子。这些对待无论当初在我们身上多么有效，多么好使，时移世易，自己的孩子从内在天赋到外在环境都与当年的自己不一样了，更何况当初的那些对待自己也有不好的地方，更何况在那些对待下自己并不完美，所以只凭本能和直觉来养育孩子会遇到挑战和挫败，会产生不好的效果，一点儿也不奇怪。

▲ 我们应该怎么做？

1）**面对孩子的错误，先表达自己的失望和伤心。**如果是孩子的言行确实非常错误，作为爱他的父母，第一反应应该是失望、伤心乃至痛心，在此基础上才生发出愤怒、憎恶等次级情绪。威胁的话只表达了愤怒、憎恶的情绪，而且它们是如此强烈，孩子很难体会到父母的失望和伤心，却被气愤吓坏了或者很反感。

其实，如果家长能够表达出最初的情绪——失望和伤心，能对孩子产生更好的影响。你的失望代表你曾经对孩子有更高更好的期许，孩子能够体会到这一点，他会明白自己的本质是好的，是值得你爱和期望的，但是自己现在的言行不当。孩子的自尊与自信并没有被伤害，而他又会意识到自己的错误，会生出自觉改正的意愿。而你的伤心会给孩子带来情感的冲击和连接，他能意识到自己的言行给父母造成的影响，能体会到你对他的"在乎"，能认识到自己的错误的严重性。

2）**指出孩子错误的原因，并指导其正确的言行。**孩子不是没心没肺的，只有被打疲了骂惯了的孩子才会显得没皮没脸、满不在乎。所以与其气愤、发怒、发狠，好像多么憎恨孩子，要把他赶尽杀绝一样，不如指出他的错误，表明自己对其错误的感受和看法，教给他正确的方式，让孩子自己去体会，去做决定。

3）**用建设性的言行取代错误的言行。**对于很多还不太懂事的孩子，讲道理是没有用的，孩子有时也未必按照家长的指点做。与其纠缠于孩子听不听话，不如主动转移孩子的注意力，让孩子做一些有益的事情。前面"小石头"的例子中，我们可以看到，孩子精力充沛，被周边的环境吸引。妈妈可以引导小石头把掉在地上的树叶捡起来，数一数总共捡了多少张，可以跟孩子在草地上玩跑步比赛或者玩球。只要家长用心一些，就能找到适应孩子特性的活动，安排给孩子，借此机会让孩子学到东西或者得到锻炼，是做加法，而不是这不许那不让地做减法。

动不动就指责和训斥

说到这个话题总会想起一些父母斥责孩子的场景，即使是在大街上、商场里、亲子活动场所等公共场合，总会遇到一些父母旁若无人地大声斥责着自己的孩子。朋友跟我讲过一个例子。

有一天，她女儿课外舞蹈班下课正在穿衣服，一个同学的妈妈，不知什么原因开始大声斥责起自己的孩子来，"磨蹭什么？赶紧换你的衣服……你傻呀，先脱了舞蹈裙……愣什么愣，做什么都这么慢……快点上厕所去，回来回来，你的鞋子呢？不穿鞋子就去啊，白痴啊！……自己把羽绒服穿上出来吧……"一连串刺耳的声音，朋友陪着自己的孩子穿衣服，悄悄观察着这个孩子，只见孩子面无表情，对妈妈的斥责似乎无动于衷，眼睛盯着一处。对妈妈发出来的每个指令都有点无所适从。朋友想去提醒一下这位妈妈，但看到这位妈妈满脸的怒气和急躁动作，也就打消了念头。真为这个孩子担忧。

这种现象虽然在公共场合越来越少见了，但是在家里有些父母更会无所顾忌地去"教育"孩子。仔细回想一下，我们自己有没有常常在不经意中对孩子说下面这些话？或者有没有听到身边的家长们常常无意中对自己的孩子说着这些话？

◎ "跟你说多少回了，你就是不听！"

◎ "你怎么这么不懂事？"

◎ "一天到晚就知道玩！"

◎ "还不快点，做什么都这么慢！"

◎ "你怎么就不长点记性呢？总是丢三落四的！"

◎ "你早该知道这样做不对！"

◎ "我可为你操够心了！"

◎ "都是你的错！"

◎"不听话，整天自以为是！"

◎"你想气死我呀！"

◎"你从来就没有让我省心过！"

◎"你可让我伤透心了！"

◎"胆小鬼，怕什么！"

◎"又犯这种错误，怎么说你都不听！"

"人之初，性本善"可能是每个中国人都会背的吧？尤其在与基督教的原罪主张相比的时候，我们更是认为中国的性善论更好，我们更人本，更人性，我们重视集体和人际关系，因此我们的人情味儿更重。

可是，一到了家庭养育的时候，很多家长就把性善论给忘了。我见过太多的父母像防贼一样地防着孩子，家里定下各种"不许"和"不准"，都是以孩子是犯罪嫌疑人为前提的。一旦我们认为孩子有错，那就要立刻教育！有的时候，教育都成了训诫和申饬的代名词了。父母的大部分精力都放在抓孩子的毛病、找孩子的错误上。不仅仅抓已经犯的过失，对过失的萌芽、过失的征兆都不放过。即便没有任何萌芽和征兆，我们还有祖传的"诛心"论，认定孩子的动机和目的不纯、不善。在这层层的监视、抓现行、指责训斥下，孩子的心理和人格不受伤害才怪。

现在的家长，尤其是受过教育、爱看亲子育儿书籍的家长，已经很少用憎恨的语气训斥孩子了吧？不过，各种隐形的指责和责备还是很多的。我常常听见家长纠正孩子：这样不对，那样不好，应该如何，不应该如何。大一点的孩子就会说妈妈唠叨、烦人。对于妈妈来说，这可能是关心，是提醒，怕孩子出错，没有什么问题呀！但仔细想一下，这样做的前提就是认定孩子会出错，孩子是无能的、笨拙的、易犯错误的，因此不能信任，必须不断提醒。孩子会非常敏感地体察到我们自己都没有觉察的这个前提，孩子感到厌烦，除了太过唠叨限制他之外，也有这个层面的反抗，"行了，你怎么知道我不会？""别说了，我早知道了。"这些话背后是一种请求：请相信我能做好吧！

还有一种隐形的责备是在家长传授、教导孩子的时候，我听见不少家长在给孩子讲道理或做一件什么事的时候，语气中有一种强烈的暗示——"怎么样？你不会吧？""瞧，这样才对，你想错了吧？""哎，你怎么这么笨，连这个都没有想到？"孩子对这些没说出口的话是感受得到的。本来孩子对家长就是仰视的态度，在家长面前孩子是弱小的、幼稚的、没见过世面、没知识没本领，所以孩子才会那么谦虚，那么热诚，那么信赖地向家长讨教。家长是有责任、有义务去教导孩子的，而且是要以孩子能听懂的方式让孩子真正领会、学会。要做到这一点是不容易的。有的家长是很为自己的知识和技能而自豪的，这个自豪有的时候会不恰当地流露出来，就会让周围的人感到对自己的抬高和对别人的贬低。孩子更容易感受到这种贬低、责备。

▲ 对孩子的长久伤害

1）让孩子产生"我是不好的"的自我认知。

当家长指责训斥孩子的时候，他就像一个法官，代表了权威和正义，不容顶撞和冒犯，训斥的话句句刺耳锥心，比威胁的威力还大。训斥而不是支持和帮助，本身就是一种拒绝，不仅仅是关上门，还是从门内拖到门外，再关上门。

孩子难免会"犯错"，我们这里先排除掉孩子本身没错，而是家长小题大做或者鸡蛋里挑骨头，或者把只要没听我的，只要与我想的、要求的不一样就算错等情况排除。假设孩子言行确实不当，违反了纪律或社会规范，给他人造成不便或冒犯、侵犯了他人。如果我们带着预防孩子变坏的目的去看孩子，我们会满眼看见的都是孩子的错。很多人都知道，批评孩子的时候要批评孩子的具体行为而不是孩子本人，不要给孩子贴标签。且不说我们能否做到，就算做到了，总是批评指责，孩子动辄得咎，同样也会令孩子感到自身被评判，是自己本人不对、不好，一旦形成了"我是不好的"、"我总是犯错"、"我给父母带来了很大的麻烦"等自我概念，就是永远地给自己判了刑，不能翻身。

2）孩子会变得畏缩、犹豫，不敢尝试。

指责和训斥并不能给孩子以真正的帮助。假设孩子确实言行不当，训斥只是用非常激烈的形式对孩子的不当行为予以批判，至于什么才是恰当、正确的言行呢？怎样做才是对的呢？这两个问题的回答才能真正地帮助孩子，让孩子明白下次再遇到类似的事该如何处理。训斥和指责是破坏性的，教导、传授正确的方法，帮助孩子分析问题，了解自己言行的前因后果，从而从过失中总结教训并习得新的方法，才是建设性的、正向的。总是被指责和训斥的孩子会变得畏缩、犹豫，不敢冒险尝试新的领域，因为怕会犯错。这样的人生不舒展、不开心，如果别人的生命如蓬勃生长的花草树木，那么总被指责的孩子的生命就像是被盐水渍过的蔬菜，萎缩、定型而且失去了生命的活力。

3）孩子会失去自尊和自信。

行为上的犹豫、畏缩源于犯错的恐惧，更源于内心的不自信，总被训斥的孩子没有自尊可言，因为他们没有得到父母的尊重；没有自信，因为没有得到父母的信任；惶惶不安，因为没有得到父母的接纳。训斥和指责，意味着拒绝、不接受、不许可。长期下来，孩子都不知道自己还有什么可以被接受、值得父母爱的。没有自尊和自信的人会不自觉地讨好别人，不断地为自己的言行解释或道歉。也有的人会变得"强势"起来，总是挑别人毛病，看别人的缺点，指责和训斥别人特别拿手，因为在他的人生经验中，在他的人生字典中没有赞许、认同、认可、表扬、夸奖，而且他会认为把别人的缺点和毛病告诉他是为了他好，为他负责。这样的态度和行为怎么能搞好与他人的关系？

4）孩子会养成自责的习惯。

曾子曰："吾日三省乎吾身。"他会时时事事进行自我反省："我刚才是不是说错话了？""刚才那事是不是做得不对？"等。一个人如果总是把精力放在向后看上，他怎么可能把向前做得好呢？总是被训斥的孩子长大后很少能有成就。自责的人在遇到问题时将首先想到是由谁来负责、认罪，而不是去解决问题。自责的人会被别人很平常的话惹恼，所谓恼羞成怒。他会将周围的人视为盯着他、评判他的人，而不是同事、邻居、不相干的路人。越是自责的人越不容易大大方方地承认错误，反而找种种理由和借口推卸责任，有时其狡辩会让人觉得无理取闹。自责的人也容易责备他人，就像浑身被毒液浸过一样，刻薄成性、牙尖嘴厉、心怀恶意，总把人往坏处想，毒害着别人也毒害着自己。

▲ 我们为什么会这样？

1）家长的情绪比较负面，容易责备而不是接纳孩子。

2）家长习惯了"棒下出孝子"的逻辑，以为管孩子就是骂孩子。

3）家长没有耐心或者能力指导孩子，只会挑毛病。

4）家长过于自负，在孩子面前端架子，显示权势。

5）不尊重孩子，不会爱孩子，对孩子的感情不够深厚。

▲ 我们应该怎么做？

1）调整好心态是关键。

◎ **换一个角度看孩子。** 要做到不经常指责、训斥孩子，关键是家长的心态和对孩子的认识的调整。要真的相信"人之初，性本善"，信任孩子是向上的、向善的，是追求真善美的。我们"积极心理治疗"是把人看作一个富含宝石的矿藏，终其一生，是把这些宝石挖掘出来并打磨精纯的过程，因此，我们一生中遇到的挫折、错误，与他人和环境之间的摩擦、冲突都是挖掘、打磨宝石的机会。如果这样去看待孩子和孩子的错误，我们会把注意力关注在如何养成孩子的正确行为和认识上，而不是纠结于孩子的错误，更不会焦虑于孩子可能的错误而唠叨不止。

◎ **做孩子的大后方。** 父母和家庭应该是孩子在外面受到挫折、受到伤害之后回来寻求慰藉和支持的避难所、疗伤处，是他充电、疗养、学习、进步的休养生息的大后方，而不是法院，由最亲密、最仰仗、信赖的人给予批评、指责、定罪、惩治。请站在孩子的角度体会一下您的家。它是孩子的大后方还是审判所？把家建成每个成员都愿意待、喜欢待，尤其在危难失败的时刻最想回归的地方，是家长义不容辞的责任。

2）当孩子"犯错"的时候，告诉他这些不当行为造成的影响和后果，尤其是对他人、对自己的负面影响以及立即的、近期的后果，而不是"将来就会如何如何"这种让孩子看不见也想不到的结果。明确告诉孩子你的观点和立场，感受与想法，例如："我不同意这样，我不喜欢这样，因为……"，"看到你这样我挺失望的，因为……"在因为后面列出你的原因、你看到的影响和结果。

有的心理读本或教育类书籍也教过这个办法：不做评判，不指责对方，说自己的感受。于是，很多人在说自己的感受时潜台词是："都是因为你不好，我才感到伤心难过"或者"我如此失望、焦虑都是你造成的"。这仍然是指责、责备，因为我不好的状态是因你而起，你要负责。我们中国的文化传统里是很少谈论自己的感受的，即便独自一人时也尽量不直白地表达情绪和感受，"远眺可以当归，长歌可以当哭"，我们大多数人不擅长直接表达，所以请大家慎用这一招。然而，表达情感和感受不一定只靠语言，而是有很多种方法的。语气、语调、动作、表情等都可以。总之，要让孩子真正明白自己的不当言行、自己的"错误"是不友善、不合适、给别人和自己造成伤害的。

3）针对孩子的"错误"采取措施，而不是停留在责骂孩子上。

我最近遇到两件非常类似的事，两位妈妈处理的方式不一样，结果也不同。

一次是在三年级美术课外班上，下课了，一个小朋友的妈妈在打电话，没有及时去教室门口接孩子，孩子找了半天，终于发现了妈妈，于是模仿大人的腔调说："这个死妈妈，死到哪里去了？"周围很多家人和孩子，这位妈妈脸上的表情先是惊愕，明显看出她做了一下思考和选择，然后她就站在原地，脸上带着失望和受伤的表情看着孩子，一句话都没说。那个孩子本来是挺高兴挺兴奋的样子，可能正是因为她太兴奋了，所以才口不择言。看到妈妈的样子，她先是愣了一下，然后脸上显出愧疚的神情，跑到妈妈身边，笑着喊妈妈，是跟妈妈道歉加和好的意思。那位妈妈接受了和好的请求，笑着领着孩子走了，没有提刚才的事。虽然没再提，我们都看得出来，这个孩子一定会记住这件事，以后肯定不会再这样说话了。

还有一次，也是一个七八岁的孩子，对另一个孩子说脏话，他的妈妈在旁边听到了，大喝了一声那个孩子的名字，用刀锋一样凌厉的眼神瞪着他。那个孩子也是先一愣，然后流露出了恐惧的神色，此时他的妈妈已经过来了，开始数落他不对，让他给对方道歉，直到孩子又羞又恼地哭了起来。这个孩子以后可能不再说脏话了，但不是出于自愿而是出于恐惧和羞愧。更大的可能是，这个孩子以后还会说脏话，因为他并没有真的了解为什么不应该那样做，妈妈不在身边的时候或者长大到不怕妈妈骂的时候，他很有可能照说不误。

如果孩子明知故犯地违反了纪律或做了不好的事情，那么他应该受到相应的惩罚。惩罚的目的不是为了羞辱孩子，而是让他知道承担责任，为自己的行为"埋单"。惩罚的措施应该是跟孩子商量过，大家一致同意的，而不是家长随时根据自己一时起意而制订。例如，暑假不看电视，一周不能玩游戏机，给对方写道歉信，跑八百米，等等，既让孩子感受到损失，要为自己的行为做补偿、付代价，又不能是羞辱性的、伤害孩子自尊的。

4）更冷静、客观、包容地看待孩子的"错误"。

如果我们掌握了一定的关于儿童发展与成长的心理知识，我们就会发现，有的时候真不一定是孩子的错误。

一个小学六年级的男孩儿，在学校里经常打架，班主任告诉了家长。经调查，他打架的情况多种多样，有时甚至不与他相干，别的同学在争吵，结果他过去打人。他并没有什么"帮凶"或者团伙，属于独行侠，而且对绝大多数的打架他都认为自己有理，对老师的处理也不服气。经过与孩子的接触，我发现他特别重视"公平"，很多起打架就是因为他要打抱不平。他同情弱者，同情女生，看不惯某些同学打小报告等他认为不公平的事，所以就常常拔拳相助或者去摆平事情。

我们看得出，这个孩子的心有多么敏感、善良，他对公平的追求很执着、很勇敢，他的动机是正义的，目的也很单纯。那么，我们是责备他不团结友爱、不遵守纪律、不听话、太淘气，还是认可他的动机和目的，保护他的善良、勇气和正义感，引导他如何更好地分析处境、帮助弱小、实现公平？六年级的孩子已经12岁了，很快进入青春期，他的世界会变得更大，他的信息量会变得更多，我们可以预测一下，前一种指责、批评的方式会造成什么样的结果？而后一种方式，会让孩子学会综合思考信息，制订策略，更好地达到目标。如果能一直保持他的能力和兴趣，也许将来他会成为一个很好的法官、律师或者记者。

当然，这个例子再深入下去，还有很多细节，告诉我们他是如何形成了这种追求公平、同情弱小的特点的。他的父亲爱喝酒，有时喝醉了就会找碴儿打骂孩子和孩子的妈妈。孩子的妈妈总是让孩子忍让，孩子心里一直不服。孩子的世界其实很简单，密切来往的人都是父母、家人、老师、个别同学。孩子身上的"问题"也好，"特点"也好，基本上都源自家庭和他被养育的方式。这就是为什么有的书上会说，孩子的问题都是家庭、家长的问题。话虽没有那么绝对，但也确实点明了孩子与家庭、家长之间的关联。

用贬低或挖苦来反激孩子

在很多情况下，当父母肆无忌惮地指责或斥责孩子的时候往往会伴随着对孩子的贬低或挖苦，前一章朋友讲的那个例子中，那位妈妈的反应就非常激烈，"傻"、"白痴"等脱口而出。这属于一种极端的情况，带有很激烈的情绪发泄。

其实很多父母还有一种心态，就是想通过一些刻薄的话来刺激孩子，希望孩子能奋起。比如朋友给我讲过她爱人的一个故事：孩子不愿意吃饭，每次孩子吃饭，爱人就会跟孩子反着说，"我看你这么点饭都吃不完的"、"就这一小瓶牛奶你也喝不完"等等，希望通过反面刺激来激发孩子的不服气。这种语言虽然是相对比较温和的，但久而久之对孩子是一种定性。更不用说彻彻底底地贬低或挖苦孩子了。父母的这种行为直截了当就宣布了孩子的不好或不行，给了孩子定性或者定量的评论。下面这些话我们更要警惕：

◎"你怎么这么懒！"

◎"你怎么这么笨啊！"

◎"你干什么都没有常性！"

◎"你这孩子怎么这么没礼貌？没出息！"

◎"你总是撒谎！"

◎"眼睛长到头上去了，这都看不见！"

◎"你耳朵聋了吗，没听到我说的话！"

◎"你再学也是那样！算了吧，你不是那块料！"

◎"像你这个样子，长大了只有捡垃圾！"

◎"你真是成事不足败事有余！"

◎"哟，真是太阳从西边出来了！"

◢ 对孩子的长久伤害

被父母贬低的孩子内心深处会自我贬低。

低龄的孩子被贬低的时候，无论家长是开玩笑地说"你个小调皮"或者"你个小笨蛋"，还是恨铁不成钢或者一时气急骂出来的话，孩子都会信以为真。对小小孩而言，父母的话一定都是对的，因为他们无所不知，无所不能。久而久之，即便等孩子长大了，有了自己的判断和结论，对父母的话不服气甚至很逆反的时候，他的内心也还是会接受父母的话。具体的表现就是孩子的逆反。一个从心底里坚信自己的价值的人，对别人的贬低是不会过度敏感、反应强烈的，因为"我知道我是好的，你的贬低是因为你无知或嫉妒"。而心里对自己的判断不确定或者对自己的优点也是半信半疑的，就会特别容不得别人贬低式的判断。究其原因，父母怎么认为的我，父母怎么判断的我，让我也同样地这么认为自己，内心深处接受了父母的判断。

无论是表现出了深深的自卑，还是用自大狂妄的言行来掩饰自卑，被贬抑的孩子常常一直生活在自我价值低的阴影里，终生不得舒展。

◢ 我们为什么会这样？

1）**自身就是在被贬低中长大的。**"如果自己就是被贬低长大的，我反而不知道什么是崇高和优秀，我只知道什么是不好、不对、差、懒、笨，就是我这样的。我看世界的时候，会仰视、羡慕崇高和优秀，但不知崇高和优秀的具体内容和状态。但是对差、懒、笨，我却是一下子就能看到。如果我是被贬低长大的，我熟悉并学会了应用贬低的眼光、贬低的词语、贬低的语气和表情去评价事情和人，让我去夸奖、赞美、认可、表扬，我都不会。勉强说出来，自己都会觉得陌生而别扭。"孩子因为小，眼界当然不宽，知识当然不多，行为肯定幼稚，在戴着"贬低"这副眼镜的大人眼里，当然是太低了。于是，家长会诚心诚意地贬低孩子，他甚至认为自己说的是事实，不是贬低。这种"真诚"的态度会让孩子也切实地相信自己就是这么低。等他长大了，他又会对自己的孩子重复"贬低"的评价。

2）用自傲、自恋来掩饰自己的自卑。从小经常被父母贬低的孩子心底是自卑的。很多人是无法承受这种感觉的，于是我们会夸大自己的优点或强项，以自傲或者自恋来掩饰或对抗自卑。这样的人在与人接触时，会去寻找并抓住别人的缺点，凸显或夸大自己的优点。久而久之，即便在孩子面前他也忘了孩子需要认可和鼓励，而是脱口而出地贬低，习惯成自然。这样的家长常常在贬损完孩子后，或遇到孩子的反感时，加上一段"我如何如何……"这类比较的话，以示自己贬得有理。

3）妄自尊大、唯我独好。也有的人，他心底没有自卑。他的妄自尊大、唯我独好是真诚的。这样的家长未必直接说出贬低孩子的话，但他处处体现出的优越感已经让孩子在他面前抬不起头来。在家长面前孩子本来就有自卑的感觉，家长不但不表扬、鼓励孩子，反而要孩子来赞美家长，孩子的自信心将大受打击。很多在自己的领域有所成就、有些名气的家长特别容易在家中也表现出来，无形中给孩子很大压力。要警惕我们的优越感贬低了孩子。

4）处世悲观、抱怨连连。这种人什么都不能取悦于他，什么都不能让他满意，让他对人对事表示赞许、夸奖实在太难了，即便面对自己的孩子，也是这也不好，那也不好，最好的评价就是"还行吧"，后面还要加上个"但是"。

▲ **我们应该怎么做？**

1）对孩子的笨拙和错误要具体分析，不能用成人或神童的尺子去衡量孩子。

2）孩子表现幼稚或错误时，家长应挑选时间和场合指出其幼稚或错误之处，而不是贬低孩子的人格。

3）容易出口贬低孩子的家长，不仅言行上要注意调整，更要关注自己的心态，反思自己，自我成长。

假装抛弃孩子

媒体曾经爆料过一个广受争议的故事:一位妈妈打着教育的旗号,用抛弃的谎言骗了孩子十几年。事件大概是这样的:

"你妈已经死了,我不是你亲妈。"十几年前,申女士告诉刚上小学四年级的女儿程程。孩子不信,笑着对申女士说:"妈,不会是真的吧?"但申女士的回答斩钉截铁。从此之后,程程仿佛变了一个人,刻苦学习、吃苦耐劳,学习成绩突飞猛进。身上的骄娇之气也一扫而光,变得既懂事又听话。大学毕业后被上海一家软件公司聘用。

女儿事业有成,独立性也强,申女士感觉应该说出实情了。"其实,你妈没死,我是你亲妈。"可是,程程半信半疑地问:"是真的吗?"申女士说:"我当初说你不是我亲生的,就是为了激励你学习,让你改掉缺点,学习好了,将来才能找到好工作,你要知道我的良苦用心啊!"

这是一个很极端的假装抛弃孩子的故事。不了解故事背后的详细情况,我不能说这个孩子最终会受到什么伤害,会出现什么问题。但可以肯定的是,她的女儿在十几年中一定缺少以下几样:

1)对父母不再无条件地依赖。孩子需要父母就像需要家中那个用了多年的大沙发,在累了、困了、无聊了的时候可以随时躺上去。我有一个朋友曾经说,虽然妈妈经常训她,但她从不会记仇,高兴了还是会钻到妈妈被窝里。而她小时在姥姥家长大、上小学后才回来的姐姐就从来不跟妈妈亲热。孩子需要这种无顾忌的亲热,就像我们需要家里熟悉的旧沙发,需要脚下坚实的大地。否则,她就是不踏实、不安全的。

2)对父母以及他人不再容易信任。我所接触过的被领养的孩子,无论中国人还是美国人,无论是从小就知道真相的还是长大后知道的,都有一种被欺骗、被抛弃的感觉。不论父母是什么原因不要孩子了，孩子总之是被遗弃了，是不受欢迎的。更荒唐的是，这位申女士又再次说明实情，你让孩子相信哪个呢？你到底是诚实的还是不诚实的呢？

3）带着不安全感、被遗弃感，不知道能否以及怎样相信别人。女儿就算外表上事业有成，她能享受生活吗？她能够很好地与人交流互动吗？所谓的独立性强，是不是因为她不能够相信别人、搞不好人际关系呢？懂事又听话的背后是不是因为恐惧被遗弃而压抑自己、讨好别人呢？

4）小学四年级的孩子也就9岁或者10岁，这个年龄段的孩子一下子"仿佛变了一个人"，是多么大的应激反应啊，内心的震动必然非常之大才能造成行为异常。他妈妈还沾沾自喜，真是不可思议。

5）就算在工作上她女儿的表现一切都好，我们等着看她处理亲密关系的时候，等着看她处理亲子关系的时候，一个心凉了、没有安全感、缺少信任、独立、一切靠自己的女人如何给予配偶和孩子温暖、爱、安全、耐心、信任和关注？

大多数父母都无法接受也不会做出这种假装抛弃孩子的行为，但不少父母常常不自觉地都会说出这些抛弃孩子的话来。

◎ "看见你就烦！"

◎ "早知道就不要你了！"

◎ "再闹，妈妈不要你了！"

◎ "你像谁啊？我们家没你这样的！"

◎ "你一点都不听话，你太让我失望了！"

◎ "我怎么能生出你这样的孩子！"

◎ "考不好别吃饭！"

◎ "我没你这个儿子（女儿）！"

◎ "滚吧，想去哪里就去哪里！"

◎ "养你这孩子有什么用？"

◎"你没救了！"

◎"你干脆别读书了，我对你也不抱希望了！"

有些话听起来虽然没有明确的驱赶、抛弃的意思，但也暗示了"没有你我会更好"或者"你不像我，你不属于我们"这层意思。

例如，我的一个朋友，从小乖巧，听话，学习好，体贴父母，帮助父母干家务，可是奶奶的一句话永远响在她的耳边："玲玲样样都好，要是个男孩就更好了。"独生子女的政策使很多喜欢男孩（也有的是喜欢女孩儿）的家庭终生遗憾，当孩子的面有时也流露出"你不是我们想要的……"那个意思来。与性别类似的，有些离异的家庭或者一直应该离但没有离的家庭，父母一方或双方会说："都是因为你，我们才没有离。否则我们早就自由了。"或者"要是没有你，我离了婚可以如何如何，可是……"这类话的意思同样是：因为你的存在，拖累了我的一生，我不想要你！

再比如，"我们家没有你这种如何如何的人"，或者"像你姑姑（或舅舅等）一样的如何如何不好，不像我"。这类的话与其他明显抛弃孩子的话一样，威胁的是孩子的归属感和安全感。

还有一种"抛弃"也挺常见的。现在的大多数家庭必须要两份工资收入才能维持，所以很多父母不得已，只好请老一辈来带孩了，或者把孩子送到姥姥家或奶奶家。我遇到好几位老年人，在实在没办法"管不了"孩子的情况下，或真或假地对孩子说"我走了，我不管你了"或者"我管不了你了，你走吧，你回你父母那里吧"。这种情况下孩子要经历双倍的恐惧，除了前面分析的那些外，孩子还要担心父母的责罚，他知道自己必须与姥姥或奶奶在一起的，没有别的选择，否则父母不会做这个决定。他得罪了老人又得罪了父母，既失去了老人又失去了父母。他必须讨好，同时体验着自责、自卑、恐慌，丧失了归属感的孤独冷漠。

▲ 对孩子的长久伤害

1）会自觉、不自觉地违背自己的意愿，做出取悦、讨好大人的举动。例如，顺从，让干啥就干啥，主动为父母着想。这样的孩子会被人认为乖、孝顺、听话，甚至懂事。而实际上，他们内心却不一定乖巧、懂事，因为他们的动机和目的是不一样的。对父母充满了爱和信任的孩子，他们的乖和懂事是因为他们真心地知道并相信父母的教诲，因此愿意服从，他的体贴和孝顺父母是真正感受到了父母给予的爱和温暖而自愿做出的回报。被威胁抛弃的孩子所表现出来的乖巧、懂事是因为恐惧而做出来的讨好行为，他的动机不是信任和感恩，而是委曲求全、不得已而为之。前者是为了自己的幸福快乐，后者是为了父母的幸福和快乐。更何况，有些父母是无论如何都讨好不了的，他们只有一时的满意，很快就忘了孩子的好处，又开始重弹"不要你了"、"没有你多好"的老调。

随着孩子年龄的长大，孩子不会一直讨好父母。他会感到不公平，他讨好的热情和动力也会一点点地熄灭。可是，他的讨好行为常常已经固化了，他在与其他人交往的时候会不自觉地重复"让别人高兴、满意"、"别惹别人不高兴"这样的内在动机，而做出违背自己意愿的事情。人活在社会上，必然会与他人有利益的冲突。一个人若总是不能保护自己的利益，总是放弃自己的利益，他的社会功能是不健全的，即便他自己心甘情愿，他的家人、孩子却需要他的保护和支持。一味讨好别人，不但不能"吃亏是福"，反而会招来坏人的利用、控制、得寸进尺。他的生活不会幸福、安稳。

2）自我价值低。"我不值得、本不该、不配在这个家"，这种自卑深入骨髓。自卑之余，一遇冲突矛盾，孩子会首先自责，"都是我不好，要是没有我就好了"。在这些理念和认同下，孩子从小就会体会到悲观厌世。活着，存在，没有意义，只是给他人和自己带来烦恼和痛苦。这种烦恼和痛苦是如何难以承受，孩子必须要想办法摆脱。

我治疗过一个精神分裂的少女。她从很小的时候起，就坚信自己是一只"丑小鸭"——混在鸭子中的还没有长成的未来的天鹅。小孩子本就分不清现实和想象，当做起"丑小鸭"的白日梦时，她是快乐的、满足的、有希望的。带着白日梦给她的快乐和希望，她忍受着眼前的种种不堪，直到有一天她已经分不清是白日梦还是现实，她一会儿是丑小鸭，一会儿是天鹅，随时随地抓住一点现实的材料编织她的白日梦，生活在幸福的"天鹅湖"中。爱幻想的孩子靠幻想来拯救自己，爱行动的孩子往往陷入强迫症中，不断地、精益求精地抓住眼前的事做好，在每一个细节的追求中忘掉痛苦，获得满足。能够陷入幻想中或者躲入强迫症中还算好的，起码他们找到了让自己暂时快乐、放松的方式。如果连这点自欺都没有，长久的自卑和自责会让孩子长久地处于抑郁状态，直至得了抑郁症。

3）失去安全感和归属感。

一个被父母否认、抛弃的孩子，就像脚下的土地被抽走了，他没有自足之地，生怕无依、孤独寂寞，断了与他人最天然、最紧密的联系。这样长大的孩子在性格上有两个极端。一个极端就像《红楼梦》中的惜春一样，她体会不到别人对她的关心，也不关心别人，孤独、狷介、独善其身，或者被描述为自私自我，主动断绝与外界、与他人的往来。另一个极端则是反社会人格。他体会不到社会和他人的给予，不认为自己与社会和他人有关系，怨恨社会和他人。

◤ 我们为什么会这样？

在当家长之前，没有审核自己是否各方面都做好了准备。

很多年轻父母自己还是孩子，还没有成长为一个"社会人"，不能很好地承担自己的责任，就匆匆忙忙做了父母。做父亲的还有太多的事情不会做、不愿做，自律和自控力常常不好，做母亲的自己还很情绪化，常常由着自己的性子来，而不能整合地考虑自己的需求和目的、他人的需求和目的、社会的规范与要求等太多"复杂"的信息，他们有太多的愿望尚未实现，例如游遍全世界或者成为一个歌手，换一个职业等等。孩子的到来占据了父母的时间、精力和财力，给其带来更多的挫败和懊悔。此时，他们的"要是没有你该多好"不是简单地不经意间脱口而出，而是压抑在心中隐秘的愿望。

▲ 我们应该怎么做？

1）注意杜绝任何不接纳孩子、不理孩子、抛弃孩子的威胁用语！可以请家里人监督。

2）学习、掌握让孩子信任、服从家长的技巧，而不是实在没办法了，只好威胁孩子。

3）学会反思孩子为什么不听话、犯错误，从根源上去诊断，从言行上去指导，而不是一味用威胁来压服孩子。

4）从态度上转变对孩子的看法。孩子不是你的附属品，可以随意丢弃。要负起责任，把孩子看成必不可少的家庭一员。

5）如果无意中说过此类的话，一定要告诉孩子自己不是真心要抛弃孩子，让孩子确信家就是他的地方，永远有他的空间。

6）如果自己说这类话确实有对家长责任的厌倦，那么自己要去学习、调整，自己要长大，而不是怨孩子。

羞辱孩子

2013 年 9 月 17 日的《华西都市报》登出了这样一则新闻《儿子乱拿超市货物被父亲当街罚跪》。文中说："昨天中午 12 点左右，烈日当头。在清江中路附近的一家超市门口，一个十几岁的男孩被父亲罚跪在地上，原因是男孩不听话，在超市里乱拿东西。跪下的半个小时里，孩子一言不发，一旁的父亲则不停数落。……"

很多网友评论说，这种批评孩子的方式不当，伤孩子自尊。其实，像这类的所谓惩罚言行，伤的已经不只是孩子的自尊，而是对孩子整个人格的侮辱，对孩子灵魂的戕害，根本谈不上"教育"一说。

前面几章提到的一些负面刺激已经够严重的了，但我们偶尔还是会遇到类似于新闻所说的对孩子的那种极端羞辱行为，也会偶尔听到一些父母对孩子咒骂甚至是诅咒。例如：

◎ "这么简单的问题都不会，脑子是不是有问题？"

◎ "笨蛋！看你那熊样！"

◎ "白眼狼！养条狗都比你强！"

◎ "你让我在家长会上丢尽了脸！"

◎ "我上辈子作了什么孽，生了你这么个东西！"

◎ "你还有脸吃饭！"

◎ "你这个忘恩负义的东西！"

◎ "你脸皮真厚，要是我，早找个地缝钻进去了！"

◎ "我要是你早不活了！"

▲ 对孩子的长久伤害

羞辱的言辞带给孩子的必然是长久的心灵伤害，超过前面章节列举的那些伤害的总和。

这种咒骂具有最强的杀伤力，是羞辱对方的人格。这些话即便是不带语气地读一遍，也会让人心里发紧，肌肉颤抖，咽喉发干。羞辱的言辞影响的是孩子作为一个人的成长，会让孩子一辈子都觉得处处低人一等，言行充满自卑，与别人交往时敏感多疑，自我认知不清，自我价值低，外在表现要么过度压抑自己，要么像孩子般不可理喻地爆发。他对世界、对他人、对自己的认识和评价都是偏颇的，他的情绪会冲动或者压抑，不能平和表达，他的行为举止会让人觉得孤僻或者怪异，他不懂什么叫充实幸福，没有体验过放松和被爱，不能享受生活、享受生命。

◢ 我们为什么会这样？

常用这样的话来辱骂孩子的家长一定有无法靠自助解决的问题。

不知道要怀着怎样的怨毒和憎恨，父母才能对自己的孩子说出这么狠的话来。能够如此恶毒地羞辱孩子的家长，自己心底里也埋藏着深深的羞耻感，或者是巨大的愤怒，才会对孩子喷射这样的毒液。一般说来，恨孩子的家长还是少有的，对孩子说出这样的话的家长很可能是把对他人他事的愤怒转移到了孩子身上。我见过一位骂孩子是猪的母亲，其实是一直不能忘记离婚的前夫对自己的背叛，当孩子不听话惹到她时，她的情绪起来了，就口不择言，辱骂孩子。

◢ 我们应该怎么做？

这里所讲的羞辱性的言辞，一旦说出，其影响很难消除，因为羞耻感直接伤害孩子的内心。能够对孩子说出羞辱性话语的父母，一定是自己本身有问题的，一定是！不是仅仅告诉他们应该怎样说话、怎样转变态度就够了，因为告诉了，他们也做不到。

建议说过这样的话、做过羞辱孩子的事的家长尽早反省自己，靠自己或他人的帮助，祛除自身的羞辱感。同时，尽早帮助孩子，不要让羞耻感在孩子心里扎下根，不要让"问题家长造就问题孩子"一代一代地传下去。改变从自己开始！

用质问的语气逼迫孩子

我们说话的时候，说了什么内容只能传递一部分信息，而且只是一小部分，据调查只占38%。而"副语言"，即与语言相关的语气、语速、语调，以及说话时的表情和身体姿势，传递了62%的信息。无论什么内容，在表达时用了什么样的副语言和表情、姿势，会不同程度地增强或减弱所说的话的后果。有种语气是家长在教育孩子时常用的、但对孩子会造成负面影响的，那就是质问。

浩浩已经上初中了，一直迷恋网络，放学一回家就趴在电脑上玩游戏。妈妈每次拖着疲惫的身体下班回家就能听见他玩游戏的声音，于是气不打一处来，"你能不能把玩的精力用在学习上？"浩浩继续无动于衷地打着游戏，妈妈喊起来："跟你说话呢，听见没有？""哦！"浩浩头也没抬。"你什么时候才能自觉学习呢？什么时候才能不叫我操心了呢？我每天拼死拼活地挣钱，就为了养你玩游戏吗？"妈妈越说越生气。浩浩也不高兴了，"我玩游戏怎么啦？作业都做完了！""你敢跟我顶嘴？！"……于是一场战争一触即发。

就像浩浩妈妈一样，家长训孩子的时候，除了用陈述语气、惊叹语调等表达自己的观点外，常常用反问、质问等方式逼问孩子，例如：

◎"我跟你说多少次了？"

◎"除了会玩，你还会什么？"

◎"这么大了，还不懂事？"

◎"你怎么这么不争气？"

◎"哭有什么用？"

◎"你为什么把我的话当耳边风？"

◎"你怎么对得起我？"

◎"他打你，你怎么不打他？"

◎"你敢和我顶嘴？！"

◎"你能不能把玩的精力用在学习上？"

◎"你什么时候才能不叫我操心了呢？"

◎"怎么不说话了，哑巴了？"

◎"你竟敢用这种态度跟妈妈讲话？"

◎"为什么学过的东西就是记不住？"

◎"我花那么多钱，送你来学校，是为了什么？"

◎"为什么不去补习班？你到底想干什么？"

这样的方式是最让孩子窝火的方式。前面提到的几种暴力语言如果是用质问的语气发出，而不是陈述的语气，"威力"会增加一倍！本来一问一答是很好的交流方式，互相了解。质问虽然也是问，却是单向的，并不要求对方的答案，孩子怎么答都是错。陈述性的批评是家长的看法和结论，孩子若保持沉默，尚能保持一点点自己的空间，在那里生气或腹诽，而质问呢？孩子沉默有默认之嫌，否认或辩解肯定招来更多的责骂，这下孩子是真的被逼到墙角，一点退路、一点空间都没有了。

▲ 对孩子的长久伤害

这样的方式最常见的效果就是激起孩子的不服，彻底丧失孩子的好感和尊重。

质问句的目的是让孩子承认自己错，家长并没有指出孩子错在哪里，更没有讲明正确的言行应该是什么，孩子除了不服之外，还有茫然无知，不能从事件中学到任何东西。

▲ 我们为什么会这样？

1）**控制型的家长**。他要求孩子必须听从自己的问题，按自己的正确答案回答自己，逼迫孩子承认自己是对的。与直接嚷嚷责骂的家长不同，孩子的不对不好他要让孩子自己说出来、自己承认，更凸显自己的正确和孩子的臣服。

2）**在表达与沟通上也是有问题的。**他不能用正常的陈述句说明自己的想法、判断、意见，而是用高压的方式让孩子承认错误。

3）**一般都管理不好自己的情绪。**火上来了，就劈头盖脸地步步紧逼孩子，不给对方留有余地。

▲ 我们应该怎么做？

显然，我们给这样的家长的建议就是用陈述句好好说话。可是，爱用质问句的家长往往有更深层次的问题。与前一章一样，我们建议这样的家长去做心理咨询，在专业人士的帮助下，先调整好自己，解开自己的心结，化解心中的愤怒，能够坦然面对自己的人生。

第八章 <<
先天养育环境的内在问题

>>>>> **自我反思**

龙生龙，凤生凤？

每个人的成长都有各自独特的环境，自然会形成不同的性格特点，当然也会有各自的微创伤。一起思考下面几个问题：

● 我们在养育老大和老二的时候，是否有不同的心态？不同的期望？不同的要求？

● 我们很忙，没办法只得让老人帮着带，孩子长期不在父母身边，会有什么影响？我们怎么弥补？

● 富二代的孩子很幸福吗？他们衣食无忧，精神世界怎样呢？

● 官二代孩子是憋屈的一个群体吗？他们的成长环境值得担忧吗？

● 知识分子家庭、书香门第的孩子在教育中会有哪些苦恼呢？

● 单亲家庭的孩子真的就会出现问题吗？

用一句有点贬义的话来说，"龙生龙，凤生凤，老鼠的儿子会打洞"。先天的养育环境对孩子的成长有很大的影响。不同的养育环境必然也会遇到不同的养育难题或困惑，这是我们谁都无法忽视的。家里孩子的排行不同必然会产生不同的成长问题；特殊的养育环境也会有其特殊的问题，比如典型的富二代和官二代，比如知识分子家庭，比如单亲或再婚家庭。环境带给我们的影响是巨大的。按照某些人类学家的说法，人之所以由猿猴进化成为人，就是因为环境的变迁。为了生存，我们不得不适应环境，在现有环境下，调整我们自己，形成自己的特点。这些特点往往因不再适应长大后的我们和变化了的环境，而带给我们负面的影响。

从小不在父母身边长大

"我回到××市是初中一年级，看见他们三个（爸、妈和妹妹）过着城里的生活，我特别生气。我妈妈脾气不好，常说我不知好歹，她一个月的工资寄一半给姥姥家，做我的生活费，都是为了我好。可我不觉得。我妈也骂妹妹，也跟爸爸吵，可他们就是再吵也显然是亲人，我却是多余出来的，还要我领她情，我才不。你作为妈妈把我扔到乡下不管，就是对我好吗？我妈跟姥姥和舅舅舅妈他们也经常吵吵吵，我在老家并没有享受到她的钱，反而有时候觉得自己挺多余的，他们有时候还笑话我是城里人，如何如何。我哪里有当城里人的福气？从小我就告诉自己，我不会求着你们的，我一定要好好学习，长大去北京，干成大事，让你们后悔这么对待我！我决不养你们老……"

这是我的一个来访者跟我讲述过的，他后来终于与母亲反目成仇。母亲病危时通知发给他，他都没有回去。他本人也没能去成北京，没能干成大事，反而是离了婚，早早内退，挺潦倒的。

在六七十年代，很多双职工家庭为了抓革命，促生产，只好把一个或几个孩子送回老家，托付给奶奶或姥姥照料，到上小学甚至更晚些时候才接回自己身边。我们家的亲戚朋友、父母同事家以及我的来访者中，有这样经历的人很多。从 2009 年起，我陆续举办过数期针对这个人群的工作坊，结果发现，不仅仅是 60 后、70 后有这样的人存在，80 后、90 后的独生子女也有不少是小时候跟着老人长大的，后来才回到父母身边。现在 70 后、80 后自己做了父母，也有不少人为了工作，不能自己带孩子，尤其是在上学之前把孩子托付给老人带。

当然，天下父母都是爱孩子的，可他们也都有自己的不得已，必须根据环境去安排自己的生活。把孩子送回老家在当时可能是所有不好的安排中最好的一个。可是孩子不会理解到父母的不得已。他们只会感到不公平，为什么我是那个被扔掉的孩子？回来后的陌生感会让孩子对父母和兄弟姐妹有恐惧有期待，期待他们欢迎他，悉心地关照他那些他不熟悉的事情和人，待他亲密无间。反过来，家人对他也有期待，觉得他长大了，自己可以照顾自己了，孩子们都是一样的，过两天就熟悉了，好好一起玩儿呗。你本是家中的一员，当然不会像待客一样待你。孩子的期望落空，自然会有情绪，表现出来就让大人很吃惊。有闹的、有安静地犯倔的，有胆小爱哭的。

我有个朋友说，她回到父母身边后，与兄妹玩得尚好，一听父母下班回家了，就紧张得不行。躲在角落里观察半天，看他们的脸色，听他们和兄妹的对话，然后想好自己该说什么或不要说什么后，才从角落里走出来。孩子的这些表现必然会引起父母的反弹，"你怎么了？对你还不好吗？你怎么这么不听话？"等等。父母的反弹令孩子加深了怨恨和不公平感……就这样，如同两股绳拧麻花一样，孩子与父母互相的不满纠缠在一起，越拧越紧。如果在早期，任何一方能够及早体察对方的心情，做出相应的反应，麻花也就不会拧下去了。

从上面列出的典型例子和我接触过的咨询对象来看，从小不在父母身边长大的孩子，不管时代、环境发生了什么变化，他们遭受的创伤都是很典型的，能给我们当前的父母一定的警示。

◢ 对孩子的长久伤害

1）与母亲关系中积存的期待、委屈、愤懑、失落会干扰到孩子的亲密关系。孩子长期不在父母身边，往往会怨恨母亲。与母亲不亲，没有"亲"的感受和体验，因而会渴望"亲"，追求"亲"，可是真有了亲密关系、恋爱或婚姻，他们又不会"亲"。我见到的绝大部分案例都是与母亲关系更僵。母亲的角色天生是包容、接纳、爱抚、保护孩子的，可是她把孩子推给了别人。回来看到的也是母亲与其他孩子的互动更多一些，因此怨恨会指向她。也有的是畏惧父亲，因此与父亲的关系是惧怕和疏离，与母亲则是怨恨；也有与父亲关系不好的：一类是父亲是家里做主的，那么"把我扔给别人"这个决定也必然是父亲做的，所以怨恨父亲。还有一类是回来后与母亲产生了某种和解，积压的情绪就会指向父亲，一般在父子关系中常见，父亲会对儿子要求多一些，引起与孩子之间的摩擦。

2）失去归属感。孩子在老家，耳闻目睹别的孩子有自己的爸妈以及他们之间的互动，不用别人说，他就知道这里不是自己真正的家。《红楼梦》里林黛玉到了贾府虽有外祖母百般呵护，却也不能放松自己，"不肯多说一句话，不肯多行一步路，怕人耻笑"。她会关注自己是否和别的姐妹得到了同样的待遇。她的苦恼和脾气找不到人倾诉和发泄，若没有宝玉，她就更孤苦无依了。在老家的孩子会有同样的体会。回到家里呢，父母与兄弟姐妹同样陌生，同样找不到主人的感觉，总是抱着"作"客的心情。

我有一个朋友是 85 后，小时候在姥姥家长大，小学高年级回到父母家，家里有自己的房间，父母待她也不错，可是她就是总有"浮萍感"，感觉自己的生活特别漂泊，没有根。她又特别向往有根，所以很愿意跟大家一起玩儿，找到伴儿。然而到了集体里，她又会产生莫名其妙的孤独感，就像小时候跟表姐弟们在一起一样。

没有归属感的人心是慌的，无所依持会让人没有安全感。有的人会为了抓住某些看起来坚固不变的东西而委曲求全、极力争取，例如婚姻，例如事业、金钱；有的人则干脆自我放逐，逃避到艺术、宗教、写作甚至酒、毒品中去寻求安慰。

3）惴惴不安的人际关系。与父母家人的关系不亲密，甚至充满怨恨；与所有权威的关系都会处理不当，例如老师、领导、让你有权威感的人，我们要么把他们当成理想化的父母，要么把对父母的失望和反感投射到他们身上；与同伴的关系也不好，惧怕、羡慕，期望得到接纳又处处感到自己的不同；与恋人或配偶的关系也同样不易处理，因为亲密关系中承载了太多我们对所有人际关系的期待和要求。我这里说的是在人际关系中心理上的安宁和愉悦。很多这样的人表面上与人交往还是不错的，也能维持与家人的联系，甚至会有很好的同性朋友和配偶。但这样的人很多是付出了很多努力和代价才获得这些关系的。

▲ 我们应该怎么做？

1）不要焦虑。生活中有太多的事情不由我们选择和决定，更不能指望过去的事没有发生，指望其他人按我们想象的那样去改变。从小没在父母身边长大，确实让我们错失了很多东西，但我们也不能因此就断定，如果当时留在父母身边就一定会发展得比现在好。无论什么处境，什么待遇，什么父母，每个人都积累了很多的微创伤。成长意味着我们能看懂并处理好这些创伤，并从创伤中得到知识和经验，一个台阶一个台阶地向上，对自身的能力、情感、价值不断地开发、修炼，直至让创伤变成试炼，炼出我们精粹的人生。

2）在不得不做的选择中尽量减少伤害。

◎ 让孩子知道我们为什么做出这样的选择。

◎ 不在身边，但要坚持每天沟通（电话、网络等）及时了解孩子的情况。

◎ 回到身边后做好思想准备，给孩子更大的包容和理解。

◎ 最好做一些系统的学习和培训。

3）如果孩子已经形成了某种不良的状态和行为模式，不要怕，改变永远都不晚。
早长晚长都是长，只要家长能负起责任，不再责怪或逼迫孩子，做到给孩子表达的空间和及时的关注，先停止"拧麻花"，关系会逐渐变顺的。当家长能承担起自己的责任，孩子也会放弃指责和期待，学会自我反省和成长。

给从小不在父母身边长大的成人的几个提醒　　　　**小贴士**

　　1）避免过度补偿。很多人觉得自己从小缺少母爱，或者抱怨父母没有承担好父母的责任，不爱孩子，于是自己有了孩子就拼命地给孩子爱，常常要么陷于溺爱，要么给孩子的是自己主观以为孩子需要的，而不是孩子真正需要的。

　　2）学会爱。很多人需要爱、渴望爱、追求爱，却不一定有足够的爱的能力和技巧，因此需要补课。

　　3）处理好夫妻关系。

　　4）最重要的，还是处理好自己的过去，扩展自己的认识，重新审视父母、自己以及自己与父母的纠结关系，至少不再让过去影响到现在的生活。

排行老大

俗话说，皇帝爱长子，百姓疼幺儿。历史上，大多数的皇朝都奉行嫡长子继承制，因此长子常常被立为储君，将来要当皇上治理国家。在民间，很多家庭其实也是很重视长子的，家业也是由长子继承。在多子女家庭中，老大，无论男孩还是女孩，因为年长常常会被父母派活，协助父母做家务、照看弟弟妹妹，自然也承担了很多责任。

◢ 对孩子的长久伤害

作为家中老大，在和弟妹不一样的对待与被对待中，他们往往会形成这样的一些性格特征：

1）**超强的责任感**。"爸爸妈妈上班去了，你在家里照顾好弟弟妹妹。""放学回来除了写字，还要盯着妹妹弹半小时钢琴。""在外面要是有人欺负弟妹，你要保护他们。"……估计很多老大都会记得自己小时候父母的叮嘱吧。有的老大是为了完成父母交代的任务，有的老大是为了建立自己在孩子辈中的威信，有的老大是为了博取父母的欢心，他们果断当起了"家长助理"或"副家长"，统筹管理，发号施令，亲力亲为。时间长了，老大变得有战略眼光，为大局着想，因而也就会不自觉地承担太多的责任。在学校里，这样的孩子也会得老师的欢心，常被委任为班干部，为大家"父母"。到了社会上，工作中，领导也会喜欢。在这些鼓励下，老大会把承担责任视为天经地义，于是常常会"越权"，会被别人评为多管闲事，自己很累却常感到好心没好报。如果付出了很多却没有被提拔，更会感到委屈。常被派活儿干也会让老大们产生"天将降大任于斯人也"的自豪感和"舍我其谁"的自我认知，意气风发之余，也会让他人感觉他们傲慢自大。

2）**"专横跋扈"的态度**。为了很好地履行责任，老大必须是决策者。弟妹们都小，又没有家长在旁指导，老大很自然地就会模仿家长的行为来带弟妹，在弟妹眼里，老大就显得独断专行，自以为是。老大却会觉得委屈，我操心费力是为了父母，为了家，为了你们，你们还不听话，不领情！因为有责任心，老大必须考虑周全，有时就不免把自己的主观意识加在了弟妹身上，以为他们的想法和需要是如何的，弟妹们或表达不清，或被统领惯了，就让老大替他们做主了。而老大呢，也觉得自己很英明正确，不会想到要去细致地追问弟妹的感受和想法。这种模式带到成人社会，就会让他人感到此人自私专断，不为别人考虑，不尊重别人。冤枉的是，老大可能就没想到别人会有不同想法，也可能已经充分替别人考虑过了，并没自私自利的想法。

3）服从甚至窝囊的为人。北方的家庭普遍很倚重长子、长女的协助，家中其他的孩子也会认可他们的付出，有"长兄如父"、"长姐如母"这样的说法和与之相关的很多故事。老大虽然相对于弟妹是管理者、指挥者，他们同时也是忠诚的执行者和被管理者——向父母汇报、为父母负责。他们心中总有一个权威或一套道理要去服从。若老大自身能力有限又时运不济，不能出人头地，他们就会成为任劳任怨、忍辱负重又老实不敢反抗的"窝囊废"。对权威的认同和服从成了习惯，有时就会压抑和自我束缚，让自己的内心很纠结。

4）被牺牲的人。南方一些地区，由于家庭资源的匮乏，会牺牲长子、长女的利益，让他们做更多的苦工或提早嫁人换来些物质资料，集全家之力供养幼子或读书不错的孩子走出去升学或参军，摆脱贫穷的命运，并希望能为整个家庭带来好处。老大于是成为家里的主要劳动力并提早丧失了受教育的权利。这类困苦的家庭中，虽然老大曾经是家中唯一的孩子，却也得不到父母更多的关注和宠爱，反而时刻生活在被忽略、爱被分享的恐惧和无奈之中，这让他们更显得畏畏缩缩，笨手笨脚。各地都有关于老大呆、老大穷、老大傻等说法，描述的就是这类很惨的老大。

◢ 我们应该怎么做？

面对排行老大的孩子，父母们在养育过程中应该注意哪些事项？

1）作为家里的第一个孩子，老大可以是父母最关注的，也可以是父母的试验品。所以，对老大要耐心，既不溺爱，也不忽视。

2）有的家庭对老大寄予厚望，而且老大相比其他孩子要懂事得早，可以利用此优势培养老大的责任心以及管理、带领他人的能力，但要小心造成他专横跋扈的习惯或者压力过大。

3）再生孩子，尤其是要第二个孩子的时候，要照顾好老大的情绪和理解认知，帮助他适应变化，学习与别的孩子相处。

给排行老大的成人的几个提醒　　　　　　　　　　　　　**小贴士**

如果你是老大，如果你发现自己身上有上文列出的一些"老大特色"，那么我们可以做一些调整：

1）避免独断专行。

2）孩子的成长有我们家长养育的责任，更重要的是孩子自己学习和选择的责任，要学会让孩子承担责任，而不是我们大包大揽。

3）家庭里民主、平等、磋商，会养成孩子为人处世平等和磋商的态度和行为，所以在家里尽量营造民主气氛。

排行最小

家里至少有三个孩子，才有老小。孩子永远是最小的时候天真可爱，稍大有了自己的自由意志，并要尝试发挥，就会与周边的人起摩擦，惹父母烦。所以，家中一大群孩子站起来，永远是最小的那个更招人喜欢。当老小出生，家里的经济状况普遍好转，或者父母年龄大了，知道疼孩子了。种种条件都造成老小成为家里最受宠的孩子。

与独生子女的受宠不一样的是，老小的得宠会招来兄姐的嫉妒，理论上他也应当尊重兄姐，必要时接受他们的照顾或领导，所以他还不能任性而为，如何处理好与家人的关系，何时讨好兄姐，何时在父母那里告刁状，何时撒娇耍赖，何时收敛装乖，是老小自然的功课和本领。

◢ 对孩子的长久伤害

1）看重关系和感受，容易内心纠结。与老大形成对比的是，老大会更关注目标的实现以及实现的路径和方法，偏理性；老小会更看重关系和感受，偏感性。如果两者能很好地结合，一定会顺利地应对很多人和事。过度注重感性因素，会被关系和情感所干扰，不能决断，不敢舍弃，逃避冲突。然而世界上的事不可能十全十美，让所有人都满意。本来是为大家着想，却因优柔寡断而办不好事情，或事情办好了，但却为舍弃过多投入过多而惋惜，不能担当，则要么落他人埋怨，要么自己纠结，是很痛苦的。

2）服与不服。最受宠意味着得到最多的关爱，也就意味着被给予得多，被约束得多。作为最小的，家里谁的话都得听，谁都可以开口说上他两句，关心也好，责令也罢，老小处于被动接受的地位。而得到宠爱意味着他有更多的安全感和自信与自由，他又非常想行使和享受这份自由。

我有一个朋友，是家里的老七，最小的女孩儿。现在她自己在北京，她最烦的就是接到家人的电话，二姐、三哥什么的，大家都很惦记她，看到新闻说北京大雨或污染，都会给她电话问候一下，并叮嘱一大堆怎么保健，怎么注意，让她觉得这些关心是对自己的贬低："我都这么大了还不知道吗？""从小就管我，这么远了还管？"虽然心里有这些不情愿，可她表现出来的态度总是答应，说"好，知道了"，很顺从的样子。我问她为什么不能直接说出自己的想法，告诉姐姐们她可以自立了，她说，不能拂了她们的好意，她们是关心自己，如果直说会伤了姐姐们的心。

我的好几个来访者（排行老小的）都有类似的特点，成年的她对来自别人的命令、说教等极为敏感，又不敢或不能去反驳。有的时候，又会突然用很激烈的方法去表达自己的不服。当她口服心不服的时候，别人是能察觉到的，所以她常常听话做事，还得罪了人，别人说她怪，她自己也觉得不舒服。

3）眼高手低。作为老小，家人的人生在她面前上演，哥哥姐姐们的求学、求职、婚恋，老一辈人的婆媳关系，亲子关系，手足之间的互动，亲戚间的往来等，都落入老小的眼中。因此，很多老小觉得自己洞悉了人生和世界，带着观看得来的间接经验，执拗地投入到人事中去，对亲身的体验不能接纳，对看来的"理"坚信不疑，最终变成了一个很"轴"的、不能灵活变通地应对社会的人，则必定会适应不良并造成一定的心理问题。

4）自我中心，过度期待他人。我们从小是如何被周边人对待的，容易影响我们形成自己对待他人的模式，也容易让我们长大后仍然期待从他人那里获得类似的对待，我们自己的言行态度也会在互动中去暗示／吸引他人给予我类似的对待。

我有一个朋友是家里的老五，由于从小身体较弱，她得到了全家的呵护，任何家务事都不用她干，也不用她来操心。有一天，家里的水表坏了，其他人都有事，就要她去房管所修理队去说一下，请人来修。到了那里，她很友好地一间间办公室问该找谁负责。她知道自己是有求于人的，就拿出了她惯常的微笑、示弱的语气和可爱的表情，在家里和学校，她这样的态度是一定会得到对方的耐心帮助的，可是这里的人一个个老爷一样，没有好脸色，没有好态度，有的说"不知道，别处问"，有的说"那边有个门，自己找去"。好不容易找到了，屋里有好几个人，她刚张口说话，就被人呵斥："等会儿。没看见这儿这么多人吗？"她当时心里委屈得不得了，一方面恨这个单位里的这些人，本应该你们提供的服务，倒要我来低三下四地求你们；一方面也抱怨自己的家人，让我来干这种事！这种事怎么能让我来干呢？让我这么难堪！

被过度宠爱的老小，由家人的爱筑起了一道屏障，阻碍了他对社会的正常了解和接触，他自己也会形成对社会和他人的错误认知，或者美化社会、期待他人，如上面的例子中，我的朋友认为公事公办很简单，房管所的人应该是热情友好的等等；或者把社会想象得太过阴暗、可怕，对他人也不能信任、不敢接触，与自己的家人相比，认为他人冷漠、自私、怀有恶意等等。这些偏颇的认知和观念定会导致他的社会行为偏颇，处处不如意。

我这里说的自我中心不是自私自利的意思，而是指对他人、对环境的认识不足，不会去观察外部的世界，想当然地以为世界就是他认为的那样。所以，尽管他是怀着善意，一片好心，有时也不免让他人误解为此人自私自利，只想自己，不关注别人。形成这种观念的老小，虽是被父母宠爱，周围的人也都说父母如何地爱你，很多人却不能真诚地拥有对父母的感恩之心。一方面，在外面的挫折会让他埋怨父母没有教他或没给他机会；另一方面，父母作为他人，也会被他错误地期待，不能随时随地满足他的一切需要，而父母的尽心尽力与不公平的宠爱，又使他无法表达不满，压在心里更难受。

5）过早经历父母的去世。有不少排行老小的人在未成年时就经历了父母一方或双方的离去。家中一片凄云惨雾；亲友们都在说"留下这个可怜的孩子还没有长大"；哥哥姐姐和尚未去世的父母会加倍照顾他；他对死亡的困惑不敢说，不敢问，也找不到合适的人去问；他会给自己这样的任务——要学会自己照顾自己了，还要去为家人考虑；他会时刻担忧还活着的父亲或母亲的健康，害怕再失去……我的几个有这样经历的"老小"来访者，无一例外都受到父母去世事件的打击，负面影响一直没有消除。共通的特点是，他们普遍更敏感、脆弱，内心有很深的孤独感和恐惧，整体态度更悲观，对人生 / 生命的意义的看法也比较灰色。他们会特别害怕死亡与分离，有的会因此而躲避与他人的亲密关系，变得孤僻冷漠，有的则变得焦虑、缠人，有的则"今朝有酒今朝醉"式的狂欢，沉溺于暂时的华丽聚会中。

◢ 我们应该怎么做？

面对排行老小的孩子，父母们在养育过程中应该注意哪些事项？

1）不要溺爱。

2）让孩子自己去尝试，给他吃苦、犯错的机会。

3）不必刻意强调兄姐们对老小要"让着"，尽量做到公平，不对老小另眼看待。

排行中间

不同排行的孩子不可避免都会遇到特定的微创伤，排行中间的孩子跟老大和老小自然有不同于前面两者的特点。当今社会真正这么多孩子的家庭还是比较少的，但有不少父母本身处于多子女家庭，这些父母身上或多或少都带有不同排行形成的典型特征，他们需要清晰地认识到自身这些特点才能扬长避短，更好地去教育自己的孩子。

◢ 对孩子的长久伤害

1）摇摆不定的自我。上面有懂事能干的老大，下面有稚拙可爱的老小，排在中间的有什么优势呢？与大的比，他是小的，要服从听话；与小的比，他是大的，要带领，要谦让。从父母这里就给排行中间的子女定位不清楚，角色比较混乱。父母对孩子的期望和对待会有变化，不一致。这会造成孩子无所适从。老大和老小各有自己鲜明的特点和优势，中间的必须去寻找和建立自我的成就方式。由于外界的期待和安排，老大和老小的性格塑造更多是被动的原因。排行中间的孩子则只能靠自己去摸索，好处是比较主动，劣势是这不是件容易的事，很多人终其一生都不能主动地建立起自我。如果对自我的认知不清晰，对自己的价值不明确，那么我辛辛苦苦建构的世界——我的成就，我的亲密关系等——将是无根之树、无基之塔，不易高大，很容易垮塌。

2）不确定的归属感。我遇到的好几个排行中间的来访者，他们都有过一个共同的经历：小时候严重怀疑自己是不是父母亲生的，怎么会受到这么不公平的待遇？这里到底是不是我的家？排行中间的还往往遭遇这样的尴尬，就是老大和老小反而常常结盟与自己作对，自己成为被孤立、被排斥的一个，因此，在家中就更找不到归属感了。

可是，人总要找到"群"，在与别人的互动和参照中认识自己、确认自己、发展自己。最常见的就是，既然家不能给予，就向外寻找。小虎队中的霹雳虎吴奇隆在回忆自己小时候的生活时曾经说，有一段时间与哥哥和弟弟都不说话，早晨早早起来出去跑步，与同学一起锻炼，晚上放了学也是与同学一起做功课，一起练功，直到很晚才回家，就是回家睡觉而已，与家人都不交流。在外面，他们会有自己的好朋友，而且一定是朋友圈中的核心人物，建立圈子的即便不是他，维持圈子的也一定是他，因为这个圈子是自己的归属群体，在这里他才被接纳、被关注、被看重，他也心甘情愿付出爱与精力给朋友，这是好的影响。

容易出问题的是，首先，因为我们太看重朋友圈，我们会过度在意朋友，我们的惧怕如果多于爱，就不能更好地享受友谊；其次，现代社会的变动太多太快，血缘关系是没办法切断，友谊却会随着人事的变动和时间的推移而变淡甚至变质。无法断开的血缘关系会让我们不得不去面对、去调整适应。我们过度看重的友谊的变化则让我们无能为力，更增加世事变幻无常的无奈感、无助感，挫折会让我们变得逐渐害怕友谊，不如选择孤独自守，或者让我们失去真诚，逢场作戏；第三，友谊只是人际关系中的一种，没有它不行，但指望它替代或弥补亲密关系的缺失，则一定没有效果。所以，一大堆朋友的人，外人无论怎么夸人缘好，若不能理顺与原生家庭的关系，仍然不能建立好与自我的关系，连带着也处理不好自己的婚恋关系，无法建立起真正应该属于自己的地方——自己的家。

在前面两项的基础上，排行中间的人常会有以下这些发展不好的模式：

◎ 对他人和环境充满挑剔和怨恨。

◎ 沉默地忍耐，默默付出，变成一个被人忽视的人。

◎ 对人对事冷淡疏离，成为自我孤立/自我放逐的人。

▲ 我们应该怎么做？

面对排行中间的孩子，父母们在养育过程中应该注意哪些事项？

1）注意尽量公平对待每一个孩子。

2）特别要帮助孩子建立稳固的自我概念、自我定位和自我价值。

3）及时注意到孩子间的矛盾纠纷，帮助他们妥善解决。

给排行中间的成人的几个提醒   小贴士

1）如果排行中间的人没有上面说的问题，他们将会是不错的家长。

2）如果发现自己有上述的一些情绪或者心结，建议先处理好自己的过去，不要影响到孩子。

3）对孩子既不要过度补偿，给予过多自己一直想要的爱，也不要冷落忽视，以自己为例，以为孩子自己会长好。

家中只有两个孩子

　　我曾经特别注意孩子们在一起时的互动情况,三个以上的孩子在一起,是社会。他们中有领导者——拔尖逞能的,控制的,指挥命令他人的;有追随者——温顺听话的,被指挥、有时是被欺压的;有挑战者、叛逆者——不听话的,也想当老大的,脱离群体不跟你们玩了……因玩的游戏不同、环境不同(在学校还是在家里,在谁家里)等等,这些角色不是一成不变的,一个孩子可以有时当领导者,有时是追随者,干得好不好是另一回事。

　　只有两个孩子的时候情况就变了,他们可选择的关系只有三种:陌生人,谁都不理谁;对手—竞争;伙伴(领导与被领导或者磋商以至于双赢)。

　　对于所有排行老大的孩子,当家中第二个孩子降生时,无论他是两岁还是十岁,都是极大的冲击和挑战。他的完整的世界来了一个入侵者,他被强加了一个掠夺者,还要按保护人的要求对这个入侵者好,要高高兴兴地把自己的东西——玩具、空间、父母的关注奉献给这个掠夺者,与其分享,这种种变化不仅违背他的意愿,让他极其难受,更重要的是,他不明白为什么。所有的老大在老二降生后都会感到委屈、愤怒和迷茫。所有的老二都不得不面对一个脸很酸的哥哥或姐姐。

　　所以,一开始,两个孩子间的关系注定是对手,是竞争者。家长主持的"公道"、家长给两人分别设定的角色和任务将影响两人以后的一些为人处世的模式。每一种模式都有其合理以及获益之处,同时,也必有其不恰当和损人或不利己的时候,给我们带来伤害。

▲ 对孩子的长久伤害

　　我们可以从两个孩子相处的常见模式来看对两个孩子的伤害。

　　1)最常见的就是分大小。家长会要求老大"忍让、照顾、带领小的";会让老二"尊重、听从、学习大的";会叮嘱老大不许欺负小的,老二不许撒娇要赖。话虽是这么说，老大免不了有时会滥用权力，老二则免不了要反叛老大，或者等父母回家再告状，两人的冲突会常有常新。不过，父母的权威毕竟在，大小的份位是固定的。老大大多数要像多子女中的老大一样，承担责任，领导小的，主动干活；老二会像多子女家庭中的老小一样，温和、顺从，或者懒、娇惯。可分别参见前面的"排行老大"和"排行老小"两章内容。

2）过度公平。当两个孩子年龄差距不大，性别又相同的时候，他们间的竞争——对手关系会特别明显，家长都能明确感受到，所以很多家长会强调公平。

我遇到的一对姐妹，在 70 年代物资极度匮乏的时候，大多数家庭孩子的衣服都是老大穿小了给老二，老二穿小了给老三……她们家会尽量给两个人都买新衣服。如果两个人有了争执，不问谁先引起的，两个人都有错，各打五十大板。在这种公平的制度下长大，姐妹俩都特别重视公平，视公平为"必须"，在学校里的事，和同学老师的关系，在单位里的事，以及和同事、领导的关系中，都会特别强调公平的重要性。

如果这个看法和坚持过度僵化，无论什么场合、什么事情、跟谁，都要求公平，则一定会遇到适应不良的情况，例如，夫妻在家里家务的分配，对家庭的贡献，对孩子的抚养照顾等，就是无法用公平而是要用感情去衡量的，如过度强调公平，不但不能协调夫妻双方对家庭的责任和付出，反而有可能伤害双方的感情，让一方觉得另一方不近人情，斤斤计较。父母"公平"对待子女的苦心，如果过度，或被孩子过度地内化，也会造成孩子成长后的困扰。

3）区别对待。前面提过，父母也是人，难免会对不同的孩子有不同的评价和喜爱。孩子生下来，虽然是同样的父母，也会因遗传的不同而具有不同的禀赋：有的内向，有的外向；有的擅长理性逻辑，有的侧重感性艺术。因为性别不同，排行不同，后天的文化背景也会赋予他们不同的接纳。我见过的区别对待有：a.姐妹俩，姐姐长得像妈妈，妹妹长得像爸爸，结果妈妈偏爱姐姐一些，而爸爸与妹妹的关系更好；b.母亲重男轻女，溺爱哥哥，妹妹没人疼；c.姐弟两人，爸爸喜欢姐姐，妈妈喜欢弟弟；d.兄弟两人，哥哥是天才儿童，一路名校直至在美国著名的大学任教，弟弟只上了个大专，在父母身边过正常人的生活，父母一直以长子为傲，但老年生活中的琐碎全赖幼子照顾。

本来区别对待是应该的，因为孩子本身的特点和禀赋是有区别的，但这个区别对待的前提应该是，对孩子的爱、关注与态度是一样的、公平的。在具体方法上，因材施教，不搞僵化的标准。只是，家长在实际操作的时候是很难把握的，难免不会带出态度上的不同，造成孩子的误解。例如，台湾演员吴奇隆回忆说，小时候，哥哥和弟弟就算七八名也会得到奖励，而自己考第三名却会挨打，让他感到很不公平。从大人的角度来看，本是对他的期许更高，可是因为表达得不清楚，孩子感受到的是不公平。

▲ 我们应该怎么做？

1）肯定两个孩子各自不同的特点。让他们更好地了解自己，知道家长是了解自己、接纳自己的，而不是用一个孩子的优点去教训另一个孩子，增加一人的骄傲、产生另一人的怨恨，也不是拎出一个孩子的缺点批评、羞辱，以为可以杀鸡儆猴，其实是增加孩子的自卑和相互的攻击。例如，家长可以肯定老大的努力与好学，成绩优秀，不加"但是"，肯定老二的活泼可爱、友善热心，也不加"但是"。接下来问他们能够如何互相帮助、互相促进？老大能为老二做些什么？老二能为老大做些什么？这样下来，孩子们放心了，知道父母爱我们，而且知道爱我们的原因，又引导了孩子们的注意力去帮助、促进对方，而不是贬低、挑战、傲视对方。

我们来看看不同的做法，如果家长对老大说："你看你弟弟（或妹妹），多活泼，多热心，人缘多好啊！你要向他（或她）学习！"老大会有哪些想法和感受？老二又会有哪些可能的想法和感受？如果对老二说："你看你哥（或姐）学习多好，多用功！你看看你！"同样，听了这话，老大、老二分别会有哪些想法和感受？不管怎么样说，这还是指出优点。如果用缺点去攻击，就会是这样说："老大，你看看你的人缘，不会活泼热心点吗？老二，你就只知道玩，不爱学习！这么没出息！"孩子们的心里还会增加怨恨以及把这个当成跟对方吵架时的武器，学会互相看不起。

2）**偏心是避免不了的，但请不要因此就排斥、反感、贬低或忽略另一个，尽量不要做得太明显**。都是自己的孩子，有所偏爱是自然的，但不要对另一个就反感排斥。除非是夫妻俩各喜欢一个，互相较劲，当孩子对你的偏心有怨气，有责言，你不高兴，反过来更不喜欢孩子，这种时候要能察觉自己的偏好，要对自己情感上的偏爱有认识，并尽量在行为上公平、一致地对待孩子。

3）**强调、引导孩子互相陪伴，互相帮助**，而不是太清晰地区分他们的角色任务，僵化地要求老大必须如何，老二又应该怎样。道理太多，有时会自相矛盾。比如，孔融让梨，是说小的要让着大的，可是反过来，大的也应该让着小的。面对两个苹果，孩子们可以选择都不先拿，因为先拿的人必须要去拿小苹果，无论他排行是什么。我也见过一个孩子伸手拿走大苹果，还说，反正他先拿一定拿小的，我无论怎样都是吃大的。培养孩子互相尊重、互相爱护的感情要比灌输他们纲常伦理更重要。

身为"独生子女"

世界上有很多家庭只有一个孩子，但是像中国这样由政府强制实行的计划生育太少见了。既然父母、长辈不是自愿选择只生一个，这种被动的结果自然就会牵动父母更多的情感，例如焦虑，过多的呵护，可怜孩子，可怜自己等等。这些情感或多或少都会体现在养育孩子的过程中，直接影响到孩子人格的形成。

关于独生子女的研究自打有了计划生育政策就一直在进行。最早一批的独生子女已经三十多岁了，成家立业，在单位进入中层，在家有的已为人父母。这让我们能更清晰地看到他们在社会行为、人际关系、价值体系等方面共有的一些特点以及这些特点形成的原因。有人曾经说，独生子女就是老大加老小的混合体，他们的所有特点加在一起就是独生子女的特点。事实上没有这么简单。排行影响到父母和家人对孩子的不同期待和对待，但不是唯一的影响因素，更不可能是决定因素。独生子女由于家庭环境和社会环境的影响，有其自身的特点。

很多资料显示，独生子女固然有聪明伶俐、善解人意、责任感强等优点，但是，他们娇气任性、自私冷漠、叛逆心重、耐挫力差，依赖性重，不合群，不团结，纪律性差，不知感恩等等，有这些统计，说明独生子女人群确实有这些共性。我的治疗经验，尤其是对青少年的家庭治疗经验告诉我，独生子女的心理特点不是表面这么简单，或者说，其后面的成因很复杂，独生子女的物质条件虽好，他们的成长过程中受到的负面影响、微创伤也很多。

◢ 对孩子的长久伤害

1）**唯成就论，失去自我**。家里有好几个孩子的时候，孩子各自的特点对比明显，家长会相对客观地选择鼓励孩子有不同的发展。而当家里只有一个孩子的时候，父母会希望这个孩子走"最好"的路，比较的对象也成了别家的孩子或者社会上的成功人士，因此家家学钢琴，人人考奥数。这两年由于社会形态多元，由于吸取了八九十年代的教训，家长们已经不那么疯狂了。前面 80 后 90 后的早期独生子女，都经历过这种野蛮的、不顾孩子实际情况的竞争。"不要让孩子输在起跑线上"就是当时应运而生的口号，并影响至今。

只有一个孩子的情况下，家长倾向于认定我家孩子是优秀的，并希望孩子也确实显示出优秀。外人能看到的优秀，只是外显的这些成就：会什么本事，考了什么大学，拿了什么奖，挣了多少钱。我们自己知道，我的优秀、卓越是在我自身给定的内在和外在环境、条件下，通过自己的努力，取得的外在成就和内在人格的修养，可是很多家长不知道，他们只知道让孩子去拼抢外在的成就。长此以往，孩子会分不清自己的价值和自己的"东西"的价值，外在的失败变成对自己的否定，外在的成功意味着自己的提升，总有一天，孩子会因为没有自我的建立，没有感受到家长对自己的关注而出现问题。可以参看第六章的相关内容。

2）想得多，道理多，行动力和能力差。从小被一众长辈灌输不同的道理，被逼着看各种有意义的名人传记和世界名著，跟着大人在成人世界混，耳濡目染，独生子女大多能说会道，知识很多，会讲道理，而且本能地就知道什么样的人爱听什么样的话。一般体现在以下三方面：

a. 会复述大人的话和书本上的知识，例如，8 岁的孩子能说出几大行星，欧洲第一高峰，非洲的特产等，不代表聪明，他只是"知道"，既无关"智"，也无关"识"。逻辑思维清晰，大体近智，有自己的发挥和想法，才是"识"。

b. 能根据情况，选择恰当的道理或理论来解释，但不等于明白事理。

我有过一个大三的女性来访者，她说自己就是同学们的"知心姐姐"，因为她脾气好，肯听别人说话，给的建议也中肯，但她自己的事她却想不清楚。我问她："你真的对别人很'知心'吗？"她说，其实也不是。同学来诉说的那点事，无非是恋爱了，跟爸妈吵架了，心情不好不振作了，烦考试不愿意学习了，这些事该怎么看怎么办就那些道理呗，我说出来可能不像父母、老师说的那么生硬，所以她们都能听。就像小时候玩配配对，猴子配香蕉，猫配鱼，狗配骨头。我又问她："你对这些道理怎么看？你认同吗？"她说，讲的肯定都是理，大家的经验总结的。不过，说别人容易，自己做起来很难。

很多独生子女都是这样，父母埋怨他们家长的话听不进去，其实那么经年累月的唠叨，听是肯定听到了，都会背了，不过呢，存在脑子里的未必进入了心里。只有听进去的道理在实际生活中有了体验，最好是正反两方面的体验，孩子才能真的明白这个道理的含义。大多数家长只是口头上一串串的道理，孩子没有机会去体会，或者发生了实际的事情而家长没给及时的联系，导致孩子对道理仍然隔膜。

c. 就算孩子很聪明，道理也真的懂，其行动力、创造力也仍然需要磨炼，否则就只是眼高手低、纸上谈兵。孩子小的时候空谈大话，大人听了心里还挺高兴，觉得孩子有理想，有志气。等孩子大了，仍然只会夸夸其谈，不仅家长懊恼，周围的人嘲笑，自己也会觉得慌乱和自卑，然后再用幻想的蓝图给自己打一针强心针。

这种想得多、知道得多、却缺少能力和行动力的孩子，最容易在遇到挫折或矛盾冲突的时候躲避到幻想中去寻求安慰和鼓励，最容易染上网瘾、打游戏或读网络小说等等，因为在虚拟的世界不需要真正的能力，只要动动手指头就能武功超群、智定神州、孤身杀敌、挣得家财万贯。

3）被期许、被要求、被安排下的依赖性强，逆反心重和不知感恩。

因为只有这一个孩子，家长有更多的时间和精力去管教孩子。因为对唯一孩子的珍惜和期待，家长管与教得太多了，关注得太多了，换个角度看就是控制得太多。我听到过好几个家长反映说，孩子三四年级了还常常问妈妈："我作业写完了，下面该干啥了？"已经失去了自主性。一个妈妈觉得烦，另一个妈妈则警觉了，意识到孩子太依赖，不能主动找事做，不会安排自己的时间。

等孩子再大一些，就会产生逆反心理了。家长本来是守护者，保住必要的社会规则、道德规范，任由孩子去发挥他的天资和兴趣。现在却成了控制者，孩子的活力很大一部分放在了"反家长"上，而不是去发展自己的兴趣，自主获取知识和经验。然而很多孩子空有逆反心，没有真本事去做符合自己意愿的事，再加上依赖性强，没有父母"鞍前马后"，什么也做不成，因此大多数孩子的逆反也不过是跟父母发脾气，摔上自己的房门不理他们而已。我遇到过独生子女的来访者曾经小时候离家出走，基本上还没等家长发现就自己回家了。

作业是给家长做的，考试是给家长考的，工作是父母给找的，房子是父母给买的。家长于孩子到底有恩没恩？我遇到的所有案例，即便是孩子与父母或其中一方的关系已经闹得非常僵，孩子心底里也承认父母对他的爱以及父母对他的好。但独生子女认可父母的爱与关心，并不代表他们真的感恩，他们会感谢，会想着回报。

我有一个朋友是家中独子，事业不错，儿子都 6 岁了。儿子 3 岁前他几乎每天都要回父母家，现在只有周末回去，每天下班后必须给妈妈打个电话。他和太太定好关于家里的事，哪怕是买个炉具，都会告诉他妈。他妈一旦有意见，例如反对购买或建议个别的牌子，他就会执行。惹得他太太极不高兴，大事小事积累得多了，太太都想跟他离婚。我朋友是孝顺的好儿子吗？有一次，他表姐来北京玩儿，在他家住了两周，他兴奋地告诉我，他表姐如何把他妈噎得说不出话来，如何就不听他妈的建议而把事儿办得特漂亮，如何讲着世界和社会把他妈听得一愣一愣地显得特无知等等。他讲得眉飞色舞，最后还说："看着我表姐跟我妈斗法，感觉真爽啊！"

过多地介入孩子的生活，无论是由于爱护还是由于焦虑，就是在培养孩子依赖，培养孩子懦弱无能，逼孩子逆反，这让孩子怎么感恩？

4）一部分人的人际关系能力差，组织能力不好。

不少独生子女在人际交往上确实有孤独、任性、不合群等特点，我们会以为他们不愿与同龄人交往，事实上，绝大多数独生子女都渴望和同龄人建立友谊。可惜的是，孩子们不能常凑在一起，因为几乎每个孩子都有兴趣班，常常时间上不能一致；好不容易凑在一起时间又太短了，没玩一会儿就被叫回家了。就算上面两个条件都满足，他们的交往又常被大人打断——刚与小朋友有了争执，不等我们自己解决，大人就过来劝和了；刚与小朋友见面，就让我们互相学习，其实是互相比试；刚与小朋友分开，大人就一个劲儿地问刚才发生了什么，把兴致全打乱了。由于缺少足够的时间和空间给孩子们自己去磨合，去摸索自己与他人的相处之道，由于孩子更多时间是与长辈相处，独生子女在与同龄人交往时会表现出不适应或能力较差。但只要有了环境和机会，大部分独生子女与同伴交往是不错的，他们分得清别人和自己，反倒是中国固有文化传统中"朋友如兄弟"、"结拜"、"不求同年同月同日生，但求……"，关系过分亲密了。独生子女在同伴交往中突出的是，交往不好的那一部分人表现得很极端，要么极其任性自私，不懂看人脸色或看见别人脸色但看不懂；要么极其孤僻，惧怕与他人的来往，在关系中总是感到不舒服、紧张。

在平等的、AA 制的集体活动中，独生子女的表现相当好。在有目的、有规则、有纪律的团队活动中，独生子女的普遍问题就出来了。例如在公司中，当需要领导者与执行者的角色分工时，领导者的领导能力差，执行者的服从能力差，常常玩不转。

5）与权威的沟通互动不好。

史铁生先生在他的文章里写过"好运设计"，在一个人出生前，设计好他的人生，全是幸运的事。其中之一是要有一个好母亲，以免"听她的，你觉得对不起自己；听自己的，你又觉得对不起她"。很多独生子女与家长的关系就正是这样的一个"双输"纠缠状态，总有一个人不好受！既然只有两个选项，孩子的表现就常常是两种极端：要么极度任性，就得听我的；要么极度压抑，一切你们说了算。再任性，孩子也知道自己不能离开父母，他们会巧妙地保持住与家长的关系，事后道歉，装无辜等等，因此再任性的行为，孩子自己也觉得不够彻底，因为他仍有很多顾虑和牵绊。而压抑呢，就像字面显示的，他只是把自己的想法或需要压了下去，并不是心服口服，因此何时能压何时不能压，能压多久，哪些可以压得住哪些压不住，就有很大的随机性。很多家长就会被孩子的表现搞得很困惑，一会儿挺乖的，一会儿又挺倔的。

与家长的关系很大程度上影响了我们与学校老师、公司经理、团队领导、学术泰斗、业界领袖等权威人物的关系。我们认为家长不公平，对他们一直持愤愤不平的态度，在单位也会去挑领导的毛病，不能与领导好好相处。我们若一直敬畏家长，听家长的话，期待得到家长的表扬，在公司也会是尊重领导，认真完成领导布置的工作的人。独生子女的"双输型"或"矛盾型"权威关系模式一旦形成，就成了今天很多企业、单位都发现的"80后不好管理"的问题。我曾经听一个经理抱怨："你说他听明白了吧，拿出来的活儿根本不对。你说他有不同意见吧，又不跟你说，照样按他自己的来。你要是对我不满，也该有所表示吧，我又看不出来，而且有时候跟我笑起来很可爱的样子。你说他挺满意，干得挺开心，可突然有一天就跑来辞职了。唉，真搞不懂这些 80 后。"有的时候，连 80 后自己都搞不懂自己，所以直到成年，仍然是双输模式。

◢ 我们应该怎么做？

80 后 90 后这一代的独生子女已经在很大程度上呈现出了上一代父母养育独生子女上的长久伤害，作为当今的独生子女父母，不管自己是否是独生子女都需要在养育自己孩子的过程中把握一些基本的原则：

1）从小与孩子的沟通、互动关系要保持双赢而不是双输。不存在"听孩子的还是听家长的"悖论问题。

2）我们做的选择和决定一定是在充分考虑双方要求的基础上，磋商得来的。当家长尊重孩子，不是只命令你、要求你听话，孩子不仅会建立起良好的自尊，还会主动尊重家长。

3）当家长在孩子任性时给予及时的反馈和引导，就不是压制孩子，而是让孩子学会根据外界环境、他人和自己的实际情况去调节自己的行为。

4）客观地了解和接纳孩子的能力和特长，不要把一切美好的东西都寄托在孩子身上，例如，既希望孩子听话、对自己有感情、能待在自己身边，又希望孩子有创造力、有成绩、远走高飞。

只有从小一点一滴地这样做，才能养成孩子尊重别人、尊重自己，以及双赢的与权威、与他人的互动关系。独生子女相对于多子女家庭中的孩子，特征不是很鲜明，可以说他们比较整合，因为父母给予了他们爱，同时有教导，有要求；也可以说他们比较矛盾，他们有想法无践行，有机会无自由，得到爱也受到限制。家长们要注意的是，让我们唯一的孩子得到整合的资源和空间去成长，而不是被矛盾的指令和期待所抑制。

身为"富二代"

社会上对富二代是有偏见的，一方面是媒体对一些富二代的极端言行的曝光，造成人们对富二代全体都形成了负面的刻板印象，另一方面社会上的仇富心理转移到对富二代的厌恶、痛恨上。天涯论坛上有一个帖子，是一个富三代写的，介绍自己周边的富二代、富三代的生活，回答大家的提问，目的是让大家了解这个群体，尽量消除一些误解。紧接着就有人单开了一个帖子回应她，大意是：以你的年龄已经是富三代，在 90 年代时你家已经这么有钱，你家的钱一定不是正当地赚来的！早先发帖子的"富三代"这样回应：上一辈是如何赚取的财富与我们无关，我们毫无选择地出生在这样的家庭，我们也有七情六欲，我们也是人。

这个"富三代"说得没错。我们作为人类是有共性的，我们的差异在于我们有不同的天赋条件，例如外貌、身高等写在基因密码里的信息；在于我们处在不同的环境；在于我们对环境的不同适应方式。富二代的环境，尤其是家庭有一些共性，因此，富二代会有他们的典型伤害。

◢ 对孩子的长久伤害

1）父母工作忙带来的伤害。

无论是创业期还是发展期，富二代的父母都必须忙得顾不上孩子顾不上家，才能让孩子成为富二代。在中国要致富，要么自己花比别人多得多的时间和精力在工作上，要么花特别特别多的时间和精力在关系的打通和营造上，没有例外。等有了时间有了钱，想起自己的身体、自己的家庭时，孩子已经大了，自己已经老了。

我接诊的富二代年龄在 13 岁到 30 岁不等，都有一个寂寞的童年。一个孩子记得自己小时候，有一天犯倔，非要见到爸爸才肯睡觉，大哭不止，姥姥、保姆谁哄都不行，硬是把爸爸从饭局中给叫回来。后来发生了什么都不记得了，只记得这次大哭。或者连这次大哭都不记得了，是周围的人老提这件事笑话他，他才"记得"的。

父母工作太忙，会让孩子感到自己不重要，不如工作重要，会造成孩子自卑、自我价值低并形成"工作、赚钱是第一位"的人生观。虽然大多数父母在孩子小的时候会采取各种措施给予孩子最好的安排或替代。对于父母，这也许已经是尽心找到的最好的解决办法了，但对于孩子，这些办法都可能会带来负面的影响。下面是我见过的一些"办法"带来的负面影响。

第一种，用东西补偿孩子，让孩子觉得自己总是被亏欠。

这是一位女企业家，称得上美女。在一次企业家聚会上碰到我，向我请教她6岁的儿子是否需要找我来"谈谈"。她说，儿子对她不够亲，性格内向。她每次回家都会带世界各地的好吃的、好玩的给儿子，自己是花了心思买这些东西的，可是孩子好像越来越不重视这些，跟他在一起时也没什么话说，她虽然经常不在家，但保持跟儿子每天都通电话。我问她为什么要买东西给儿子？是孩子说要的吗？她说不是，是自己觉得愧疚，好几次答应了孩子一起度假什么的都没去或玩得不好，只好买礼物补偿孩子。

我没有见到孩子，不能做判断。但我告诉她，这种愧疚和补偿如果太多了，反而不好。适度地跟孩子解释和表达歉意，让孩子知道你在乎他、爱他，也让孩子明白人生就是有时身不由己，不能随心所欲。若这个歉疚过度了，会让孩子的"自己委屈"和"责怪妈妈"的情感过于强烈。长此以往，就怕孩子会总是觉得自己被亏负，总是埋怨妈妈，甚至怨怪他人，变成一个牢骚满腹的人，好像全世界都欠着他。越给他买东西补偿，会越加重他这个看法，而不是化解母子间的误会。他要的东西会逐渐升级，他会用"东西"来代替歉意、关心等情感，或者将情感的表达寄托于"东西"。我说完，这位女企业家说我猜测的是对的。她一直感觉到孩子的冷淡，现在回想，确实是对自己的责怪，而她也就越发觉得愧疚。现在，她要打破这个恶性循环。不是聪明的人不会取得如今的成就，果然一点就通。后来她发给我一个短信，说孩子已经好了，不约我了，谢谢我的指教。

第二种，带着孩子应酬，令孩子产生误解和误判。

这个办法的初衷是好的：一来解决总是没时间跟孩子在一起的问题，二来让孩子从小接触这个环境，知道父母的辛苦，学习人情世故，将来做接班人。

"据说李嘉诚开董事会的时候都是要两个儿子坐边上旁听的。"这是我见到一对父子时父亲讲的。可是问题出来了："以前他跟着我很乖的，饿了就吃东西，无聊了就在一边儿玩游戏，我那些朋友啊客户啊跟他讲话他也跟人家讲。不知道现在怎么这样，要不然就死活不跟我去，要不然就木木地坐在那里，或者埋头打他的游戏。跟他讲话都爱答不理的。"我看了看面前14岁的男孩，他漠然地坐在那里，眼睛虚虚地看着前方，好像很无所谓的样子，实际上他的肩、脊背、胳膊等都很紧、很僵硬，在一小时的时间里，坚持一句话都没有说。还好他对我产生了信任，愿意和我单独见面。他和爸爸之间的关系很紧张，与很多14岁的孩子一样。就与父亲一起应酬这件事，他是这样说的："小时候不记得了，但我从来就不喜欢跟他一起去吃饭。以前我还可以玩点儿自己喜欢的，现在他总是让我跟他们坐在一起，听他们废话。我爸在喝多了以后说的话，笑的那个样子特别让人生气，很丢脸。他那些朋友也一样，有的很愚蠢，还自以为是，有的就是想白占便宜，没有什么好人。"这个年龄的孩子一旦形成了自己的看法就容易偏激——"偏"是因为他们的阅历、知识等毕竟有限，看不到全貌，看不见背后隐藏的东西；"激"是因为他们容易情绪化，容易激动。父亲就要去纠偏，就要去教导孩子冷静、客观，冲突当然就不可避免。

苏联心理学家维果斯基就儿童的发展提出了"最近发展区"的理论，即孩子独立能认识解决问题的能力以及通过他人教育、引导孩子能达到的能力之间的差异就是最近发展区，既不能低估孩子的发展潜力，也不能急于求成、拔苗助长。

成人的很多商业活动不是孩子所能理解的，尤其是与生意相关的吃饭、打球等看似友善的社交活动，参加者相互间的关系和互动是非常微妙的，即便是大学毕业的孩子都未必能明了其间的奥秘并得体地应对，小孩子根本视若无睹，大一些的孩子只能偏颇地看他们所能看和所愿看的，听他们所能听和所愿听的。除非把全过程录下来，不放过每个细节，回家后边回放边给孩子分析讲解，否则孩子是不可能只通过参与就能学会大人想教给他的东西的，更糟糕的是，孩子的眼睛揉不进沙子，过早看到一些负面的东西会冲击孩子的人生观念和理想，造成不可预料的反应。

在前面的例子中，孩子心目中的父亲一直是像父亲在家中表现的那样，无所不知无所不能如超人一般。可是在外面，孩子看到父亲有时卑躬讨好他人，有时很任性幼稚，有时放纵自己，有时猥琐庸俗。孩子说："我恨他这个样子！"眼看着父亲由超人变为凡人，这是每个孩子都要经历的。只不过这个孩子见到的可能反差太强烈，起初孩子是震惊，继而困惑，最后愤怒。气爸爸"不争气"，也气自己太天真，有时又责备自己对爸爸太苛刻。当然也有从小跟父亲参与生意活动而未被影响的孩子，这些都因交往人群、活动性质和父子间关系互动的不同而不同。

无论如何，成人都应该尽量避免让孩子参与到超出其理解范围的活动中，以免孩子产生误解和误判。

第三种，把孩子完全交给保姆或家庭教师，让孩子感到被抛弃。

我遇到过两个人都很忙，家里雇来保姆、司机、家庭教师等带孩子的例子，还遇到过把孩子寄养在老师家，跟老师的孩子同吃同住，老师去上班就带着孩子一起去上学的例子。长期这样，孩子会产生被抛弃的恐惧和对父母的怨愤。住在老师家的那个孩子是后来出问题比较大的一个。

我请孩子、孩子的妈妈和老师一起来过一次我办公室，观察他们之间的互动。孩子的妈妈虽然对老师讲话很客气，但客气里带着点要求＋命令，感觉有"我花钱雇了你"的意味，根本谈不上尊重。那位老师真的不应该接受这个任务，面对孩子和家长，她的角色是混乱的，她自己可能清楚自己何时是权威的、对孩子有要求有指导的老师，何时是温情的，对孩子完全接纳的"代理妈妈"，但是孩子搞不清何时当严格要求自己的学生，何时当完全放松的孩子。亲母子间孩子可以耍赖撒娇，在老师家里是做不到的，再加上孩子妈妈对老师的态度给孩子也有影响，孩子给我的印象就是不知所措，所以干脆浑不吝了，谁的都不听，安静坐在那儿，眼珠儿一会儿看妈妈，一会儿看老师，心里有自己的主意，我行我素。孩子对妈妈与老师的了解和把握大于她们对孩子的了解和把握。孩子在外面做的很多事都是家长和老师不知道的。

不忙成不了富二代，太忙耽误了富二代。怎么办？忙，不耽误心里有孩子。有的家长忙到眼里、心里都顾不上孩子，虽然找保姆、买东西，但这些都不是真的关注孩子。孩子能体会到你是否真的爱他。如果能做到真心尊重和关注孩子，提高跟孩子在一起的时间的质量，也能做到补偿。

2）父母一方永远"伟光正"带来的伤害。

在富二代这里，这几乎已经无可辩驳了，因为老爸就是牛，挣到了这么多的钱，养活了这么多员工，周围的人对他都是毕恭毕敬，"是，您说得对！""好！"……全是赞美之词。**孩子更没有置喙的机会了，只能认定自己卑弱无能。**

我见到的几个案例都是爸爸是大老板，妈妈要么是全职太太要么只在公司挂个名儿，也还差不多是全职太太。爸爸的"伟光正"已经泛化到妈妈这里，明里暗里地贬低妈妈，"在家带孩子都带不好"、"家里就这点事儿，你把家搞好就行"、"你呀，太焦虑了。孩子顺其自然就行。都是你把孩子弄成这样的（意思是指到我这里来做心理咨询）"等等。

当"家"变大了，家的"内政外交"也会变多变杂。《红楼梦》里为什么说王熙凤有才干？看她管理家仆，掌管家庭收入与分配，对外什么亲戚朋友应该是什么样的礼节、礼物等等，工作不比一个中型企业的总经理简单、轻松。

养育孩子在现代社会更是一项越来越复杂的事业。国外很多大学以及旧中国的大学有"家政系"，是有道理的。如果我们不戴着有色眼镜把"当家理纪"看成是高级保姆的活儿，仔细研究一下，这里的"学问"大着呢。我见到的几个全职妈妈，都是大学毕业，曾经也事业有成，有一个虽然没有受过高等教育，但也曾自己创业，公司的规模、效益也不错。其实，全中国的女性都是从小被培养当好学生，找好工作，将来要有出息。几乎没有人从小被教给如何摆放家具，如何购买花瓶、插花等物件，以便让家里轻松、愉快、温馨；如何做菜、炖汤、营养保健，如何请客、做客；参加不同的宴会或 Party，不同场合的着装、化妆与举止言行应该是什么样的；如何管理保姆、司机、厨师；如何打理花园；如何修饰保养自身；如何安排全家旅游计划；如何给婚姻增添养分；如何养育好孩子们等等。

话说这些女性既无能做出色的全职妈妈，本就惶愧自责，再加上老公的贬低，脱离社会的恐慌，人到中年的迷茫——一个家中，如果女主人变得不坚定、不快乐、不踏实，这个家就不稳了。在不稳的、不安乐的家中长大的孩子会出现问题，就一点儿也不奇怪了。

3）父母高成就带来的伤害。

心理学家曾研究过多子女家庭中的孩子们在学业、职业选择上的现象。家中如果一个孩子在某一领域很突出，理论上我们会认为其他的孩子也会受这个孩子的影响，大家互相帮助、支持，共同进入这个领域。调查后的事实恰恰与此相反，其他的孩子反而会选择不同的领域。就像民间故事中经常讲的，老大是种地的，老二是经商的，老三是读书考秀才的。一方面，家族或家庭会尽力分配不同的资源，另一方面，从个人角度来看，每个孩子也希望通过不同的选择去显示自己的特殊性，用一句通俗的话说，谁也不愿意一辈子当老二。这个孩子学习最好，另一个孩子就会更愿意成为最会做家务的那一个，而不是学习"第二好"的那一个。一个孩子钢琴弹得好，另一个孩子可能选择长笛或小提琴，不会再选择钢琴。

在富二代这里，与他相比较的不是其他孩子，而是他的父亲或母亲。在上一辈面前，二代想创建比父母还高的成就，几乎就是不可能的事。他们的选择好像只有两种，一种是放弃竞争，认命当"老二"；一种是转行，进入不同的领域。例如，我们都见到的，利用家中的财力，进入演艺界或者艺术界等等。如果孩子走正路，不同领域的成就也是成就，能让孩子获得创造的快乐，建立正向的自信与自尊。可惜，有一部分富二代以不好的方式去补偿。

我见到的一个 15 岁的男孩，一个 30 平米的房间放满了他的鞋，都是名牌，给同学们看的时候，见到他们惊讶、艳美、嫉妒，他就感到满足、自豪。有的富二代以追女明星为乐，上报纸娱乐版，以此满足虚荣心和成就感。

富二代常为人所诟病的一些行为，确实非常极端，有些也确实触到了道德范围的底线。若细究那些出格行为背后的动机，那些行为满足了富二代的哪些需求，我们会看到，行为之所以极端，是因为它们是一种替代或补偿，被赋予了孩子的成就、自尊、价值等过多的意义。如果孩子能有正规的渠道、正常的环境氛围去发挥自己的主观能动性和创造力，去证明自己的能力，没人愿意去放纵自己做那些傻事。清朝学者赵翼在《廿二史札记》中，总结历史中的记录，得出过"名父之子多败德"的结论。谁都不会立志做一个败德的人。在名父之子眼里，那些败德的事，本是他觉得荣耀、觉得实现了自我价值的事。

大丈夫在外面创了番事业，回家足以"傲妻儿"，是人之常情；被"傲视"的妻与儿会感到被贬低和自卑，也顺理成章。富一代再"牛"，在家里，你也只是个普通的丈夫、老爸，万不可把在外面的霸气带回家来，尤其不能用自己的成就去压孩子。有的时候，即便父亲本人没有炫耀自己的成绩，家里交往的朋友、亲戚等对父亲讨好、示弱的态度也会给孩子带来暗示，所以家长一定要做好预防，并密切观察，多鼓励孩子，及时消除孩子的自卑心理。

4）被外界歧视带来的伤害。

我有一个 15 岁的来访者，女孩儿，富二代，妈妈带她来的原因是厌学，说什么也不想去上学了。通过聊天，我发现她厌学的诸多原因中，直接的导火索是班里一个霸道的女生对她的欺负。那个女生嫉妒她的富有，数次向她索要贵重的礼物，从游戏机、耳机到首饰等等。她若不给，那个女生就号召全班其他女生不跟她玩儿，不跟她说话。她若给了，不但得不到感谢，反而成为下次索要礼物的借口。同学们一起出去看电影、卡拉 OK，都让她出钱，"反正她家有钱"。这个女孩的性格像她妈妈，胆小、怕事、内向，这造成了她被欺负的部分原因，外界和他人对她"富二代"身份的歧视是一个相当重要的原因。"她家有钱"几乎成了她的原罪，招来羡慕嫉妒恨。

常见的对富二代的歧视还有：执拗、娇纵、不努力、没礼貌、傲慢、肤浅、不学无术等。被异样的眼光看得多了，孩子会由"不自在"发展到典型的两种应对方式：一是反击，这种方式是侵略攻击性的，当然招致人们的反感，加深人们的偏见；一是认同躲避，产生自卑感以及对他人的惧怕和歉意。前一种虽然主动反抗，心里仍会隐隐不安，并不如表现得那样自信；后一种虽然被动接受，却仍会不平、不满和自我追求。能否将前一种方式变为正向进取的自我实现，将后一种淡化为谦虚内敛的自我建立，在于家长的引导和环境的完善、社会的宽容与接纳，对后两种情况我目前还没有见到改善。先说环境。我曾有个来访者，已在国外上大学。她说起中学在国内上的是一所名校，学校把所有"条子生"——家庭背景非富即贵的——放在一个班上。这样可以避免其他同学对富二代、官二代的歧视了吧？不，他们之间的相互比较和歧视更激烈！国际学校里的情况也不是太好，除了家庭财富和背景的比较，还有国籍、肤色等的比较。至于社会的宽容，在目前社会资源分配极不公平的情况下，也不是短期内能达到的。

所以，要靠家长给孩子解释和引导，让孩子对自己和自己家庭的特殊性，以及这个特殊性如何被别人看待和解释、自己如何应对……有清晰的意识，尽量避免他人的歧视和偏见带给孩子太大的负面影响。

5）父母不和、离婚带来的伤害。

很多富二代都经历过一个创痛，在我接诊的富二代中，有好几个甚至就是因此来治疗的。"小三"、"二奶"是众所周知的现象。无论小三是否成功上位，无论二奶是否已经获大奶允许，在孩子那里，负面影响不容忽视，其中尤以"父母离婚、小三转正"和"父亲更喜欢新生的弟弟"为最甚。

我曾经有一个23岁的女性来访者，在英国留学。因父母离婚而请假回国，是她母亲硬拉她来看我的。她妈妈说，自己能接受离婚的结果，因为两人确实已无感情，男方做出的安排也很周到。但是女儿听说消息后，非要回来，疯了一样要为妈妈讨回公道，不仅与爸爸闹僵，连妈妈都觉得她过分了。她当然不觉得自己有病，觉得自己不需要找心理咨询师，是拗不过妈妈，才来"走一遭"。在40分钟的时间里她几乎不停地数落父亲的不是。

从她的控诉中，我觉察到以下几点：

◎ 父亲的言行颠覆了她心中一直以来"超人"、"伟大的爸爸"的形象，极度的崇拜带来的是极度的失望，这个失望是如此不能忍受，于是由原来的崇拜父亲变为仇恨父亲，他要为自己的失望和痛苦埋单！

◎ 父亲一向特别喜欢她，现在与一个比她只大几岁的人结婚，她对这个女孩充满了嫉恨，也对父亲当初对自己的爱产生了一种不洁的感觉。

◎ 她有被抛弃感，感觉自己与妈妈一起被爸爸背叛抛弃了。

◎ 她长得并不漂亮，父亲与那个女人生的儿子（已经 4 岁了）却被赞为又聪明又漂亮。除了手足间的嫉妒之外，她已产生了将来分家产的焦虑。

◎ 她为妈妈感到不公平。"这不是钱的问题"，她认为爸爸赔偿得不够，她要爸爸写正式的道歉信和认错书。

◎ 出于对"小三"的成见，她认为爸爸是被骗了，她要保护爸爸、拯救爸爸。

◎ 虽然她周边不少朋友的爸爸包养小三、小四，与原配离婚等等，都是公开的信息，理应见怪不怪了，但真轮到她的父亲，她还是觉得很丢脸、很耻辱。

因为没有足够的求助动机，她没有继续来找我，而是把时间和精力用在与父亲战斗上了。后来她妈妈告诉我，她与爸爸彻底决裂了，她爸爸扬言要与她断绝关系。她回英国了，也声明再也不见爸爸。现在时间刚过去两个月，我还不知道他们何时会因为何事而打破僵局，以及是建设性的打破还是破坏性的打破。可以断言的是，这个经历会在不短的时间内影响她的情绪，也会对她的人生观、世界观，对她处理亲密关系的方式等产生不好的影响。

富一代中这种事情发生的比例很高，但并不意味着富一代全这样。我见过一些夫妻关系一直不错的"富人"。事实上，他们的环境并不健康，立志当"小三"并从"小三"上位的姑娘们像猎人一样盯着他们，非常考验富一代的智慧、私德、自我认知和自我控制，也考验富一代原配的情商、智商和处事能力。有不少夫妻通过摩擦和协商，能各有让步，达成某种双方都认同的"公平"的一致。例如，广东某些地方的二奶公开化，但要保证原配及原配子女的利益等等。只是，这些"一致"是夫妻间经过计算后达成的，孩子未必能理解，从孩子的角度看，还有许多不公平以及伤害感情的事。

我有一个学员是富二代。她直言父母还在一起是因为在一起比不在一起对双方、对家庭、对家族的事业都有好处，这是权衡利弊后妥协的结果。她轻描淡写地笑着说："其实他俩外面都有人，各玩各的。"我问她怎么知道的。她说："是初中时就觉得有点不对劲，高中的某一天，突然就明白了。他们也知道我知道了，但大家都不明说，心照不宣喽……""刚知道的时候倒也没觉得怎么样，因为我已经长大了。再说对我也没什么影响，他们又很开心，我也就接受这个现状了。"

从她的叙述中可以看到，她是经过了思考之后才"接受现状"的，这个思考过程对她是有影响的。她至今 30 多岁了，还是单身，有过喜欢的男孩，但恋爱都谈不长。原因是多方面的，而她的不相信爱情、不信任婚姻是挺重要的一个影响因素。面对合作伙伴式的父母的婚姻，看着周边的伯伯叔叔上演的比电视剧还狗血的剧情，叫她如何去相信呢？

6）有钱带来的伤害。

家里有钱并不是富二代的错。即便他们的父辈在积累财富的过程中有不恰当的行为，也不应该因此把账算在他们的头上。生在有钱人家确实有很多的便利条件，能解决生活中很多困难。但也因为有钱，让他们总有机会、有办法逃脱本是机会的困境，化解本是成长契机的挑战，更为可悲、可怕的是，钱能买来很多替代品，暂时满足或补偿自己的要求。

钱可以吸引人靠近，吸引别人的奉承、惧怕、贪心，因此钱可以让富二代被一堆人簇拥，却没有朋友。清醒一些的知道这是交易，可是人又怎么能永远保持清醒？何况，清醒也就意味着承认自己没有友谊的温暖，而友情是人一生中的基本需要之一。

同理，钱可以买来性，可以达成婚姻形式的交易，可以带来爱情的幻觉。钱只要足够多，可以在一个幻梦破灭后再买一个幻梦，直到自己不能再欺骗自己，或者直到梦的代价越来越高昂，沉溺在梦中的代价越来越大。

钱可以买来自尊的感觉，却买不来自尊。钱可以补偿自卑的痛苦，却根除不了自卑。钱可以提供成长所需的外在条件，如名师名校，却替代不了自己的成长。

钱可以让他们支付得起我的咨询费，也让他们不能够坚持。心理咨询的过程是在心理咨询师的帮助下自我成长，原来缺失的重新补课，原来僵化、过度的模式得到修正和调整，这个过程需要来访者的勇气、毅力，更要忍受成长的痛苦。

我接诊过的富二代普遍不如普通人家的孩子变化大，见效快。很大的原因是，只要离开我的办公室，回到他们原来的环境，很快就有其他途径来缓解他们的痛苦，让他们有了寄托，有了借口和躲避。不过，富二代比官二代还是要好一些，比富一代更好一些。我接诊的富一代，除非生活中遇到特别严重的事件，否则仍在试图用钱去改变自己的环境，而不是改变自己，他们更相信钱能买来一切。

7）被给予接班人期待带来的伤害。

曾经有一个大学刚毕业的男孩，家里在温州有公司、工厂，父母让他在北京的一家企业学习、锻炼。家长的想法是很好的，从小对他并不娇惯，而是一直将他作为接班人培养，从来不强调死读书，不要求一百分，从小就世界各地旅游，增长见识。大学也没有让他去留学，家长认为国内的环境和文化有其特殊性，在国外学到的东西回来未必适合，研究生或者专门的进修可以去国外，本科还是应该在国内的一流大学，尤其是北京的那两所大学之一上。凭孩子的实力去参加高考是没戏的，家里想办法改换了国籍，让他以留学生的身份进入了目标大学。大学毕业后，也没有让他立刻留学深造，而是让他在一位叔叔的公司里先工作两年，认清方向和自己的不足，再有目的地去国外学习。

这位家长的规划是非常周到的，很客观、很清醒地综合考虑了环境因素与自身长远的目标。他们唯一没考虑到的是，孩子并不是黏土，由他们任意造形、模制。孩子曾经想大学就出国留学，被家长否定了；孩子想学的专业被否定了；孩子想去上海读书，也被否定了；孩子的留学身份在北京的这所大学里成了大家的笑柄，让孩子倍感屈辱；孩子交的一个女朋友家里不同意，家长就冷着那个女孩儿装作不知道；毕业后孩子再次想留学，又被否定了；孩子想回自己家的公司工作实习，又被否定了。让家长下决心带孩子来找我咨询的原因是孩子得了抑郁症，不去上班或者上班也迟到早退不做事，不出门见亲戚朋友，不接父母的电话等等。他妈妈托人找到我，孩子一开始并不愿意做咨询，认为自己没病，只要让他回温州，或者去杭州、上海，他就好了。

经过几次一对一的与孩子之间的咨询和家长与孩子一起接受的家庭咨询发现，这个孩子拥有独生子女和富二代身上的很多特点，例如眼高手低，人际关系能力差，在爸爸的成就前自卑，等等。由于家里管得严，给的零花钱不多，刷卡也有限额控制，他无法用钱去补偿，缺少了这个出口，他的自主意愿和生命力就被各种否定给打击殆尽，只好放弃一切活动，消极抵抗。

最后的咨询结果是，家里人一致同意给他时间和空间让他自己去探索，自主成长。家里会给他八千元钱，大约够他在上海两个月的开销，他要自己去上海闯一闯，看能不能凭八千元在上海待一年。我相信，在这一年里，他一定会学到很多东西——见到各种各样的人，遇到各种各样的事，亲自感受成功与挫败，对自己有更清醒的认识。经过这一年，他很可能成为一个合格的接班人。

有的人可能会问：他父母要他做的和他自己在上海做的，没什么不同啊，都是锻炼自己啊。是的，从外在形式来看没什么不同，但从动机上来看，一个是他父母要他做的，一个是他自己要做的。被父母安排，做得不好是他无能，做得好是父母英明，他别无选择。很多富二代逃避做接班人，深层的原因都有"反抗被安排的、注定的命运"这一条。

8）畸形的父母关系带来的伤害。

我接待过几个小富二代，他们的共同点是，父母的婚姻不是原配的婚姻，是"老夫少妻"型，父亲的年龄比较大，母亲在家中，更像是父亲的女儿或宠物，不是比肩的妻子。这几个孩子在叙述中无一例外都提到妈妈脾气不好、任性，自己反而要哄她高兴。自己的听话和做的很多事，是为了让妈妈不发脾气，不伤心，是为了让爸爸回家时家里的气氛好一些。这几个孩子的年龄从 6 岁到 15 岁不等，共同点是都很敏感，缺乏自信，尤其是其中的一个女孩子，长得比她的妈妈差远了，妈妈一直不满意她的相貌，虽有爸爸的宠爱，但她自己一直觉得很委屈，很自卑。还有一个女孩儿更可怜，妈妈一直怀疑爸爸又有了外遇，有时就拿她当出气筒，小小年纪已经得了严重的哮喘。

"郎财女貌"的婚姻虽为社会大众所诟病，但只要人家夫妻二人各取所需，你情我愿，外人真是管不着！为了家庭和婚姻的稳定，不少这样的夫妻很快会要孩子，还不止一个。家里有足够的财富和资源，养几个孩子当然不成问题，不仅孩子的物质所需和良好教育没问题，就连孩子一辈子的婚姻、事业、人生都不用为钱操心。只是，养孩子毕竟不同于养宠物，孩子需要去追求真正的幸福，去实现自己的愿望，去创造，凭自己的能力获得成就与成就感，去寻找自己存在于世的理由和价值。这些都是钱买不到的。如果儿时没有得到父母足够的爱和指导，他在做上述的事情时会困难重重，或者信心不够，或者能力不够，或者整个人生态度就是被动、悲观、沉溺、逃避，而不是乐观进取、积极。因此，如果要生孩子，一定要想好怎么养，当妻子的要做好心智上的准备，在人格成熟度上足以当妈妈。

◢ 我们应该怎么做？

作为"富一代"的父母在养育自己的"富二代"孩子上，要注意以下事项：

1）如果希望孩子将来继承家业，那么家与业都要维护好，不能牺牲家庭的亲切与幸福去换取事业的成功，否则，缺少家庭的温暖和正常的家庭环境，孩子将只是工作机器、花钱机器，不是一个完整的人。

2）财富固然有许多好处，但切忌用钱买给孩子一切：名校、成绩、自尊等，要给孩子锻炼的空间，让孩子享受"我努力我得到"的成就感和自豪感。国外的名校入学就不是有钱就能进，必须通过学校的考试，这才是爱孩子。

3）富与贵是两码事。有了富裕的环境，要注意培养孩子的贵气，人格品德的修养，礼貌高尚的言行，充实的精神世界，等等。

4）为孩子营造正常的环境，在生活中远离阿谀奉承和嫌贫爱富之辈，让孩子看到并学习真正的不带交换条件的友谊，平等的互相尊重、互相包容的交往和情意。

5）爱孩子，给孩子时间，参见前面关于工作忙、"伟光正"等相关的章节介绍。

6）加强自身的修养，孩子对父母一直是有样学样的！

身为"官二代"

官二代与富二代有相似的地方，但他们的处境更糟糕。

◢ 对孩子的长久伤害

1）舆论对他们更不利。

国内现行的政策、制度等造成的现象，让人们仇官嫉富。只要是当官的，就摆脱不了贪污腐败的嫌疑，只要是有钱的，那钱一定不是正常途径来的。比如，我有一个中学生来访者，他的父母都是公务员，官位都不高，一个局级，一个处级。一次他陪父母出去应酬，同学来短信问他在干吗，他说与父母的同事一起吃饭，同学回应说："又跟那些贪官污吏在一起！"他赶快表白："不是，他们是……我爸妈是……"官二代就这样，常常处在别人怀疑、鄙夷的目光中。

进入好学校，被议论为凭关系走后门进来的；没进入好学校，被议论为装模作样或被讥嘲为父母没本事。用个贵点儿的手机，那手机一定是别人贿赂的。性格外向、张扬，那是家里有后台、狂妄、"公主病"；性格内向、谨慎，那是有心机、会算计，等等。

对当官的人的反感即便不直接泛化到孩子身上，任何一个孩子也不愿听到、看到自己的父母被攻击、被贬低啊！这就让孩子处于两难境地，一方面，他不想得罪同学、朋友，那就只能附和、认同他们的意见，另一方面，他又想为自己的父母辩护、表白。从情感上，被攻击、被误解令孩子沮丧和愤怒，而为了维持友谊，他又必须压抑自己的不满与愤慨。这是一个很不舒服，甚至痛苦的状态，孩子必须要做出选择，摆脱这个处境。

常见的情况有三种：一种是孩子认同朋友们的看法，对父母或父母这类人、对社会制度产生反感，甚至于反抗，变得愤世嫉俗；另一种是认同父母和社会现状，认为批评的人是嫉妒，是狂热分子，真情实感地维护现行体制并热衷于成为其中的一员，年纪轻轻就世故、老成，眼光只放在权位所能带来的实际利益上；第三种是尽力回避相关话题，做到洁身自好、明哲保身。回避不了时就视情况和自己的心情，选择认同或是反对，慢慢成为一棵摇摆的墙头草，自己也不了解自己的真实想法。这三种不同的选择直接影响到他们将来的价值观和世界观，影响到他们为人处世的模式。

2）扭曲的性格和心态。

与富二代相比，他们要么不敢张扬地享受家庭带给自己的好处，享受得理不直气不壮，要么因为心虚而要更加显得理直气壮。这两年网上出了好几起"二代晒富"的事件，官二代比富二代多。富二代多少会视享受财富为理所当然，官二代则有很多的禁忌。

我有一个官二代的来访者，是与母亲关系太僵而来咨询的。他记得从小母亲最常说的一句话就是："这事不要让别人知道。这事不要对别人说。"小时候听到这句话首先是恐惧，觉得这是不好的事。后来是困惑，因为发生的大都是让他高兴的事，比如妈妈给了他一个名牌太阳镜，或者爸爸得到了提升，为什么不可以说、不可以让别人知道？问妈妈，妈妈要么给不出理由，要么给出的理由让他不信服，久而久之，他感到憋屈和愤怒，但也开始逐渐地"理解"妈妈。理解是一回事，他所感受到的憋屈和愤怒总要有个发泄口。从妈妈那里他承袭了谨小慎微的处世态度，绝对不可以对别人暴露自己的真实感受与想法，回家来，又不能对当官的爸爸发泄，因为一家人对爸爸都是尊崇、忍让的，于是就只能对妈妈发泄了。家里、学校等处处的不顺心和压抑全在与妈妈的争执中流露出来。有时他也感到自己不对，挺可怜妈妈这个替罪羊的，然而自责常常会让他更加愤怒。他常常这样宽慰自己："既然你不让我跟别人说，那就跟你说。这是你自找的！"

这种压抑的官二代是比较常见的，我们可以看到，他的性格和心态已经出现了扭曲。他的遮遮掩掩会让同学、朋友们感受到他的虚伪，令他不易交到真心的朋友。少数官二代在被他人歧视和周边人的吹捧中变成炫耀所拥有的以换来夸赞，也就是"晒富"的那些。很有趣的是，当他们不再遮遮掩掩，反而很霸气、很豪情地展示自己的特权以及因特权而拥有的东西时，反而会止住一些窃窃私语，吸引来一帮子"追随者"。这就鼓励了他们更加自高自大、理直气壮，直到有一天他的错误让他的家庭都无法承受。

3）看到的和体验到的负面的事情确实比较多。

我曾经有一个来访者，她的父亲是国企的领导，虽然是企业里，但他们的称呼还都是官的称呼，或者强调"相当于副部级"等等。她在 14 岁的时候，一次去外地玩儿，由于临时有事，妈妈委托爸爸公司的人给她买机票回北京，自己要在当地多停留两三天。她是被安排坐头等舱回来的。她自己和她妈妈都明白，她妈妈甚至公开地说："当地分公司真会拍马屁！" 14 岁的她当然知道，如果爸爸不在这个位子上，她是坐不着头等舱的。

这件事在几年后她还记得，而且可以清晰地看到这件事对她的价值观造成的负面影响。她是在年龄较小的时候就已经享受到特权了，所以后来便会赞美特权、享受特权，跟别人比谁拥有更高级的特权。

我另一位来访者是看着父亲的升迁带来的好处以及周围人嘴脸的变化长大的，他就要纠结得多。他现年 28 岁，大约十几岁的时候，父亲开始拥有一些小权力了。

一次暑假，他们全家到外地去玩儿，由当地的"朋友"，其实就是当地分公司的人接待。刚到的时候，他们受到了热情的接待。刚一天，他爸爸因北京有急事，先回去了。"这些人对我和我妈的态度立刻就不一样了。我当时的感受是，世态炎凉，原来是真的！"

这个孩子后来遇到很多问题，其中比较突出的，一是"朋友"问题。他渴望交到好朋友，没人理他时他会很惶然。可是，当与人接近后，他又开始纠结于"他是真的朋友，还是图我什么才与我交朋友的"；二是"工作"问题。他憎恶国家机关和国企工作，幻想自己创业。而他的家长则一心托关系送他进国企。在这家企业，他的同事都是靠关系进来的，他感到自己根本无法与他们正常交往，耍心眼儿他不会，不耍心眼儿，他又认为别人在排斥和陷害他。

4）父母工作忙带来的伤害。

与富二代父母的工作忙不同，富一代的忙是为了自己，忙得有收获。官一代的忙，有时是被派遣，根本不由自己。我有一个来访者，小学转了四次学，都是因为父母不得不跟着走，最长的一次两周没有见到爸妈。有时是下了班"不得已而为之"的应酬。人脉需要联络和维持，圈子更需要经营。在"工作"和"孩子"的对比中，显然工作更重要，而又无法让孩子看到"加班工作是为了孩子"的必然联系。

5）家长不好的精神状态带来的伤害。

中科院心理所与智联招聘联合发布的《2012年度中国职场心理健康调研报告》显示，职场个人幸福感排名中，政府机关排名倒数第一。这个报告公布后引起了大家的议论，很多人怀疑报告的准确性。被争抢最厉害的公务员职位，坐上去以后怎么会不幸福呢？因为调研报告使用的问卷是个人主观评估填写，也就是说，是公务员自己填写问卷认为自己不幸福，在我看来，这个结论是可信的。因为我接触过的公务员中绝大多数都历数自己多委屈，多辛苦，多不容易，无论是我的来访者、来访者的父母，还是听我讲座的人，全都认为自己是被动的受害者。自己付出的多，获得的少，自己很冤。没有特权的，自然对自己辛苦的工作和低回报（他自己的评估）颇有怨言；有特权的，就一山望着一山高，总觉得自己的特权不够，与谁谁谁比差远了。总之，自己总是亏的。这种心态的父母，紧锁着眉头回到家里，夹了一天的尾巴终于在家里放开，压抑了一天的怒气也终于在家里发泄，孩子是首当其冲的受害者。

有一位让我印象深刻的父亲。我在治疗过程中要求家长配合做家庭治疗，他还挺配合的，"拨冗"来到了咨询室。一个多小时的咨询过程中，他的坐姿几乎未变，话没怎么说，主要在观察我和他女儿。当女儿哭着说他们父女关系根本不是父女关系，她感觉不到爸爸的存在时，他也只是眨了眨眼。在最后，他做了一个总结，大意是很高兴女儿提的意见，今后会注意自己的教育方法，希望女儿意志坚强，能够明白更多的道理云云，措词和语调让我觉得我们刚才好像给他做了一个工作汇报似的。

可以想见，面对这样的父亲，孩子感受到的根本不是父亲，而是领导。与单亲家庭不同的是，父亲明明在身边，却又不能得到父亲的爱，孩子的期望会落空，会失去一个正常成长的环境。

我还见过几个官太太——来访者的妈妈。她们都有一份自己的工作，有的人忙些，有的人则因为特权，几乎可以不用上班，干领工资。她们身上也有共性，那就是对丈夫的不满，只能隐忍和沉默，因为她们要顾及孩子、家庭、双方的亲戚朋友等。这样的夫妻关系本身就是不平等、不正常的，就容易给孩子不良影响，更何况她们还教育孩子要像她一样无论怎样都要维护爸爸的权威，在外人面前装模作样，为了家和自身的利益要压抑，要做出牺牲。这些都会损害孩子正常成长所需要的自由、公平和爱的氛围。

6）未来非常狭窄。

富二代虽然有的被指定"接班"，但越来越多的富二代对他们未来的职业和人生有自由的选择。官二代则不同，机关中处处事事都在攀比。孩子上什么学校，成绩如何，学什么专业，在国内还是国外读大学，做什么工作等等，即使父母无所谓，父母周边的同事和朋友也会让他们不敢或不能"无所谓"。我认识的一个孩子就是这样。他的父母还算清醒，知道孩子并不是出类拔萃的，从小就能看出并不聪明过人，所以他们本对孩子没有过高要求。孩子上了一所普通的中学没多久，被一个朋友知道了，硬是主动帮他们办好了一切手续，一个学期后转到了某重点中学。不要说孩子了，孩子的父母都没有办法让孩子自由选择，他们的环境从这一点来说，真的很严苛。

除了上述六条官二代比富二代更不利的情况外，官二代的境遇与富二代有很多相似之处，可以参看前面的章节。

▲ 我们应该怎么做？

1）尽量让孩子的环境单纯。作为有权位的官员，身边免不了阿谀奉承、溜须拍马的人，以及号称朋友实际皆为利来的人。这样的人相信父母自己是心里有数的，尽量不要让孩子接触这种人，尤其是孩子年龄还小，看不明白来人是假意还是真心的时候。不得不见到，也要给孩子讲清楚，有一定的分析，至少让孩子有心理准备，不会在发现人的假面与真实嘴脸后太意外。还有就是不要带孩子去应酬。在饭桌上，KTV 歌厅里，孩子本就与在座的各位格格不入，更应付不来如此复杂的场面，无法很好地按照家长的期待说该说的话，做该做的事。孩子要么是无聊地奉陪，要么言行太突兀让人扫兴甚至坏了大事，要么小小年纪就变成个小油条，总之，一点好处都没有。

2）**尽量在孩子面前做他（她）的爸爸妈妈，而不是某长、某书记。**环境对我们的影响和塑造是非常有力的，让我们不知不觉中就形成了某些固定的说话、行事习惯。这就是为什么很多人在生活中让人一下子就能猜到其职业，都"挂相"。家长要尽量分清家和单位的不同，老婆、孩子是亲人，不是同事、下属。孩子需要的是爸爸妈妈，不是领导、长官。

3）**给孩子自由，不要因为自己的面子而要求孩子必须如何，也不要因为自己的"成功"而认定孩子也应该如何。**世界的变化很快，孩子有孩子自己的人生，你的资源应该用来成就孩子，而不是限制孩子。

4）**加强自身的修养。**可以对照前面说的，请检查一下自己的幸福感。如果您认为工作是被动的、不满意的，生活是不幸福的，如何去影响孩子积极、乐观地面对生活？如果您的情绪都是悲观、烦躁、颓唐、愤懑的，孩子的天空如何能够阳光普照？如果您自己认定特权是应当的，贪腐是正常的，那么孩子被扭曲、畸形发展，就是必然的结果，逃到外国都没有用。

知识分子家庭的孩子

按照鲁迅先生对 intellecturals 的翻译，智识分子是有智慧、有见识的人。用这个标准来衡量现在的"知识分子"们，很多人是不够格的。从五十年代初大学里院系调整开始，高等教育的目的就不再是培养有智慧、有见识的人，而是有专门技能的人才。从我们的父母那一辈开始，"知识"就成了单纯的工具，而不是智慧的载体。所以，现在的知识分子更像是"知道"分子，知道很多理论、数据等知识而已，我们缺乏支持性的环境和条件去探索知识后面的"道"，去超越知识，达到智慧。而我们又容易津津乐道于自己所知道的那些知识，为自己因读书好而获得的物质回报感到满足。作为典型的知识分子家庭，我们容易给孩子带来如下这些负面影响。

▲ 对孩子的长久伤害

1）"万般皆下品，唯有读书高"。

在古代皇权社会，人被分成"士农工商"级别，读书是为了做官，进入上层社会，给家族带来荫庇，这句诗描述的是现实。如今，公民社会，从理论上讲，人人平等，不应有歧视，但现状还是逼着孩子考大学。孩子贪玩不爱学习时我们吓唬孩子的也是："要是不好好学习，将来去扫大街。"这种影响会造成孩子对书本知识的过分看重，对考试成绩的过度追求，脱离社会现实而不自知，沾沾自喜于自己所了解的知识。当我们自豪于所拥有的知识时，我们容易同时贬低那些没有我们知道得多的人，自诩为"精神贵族"，形成一种"精神自恋"。

我治疗过好几个非常类似的案例。爷爷那一辈是国宝科学家或哲学家，即便不到"智识分子"的高度，个人的修养和知识结构相比解放后的大学生还是要全面得多。由于经历过种种不公正的待遇，一方面要勤恳认真地工作，另一方面非但得不到与贡献相当的尊重，反而是受到歧视、批斗、被要求检讨等等，他们只能用"坚守自己的人格"、"精神贵族"来抵抗外界的污蔑和影响。在旁人看来，他们的刚直不阿是不懂人情世故；他们的疾恶如仇是脾气暴躁；他们的坚持原则是傻和倔；他们的洁身自好、不同流合污是清高、傲慢，不会处理人际关系；他们的狷介耿直是不会灵活变通。恶劣的环境使他们更容易在外面压抑，在家里才表露出愤懑、不满、委屈等情感。他们唯一能让自己和别人都认可接纳的就是自己的专业水平，于是他们会特别重视孩子的教育，要学有所长。

到了爸爸妈妈这一辈，虽然他们接受的世界观是偏颇的，从父母那里继承下来只偏重读书、学习的习惯，缺少爱心和耐心（他们的父母没有给过他们，他们也就无法拥有），但是由于那些年环境单纯，大学还是教育机构而不是赚钱机构，医生和老师受人尊重而不是制度不公的替罪羊，知识分子虽被王朔讥讽但普遍还是受重用的，收入和社会地位较高，所以他们偏颇的人生暂时没有崩溃。

但是到了孩子这一代，我的来访者从 19 岁到 33 岁不等，他们都是在人际关系上不能很好地处理。他们的表现又可分为典型的两类。

第一类是"精英们"为代表的。

李某一路从小学到大学都是北京最好的学校里排名靠前的学生，在外企公司里也是独当一面的经理。坐在我面前，他的每一根头发丝、每一根纤维都在向外发射着"我很棒"、"我优秀"、"我超群"的信息。他的举止是礼貌的，说话也是"对不起"、"谢谢"不停，但他傲视一切的态度告诉我，那些礼貌用语不是用来尊重我的，而是用来彰显他是有教养的。这样的态度，不容易找到合得来的同事。多次碰壁后，他已经不像年轻时那么狂了，但骨子里对他人的忽视、轻视、蔑视还在。

我们的学校鼓励、推崇学习成绩好的孩子，社会风俗也尊敬、纵容成功（有钱、有权）的人，除掉这些影响因素外，"精英们"傲气的根源是来自从小家里的那种"我们不是一般的人"的态度。我们是有知识的、有教养的、有品位的，所以我们是特殊的，别人是不如我们的……

第二类是"怯懦白"为代表的。

小白的爷爷是有突出贡献的科学家，却一辈子在单位被批斗、被排挤。她很小的时候，爷爷就提前给她打预防针，社会有多么复杂，人心有多么险恶。不要跟同学聊闲天，没有好处只有坏处，不如把时间用来学习。小白现在上大二，她的苦恼是感觉同学们都城府很深，不易接近，而且他们总是在背后议论她、排斥她。她也很想主动结交朋友，高中时看到别人在一起说笑，她也很想加入进去。每次有了这种想法、还没行动之前，她爷爷的话就会冒出来，她会先评估一下，这几个人是好人还是不好的，跟他们聊天对自己有益无益？是不是浪费时间？评估之后，原来的想法基本被否定了，她仍是独自一个人在旁边看书，任其他同学三五成群地笑闹，久而久之，她成了大家眼中的怪人，没人愿意跟她一起玩。有好事的故意来撩拨她，她虽然气恼，却也不知如何应对，暗自承认爷爷说得对，人真坏……

很多知识分子家庭出来的孩子身上混合着这两种类型：清高＋怯懦。这种状态常常令他们的行为显出后面提到的一些特点。

2）躲避冲突。

当我们的意志或利益与他人、与环境有摩擦或抵触的时候，冲突就产生了。应对冲突的能力只能在应对冲突中学会并得以磨炼。知识分子家的孩子，用俗话说，不仅没有吃过猪肉，也没有见过猪跑，因为他们的父母、他们父母的父母，都不善于应对冲突。有时是他们自身的原因，有时是社会环境的高压下他们不敢甚至不可能有机会去应对，只有低头当臭老九挨批还得认真干活的分儿。虽说是"秀才遇见兵，有理说不清"，但到后来当秀才遇见了秀才，也不会说理了，因为缺少直面冲突的勇气与淡定和应对冲突的能力与方法，总是从压抑忍让的极端到爆发这另一极端。

3）把更多的时间用在了读书、学习上，就必然缺少实际生活中的体验。社会需要一些人在象牙塔中一门心思做学问，他们的研究成果会惠及全人类，但那毕竟是很稀少的一部分人，他们既有搞研究的天赋和能力，又能有幸遇到好伴侣、好制度、好同事帮他应付实际生活的琐事，至少不给他惹事。可是人不可能总在象牙塔中，很多人是应付不了现实才越发躲入象牙塔中的。我们有太多的词形容他们：书呆子、眼高手低、高分低能、不接地气等。知识分子家的很多孩子因为把精力和时间放在书本上，而且认为只有这样做才是对的，确实会缺少机会和意识去发展自己其他的一些应对现实生活的能力。很多孩子意识到了这一点，心底里常常有自卑和恐惧。

▲ 我们应该怎么做？

对于已经意识到这些不良倾向的知识分子家长，不用焦虑，只要补上这一课就好。当初积累的知识没有错，不是累赘，反而可以指导和检验现实。过去是被书本挡住了眼睛，现在把它们放在背后做后盾；过去是自豪于现有的知识，现在自己成长一些，长出更多的空间去装现实的经验。在"补课"的过程中不要被摩擦和挫折吓退，也不要过于沉溺于现实的享乐。

1）知识分子的家长自己要避免看不起其他行业。

2）避免人际关系单一。

3）勇于面对冲突与现实等问题。

4）让孩子追求卓越，而不只是学习成绩的优秀，让孩子开阔眼界而不是书呆子。

5）给孩子机会去真正地生活，与大自然接触，与社会接触。

寄宿的孩子

送孩子上寄宿学校的家长大体来说有两种，一种是因为工作安排不开，家中没有老人帮忙照顾孩子，又不放心给保姆带，只好把孩子送到寄宿学校；另一种是相信寄宿学校的办学理念和教学环境，认为寄宿教育对培养孩子的自立、自理能力有好处，所以把孩子送到寄宿学校"锻炼"。我就因为第一个原因而让女儿上了两年半的寄宿小学。

▲ 寄宿学校的好处

有一个条件是现今独生子女家庭所缺乏的，那就是同龄人的紧密接触和互动。我们与兄弟姐妹间的种种关系，比如联合起来瞒着父母做事的合作关系，大孩子对小不点儿的领导关系，互相爱护、关心，同时互相也有嫉妒、误会，等等，由于我们是一家人，这些关系是我们必须去处理和面对的，躲不开。如果不是一家人，是同学、一个小区的，或表兄弟、堂姐妹，那么关系的处理常常不能深入，不能延续，总有时间和机会"各回各家，各找各妈"，躲开或逃避了那些不愉快的、纠纷摩擦的时刻。可惜，恰恰是因为躲不开，才让我们不得不去学习如何应对，否则就容易形成我们逃避、拖延的习惯，先忍了，先回家，然后期待问题自然化解。

寄宿的孩子就不同了，他们不得不吵完架还要见面；他们会遇上在操场上还玩得挺好、进了食堂却有了摩擦的挑战；他们会暂时没有父母或自己的房间作为埋头的沙堆，只好抬头应对……就像兄弟姐妹们虽然时有纷争，但大多随着年龄的增加，关系越来越好，是亲人。寄宿学校的孩子们虽然看起来会比走读的孩子们有更多的摩擦，但经过摩擦的感情是更深刻的。一位老师告诉我，她所在的学校既有走读生，也有寄宿生，根据她的观察，寄宿的孩子们之间的友谊是不一样的，他们互相的眼神更默契，感情更深厚，互相间更能包容、体谅、支持、爱护。走读生间的感情就要肤浅得多，打打闹闹之余谈不上更深的交流。

◢ 寄宿学校对孩子的伤害

1）家长不能及时地了解孩子的情况。在家里与兄弟姐妹的互动中，家长会比较及时地介入，对不符合规范或要求的及时纠正，对不好的行为的惩戒可以成为大家的禁忌。对好的行为及时赞扬和鼓励，可以成为其他孩子的榜样，可是在寄宿学校，家长的了解和介入是不够及时的，常常等周末回到家，孩子已经把发生的事情忘记了，或者记忆已经出现偏差。即便学校老师有及时的处理，但家长处理的角度和方式与学校老师是不一样的，是学校教育的补充或拓展。在这一点上，孩子缺少了一个一点一滴接受父母教诲和了解、模仿父母的过程。

2）孩子与家长的关系和互动处于非正常的状态。很多家长在周末接回孩子后，带着补偿的心理，带着孩子吃喝玩乐，让孩子误以为跟家长在一起就是度假，家长在家里天天过的都是这种日子。周末家长虽然也要监督孩子写作业，但平时与每天工作、上学的节奏和要求是不同的。也有不少家长平时工作很忙，周末在家自己也要休息，干干家务，睡个懒觉，也没有太多的心思和精力陪孩子说话、游戏。

3）孩子对生活的真实性缺少切身感受。同理，周末的时间是与平时不一样的，孩子没有机会亲眼看到和体会平时父母、邻居、社区、社会上的状态，对生活的真实状态比较有隔膜。我见过的几个从小住宿的孩子，都被评价为比较单纯、天真，原因就在于小时候生活环境过于简单，对真正的社会生活缺少体验。

4）没有自己独立的空间。大部分的宿舍空间有限，常常是四个、六个或八个孩子住一间，孩子的东西较少，储物空间小。我听到过有住宿的孩子说，有的室友爱生气，用被子蒙着头，谁也不理。孩子如果能够有一个自己的空间，无论是自己的房间还是和家人共享房间但有自己的角落，都会给孩子心理上带来安全与归属的感觉，让孩子在规划、使用和布置自己的空间时学会有条理并拥有主动性。大学生住校常常在床上拉帘子、设蚊帐以隔离出自己的小天地，小学生、中学生就很少能做，有的学校宿舍管理还特意规定不许拉帘子，因此住宿的孩子就缺失了成长所必需的独立空间。

5）**总会在心理上感到自己是被抛弃，不被重视的。**与其他兄弟姐妹比，或者与父母的工作比，自己是被安排走开的那一个。无论父母怎样给予解释，怎样讲道理，从听到父母的话、理解这些话、体谅父母的处境和用心到自己心甘情愿地服从、主动追求快乐的住校生活之间，孩子要经历很长、很不容易的内心转变过程，很多孩子可能一生都走不完这个过程。有的家长说，我看孩子很快就适应了，不哭了，跟同学玩得也挺好。是啊，孩子当然不可能一直苦恼下去，但这是表面现象，他是无奈之下只好适应，但还带着气跟家长较劲——你不要我，我还不理你了呢，还是真心过着快乐的生活，孩子自己是表达不清楚，也无从表达的，因为家长常常关闭了就此事对话的大门。大多数孩子是被动适应。他们的不满、不安、恐惧、无奈和怨怪等情绪都被压抑了下去，但仍会在恰当的时机冒出来干扰他们的状态和言行。

▲ **我们应该怎么做？**

有很多家庭确实不得已选择让孩子住校生活。家长若能注意以下事项，将会最大限度地发挥住宿的优势，降低负面影响：

1）准确评估孩子的性格、能力，评估自己的生活状态，慎重选择住校。

2）周末多与孩子交流，避免过度补偿。

3）与其他同学的家长和老师联系，尽量多角度、及时了解孩子的表现。

4）尽量客观地与孩子探讨住宿的优缺点，避免一味地说寄宿好，压制孩子的真实感受和想法，更要避免流露出该校多好、多贵，显示自己的正确和对孩子的付出。

单亲家庭的孩子

我相信，每一个决定离婚的人都有他充足的理由，外人是无从评判对错的。有了孩子而仍要离婚的人，也一定会尽其所能考虑到孩子的利益。完全不顾及孩子甚至用孩子做"人质"、做利用工具的人，毕竟是极少数。

在我刚开始学习"积极心理疗法"时，我的一个德国老师正在办离婚，正在等待法院的判决书。他的儿子那时才两岁半。我当时问他："你是怎么考虑做出离婚的决定的呢？不是说离婚会对孩子造成伤害吗？"他说："伤害？我们每个人小时候都会受到伤害，受到很多的伤害，如果我们从'瓶子是半空的'角度去看的话，成长就是我们逐渐明白我们无法事事如意，也不能随心所欲，只顾自己。所以这个过程会有很多的挫败、冲突，可能远大于父母离婚的影响。离婚带给孩子伤害吗？也许。如果家长处理得好，也许并不算什么伤害。"

我想，他的话是有道理的。如果父母总是争吵，各种冷战热战却又不离婚，在这个环境中长大的孩子受到的负面影响也许更严重（可参看第一章的相关内容）。但是，中国与西方很多国家还有一个环境和文化传统的差异。西方国家的单亲家庭比例比较高，无论是离异还是未婚妈妈，社会的接纳度都还比较高，比较宽容。而我国虽然离婚率逐年攀升，但社会上对离婚、对单亲家庭的孩子还是有偏见的。我就听说过北京某小学报名的时候要填写父母是否离婚一项。

我们的社会对单亲家庭的孩子有偏见，也是有原因的。大人们不会处理婚姻，处理不好亲密关系，才会最终造成离婚，因此中国的离婚好合好散的少，大多数会有争吵、冷战、互相指责、一方离家出走、分房等桥段上演，这些都在孩子眼前发生，把孩子的世界变成阴霾、风暴、地震等等不稳定、不安全的环境，当然会给孩子造成伤害。

▲ 对孩子的长久伤害

1）暗影响。 父母双方中至少一方对另一方指责、诋毁，对孩子的伤害可参见第一章的相关内容。

2）被心灵施暴。 离异后带孩子的一方把怒气发泄在孩子身上，孩子无法在家中找到支持和安慰，又无法逃离，大多数孩子会选择表面的忍耐和服从，而内心或者充满恨意、压抑着愤怒与反抗的念头，或者逐渐失去对世界的希望，变得孤僻、冷漠。可参见第三章有关父母情绪发泄的内容。

3）对孩子的愧疚之心让孩子更加觉得自己委屈。

我有一个来访者，女，27 岁，在小学四年级时父母离婚，她跟妈妈住在姥姥家，姥姥家的亲戚和她妈妈倒没有责骂她父亲，而是一副划清界限、老死不相往来、与我无关的冷漠态度。她父亲每周带她出去玩一次，在外面吃个饭，每次她爸爸都是很内疚的样子，满足她的所有要求，可是，她父亲的行为非但没有换来她的谅解，反而加深了她的认识，即："你有错！你欠着我的！你对我好就应该！你无论怎么做都不足以补偿我！"到后来，父亲成了她的出气筒，她把一切不如意全部归罪于父母的离婚，尤其父亲是罪魁祸首。她的这种怨天尤人的态度，自己不肯承担责任，总是受害者的样子，一直伴随着她，所有环境中都是如此，在学校里老师同学不喜欢她，在单位里领导同事不待见她。她是因夫妻关系来咨询的，她典型的说法是这样的："是的，我也有不对的地方，可是你呢？你作为个男人就应该……你比我大，你就不能……"全是对对方辛辣的攻击。

如果家长觉得对不起孩子，委屈了孩子，孩子会更加觉得自己委屈。可参见第四章中"总是可怜孩子"，有更详细的分析。

4）极其矛盾。 双方或一方希望孩子站在自己这边。绝大多数家长，就是不离婚，日常的做什么菜、去哪儿玩，都会希望孩子能更同情自己、更认可自己。这就将孩子置于非常困难的处境。每一个人都希望自己的父母是好人、善人，每一个人都希望与父母组成"我们"在一起。孩子大多会选择讨好那个"带"他的人，因为他无处可去，可是他会因此而对另一方心存愧疚。而朝夕的相处，一定会让待在一起的家长与孩子有更多的摩擦和冲突，孩子会期待、幻想另一个家长能更宽容、更体贴或更温柔，还有一个地方可以逃避。所以，离婚家庭的孩子真是矛盾极了。

我有一个朋友是在女儿5岁的时候离婚的，现在已经六年了。我见过她女儿单独和妈妈在一起以及单独和爸爸在一起的样子，都很放松，挺正常，挺快乐。一旦她要和父母在一起吃饭或去游乐场，只有他们三口或者还有旁人，她都变成呆着一张脸，不苟言笑，常常借口肚子疼或者作业没写完来逃避这种处境。在父母的审视下，她实在是不便、也不知如何对两人表示亲密，生怕其中的一方会不高兴。而无论哪个人不高兴，都是她不愿意看到、不能接受的。

5）在家里失去了社会关系学习的榜样。我们的少儿读物、课本等，绝大多数的故事里都是爸爸、妈妈和孩子，那是正常的、天经地义的，越发显出单亲家庭的孩子的不同。这些潜移默化的影响会让孩子自己产生自卑、产生对父母的不满。事实上，单亲家庭也确实因不完整而让孩子缺少一个榜样，他较少看到夫妻之间的交流与互动，较少听到大人之间对世事、对他人的评论，较少体会在众人之中（哪怕只有三人）的相互关系而不只是你我两人的关系，也就是说，他的家庭环境不能提供给他更多的社会学习的内容。

6）孤立于人群，自怜自艾。家长会对孩子特殊看待和对待。除了上面提到的过分的事，如发泄情绪、同情孩子等，平常的点点滴滴的事情中，家长都不会忘了自己是离婚的，这个孩子是特殊的。有的家长会过度担忧、焦虑，有的家长对孩子的成长会悲观失望。我就见过一个家长特意去跟孩子的班主任老师说孩子是单亲家庭，请多照顾。家长不能坦然、自信、乐观地去面对和处理自己的婚姻与家庭、去养育孩子，一定会影响到孩子，让他不能坦然、自信、乐观。很多单亲家庭的孩子自己选择了孤立于人群，自怜自艾。这样非但得不到同龄人的特殊照顾，反而会引起别人的反感，不愿与之靠近。

单亲家庭的问题还有很多，以上列出的是最容易影响孩子成长的几条。

◢ 我们应该怎么做？

离婚的家长应该怎么处理好跟孩子的关系呢？

1）**尽量好合好散**。没有孩子的话，打破头都可以，但是有了孩子，就要负起责任。成年人就尽量不要意气用事，用大脑和情感，维护好孩子的利益，把孩子的事情和世界安排好，勇于承担责任。

2）**在孩子面前尽量不评论另一方，而是讲事实**。目的是为了孩子了解自己的爸爸和妈妈，而不是让孩子来做道德法官。

3）**不要逼孩子站队**。婚虽然离了，对孩子来说，爹还是爹，娘还是娘，这个关系切不断。

4）**不向孩子施压**。不管是结婚还是离婚，是大人自己的选择，千万不要说是为了孩子好才离婚的，让孩子领你的情还要承担你们离婚的责任。

5）**用不着自卑，也用不着掩饰或美化**。坦然地承认其不美满，自信地用别的方式来帮助孩子补上社会学这一课，对孩子的未来、对自己的未来持乐观积极的态度。

6）**拿孩子当正常的孩子对待**。既不溺爱孩子，不可怜孩子，也不要忽略孩子，甚至怨怪孩子，拿孩子出气。

第九章 《《

挽救我们自己和被我们毁掉的孩子

>>>> **自 我 反 思**

  大多数的人，在成长过程中不断吸收新的知识和经验，让自己能够不局限于童年的经历，最终在社会行为和情感关系等方面都还稳定、正常。也有一小部分人，长期的、大量的微创伤的累积，使他们形成了某种偏颇的、固定的模式，这个模式不足以应付好现实的生活。也有人是没有形成稳定的人格，在生活中总是安放不好自己，无法去过生活、享受生活。总之是没有成长好，人格发展得不平衡、不完善。根据"积极心理治疗"的理论，会有以下三种成长类型，供家长们自我反思，并观察孩子成长的趋势，提早预防和纠正。

情绪化的、以个人感受为核心的一类人

有些家长爱孩子爱得过度，"含在嘴里怕化了，捧在手里怕摔了，放在兜里怕丢了"。过度的关注使孩子还没有产生自己的愿望时已经被满足了，遇到困难时孩子还没有明白困难是什么就已经被解决了，孩子只要听话、可爱、会感激，妈妈就满足了。如果孩子有让家长不满意的地方，不是去教给他正确的言行，而是威胁他"妈妈不爱你了"、"不要你了"、"你必须得听我的，因为我是为了你好"，否则就是忘恩负义。

在这样的养育过程中，家长的首要目的不是对孩子行为和习惯的培养，对孩子生活能力的塑造和提升，让孩子逐渐自立、独立，让孩子形成独立的人格，甚至在潜意识中，这一切都是家长不愿见到的。孩子的软弱、无能、依赖，才让家长感到强大、有力，生活有价值、有目标。

这样长大的孩子，会有以下特征：

1）对事情的判断以自己的感觉为标准，以自己家的传统和自己过去的经验为标准。因此，认识上会太主观、太狭窄和僵化，而且会很情绪化。

2）**与人合作时，首先考虑的不是如何做事，如何实现目标，而是首先想到如何处理关系，得到对方或团体的喜爱**。例如，到了一个新单位，对工作任务的完成不是太在意，首先忙于了解新同事，让新同事喜欢，接纳自己。当合作不顺利的时候，也不能就事论事地去看工作流程、工作方法等技术性问题，而是认为别人对自己不好，刁难自己，排斥自己，不信任、不喜欢自己，将事情变得情绪化、个人化。

3）**与人交往时，不能直接说出自己的愿望或需求，又期待别人能理解或事先想到自己的愿望和需求**。别人如果不能理解、发现或者竟然误解了，他会很诧异，别人应该知道啊！因此这种期待常常转为失望、绝望、怨愤，尤其是当他觉得自己已经做得足够多了，对对方够好了，一切听对方的、讨好对方，而对方仍不能了解自己、关注自己，让自己满意时，爱与期待会变成怨恨甚至怨毒。这个对方，最早是父母，后来是生活中所有交往的人。所以，长大的孩子反而很少感激父母，倒是充满了怨言。他们常说的话是"都怪你……""你就应该……""这人怎么这样儿啊……"。

4）**不知道自己真正的需求**。虽然他们要求多多，但他们并不知道自己真正的需要。他的需要是主观感受的：只要我舒服、开心就好，所以，没有标准、无法把握。例如，她生病了，这一次她希望你请假在家陪她，因为她需要你的照顾来证明你对她的爱；下一次，她希望你去上班，因为这样可以证明你相信她的能力和勇敢、坚强，她不想你认为她软弱无能，那是贬低她。你感到无所适从，摸不清她的想法，是因为她自己也不知道自己的真实需求，因此也就形成了不一致的做法。

5）**他们的外在表现常常是温柔的、顺从的，甚至讨好的，但心里是不满的、不如意的，期待＋埋怨的，我们称之为"被动攻击"**的行为方式。与他们有交往的人如果接收到了他们的"被动攻击"，会比被主动攻击了还难受，因为他们责备你，却又表现出是你的错，是你逼他这样的，他还是受害者，让你百口莫辩。

6）**不仅攻击行为是被动的，他们的整个人生都是被动的**。他们的自我价值有赖于别人的评定，别人是否喜欢他们，他们的行为获得了别人的认可和夸奖，他们的目的是得到别人的接纳，他们人生的意义在于是否被人爱。他们倒是想主动做些什么，但是不愿、不敢、不会也不能。于是，虽然表面上他们特别以自我为中心，很自恋，但心底里却充满自卑、羞耻、无助和无望。他们容易患抑郁症，容易躯体化严重，得各种心身疾病。

7）**害怕分离**。虽然与人在一起是如此痛苦，他们却特别不愿意分离、害怕分离。无论对方是多么令他失望、多么糟糕，都比分离好，因为那意味着他被抛弃。他有时也主动分手、离开，但在分手后的很长一段时间内他都不能忘记，他要反复告诉别人和自己，自己是多么好，对方是多么坏，自己的选择是多么理由充分，多么正确！

8）**不能保卫自己的利益，不会拒绝别人**。因为害怕被别人抛弃，被别人不喜欢，他们往往非常软弱，没有清晰的底线，也收不住底线，即便对不合理的要求也不敢拒绝，生怕得罪了对方，让对方不高兴，于是他们"人善被人欺"，欺负他们的人要么并不知道自己欺负了他，要么得了便宜还卖乖。

9）**无视他人感受和需要**。如此感性的人，是不是也会关注别人的感受、情绪和需要呢？不会的。他们会对别人的情绪很敏感，迅速觉察到对方是高兴了还是生气了，是犹豫了还是郁闷了，但他们并不关注对方为什么会有这样的情绪。不尊重对方的感受和利益，而是迅速做出自己的反应：他是不喜欢我了还是怎么了？我现在要怎么做才能对自己最有利？别人天经地义就应该是喜欢他、包容他、关注他的，所以他不会真正去为对方着想。他的为对方考虑是出于这么做能让对方感激、喜爱自己，而不是真正满足对方的利益。因此，他可以全心全意、委曲求全，就像父母对待她那样地对待对方，也可以做出捣乱、耍赖、撒娇等不顾全大局、不考虑、不尊重对方感受和需要的孩子气的行为。

▲ 我们应该怎么做？

对于已经养成原发型人格的成人，治疗起来会非常麻烦。首先，他不会主动求助。他不认为自己有问题、需要改变。其次，他就算是来找心理咨询师求助了，也会更多希望咨询师帮助他去应付那些讨厌的人和世界，希望得到咨询师的夸奖、喜欢和体谅，而不是真正去找自己的原因，努力去完善自己、让自己成长。他们一开始会讨好咨询师，做出听话、温柔、配合的样子，要不了多久，咨询师也会成为他责备、抱怨的对象，因为咨询师也不能满足他的愿望。于是他只好转而去找各种各样的资源和办法让自己舒服一些，中医、瑜伽、宗教、国学或者出国、离婚等。他们的外在言行会有变化，但那个情绪化的、以感受为标准的核心却不会轻易改变。

作为家长，请注意以下教养方式，以避免孩子长成这种类型的人，或者去矫正有这种倾向的孩子：

1）真正爱孩子，不是只给他吃的、喝的、用的，而是让他翅膀长硬，有一天能自由飞翔。所以，不要害怕困难，困难是孩子学本事、长能力、增长自我意识的机会。教孩子应对困难，而不是替孩子解决困难。

2）让孩子明晰自己的愿望和想法，并以恰当的方式表达自己的愿望和想法。我们不假定孩子一定就是我们想象的那样的，而永远是猜测并与孩子证实。"宝宝是饿了吗？不是啊，是想喝水了吗？""你是有什么想法吗？光哭不行，你得告诉妈妈啊！""你的想法不一定都能满足，但你要告诉我你想要什么，我们好商量。你这样闹，我还是不明白你要干吗，而且你闹会让我很烦，没耐心跟你商量了。"

久而久之，孩子会明白自己的想法，会权衡比较，并学会以最佳的方式表达。我第一次感到我女儿的成长并为之欣喜、自豪，是在她五岁多的时候。我带着她和我们的外教去了一家玩具批发市场买玩具。外教停留在一个摊位前挑选、砍价，我和我女儿往前走了几步，就停下来等。等了好久，我女儿对我说："妈妈，咱们再往前走吧，看看还有什么您想给我买的！"站在她旁边的一个售货员被她的话给逗笑了。我说："就冲你这句话，我也得给你买点什么，呵呵。"她既没有压制自己，不敢说出自己的想法，也没有用哭闹或任性的方式去表达，我看到了她处理自己愿望的能力。

3）给孩子自己尝试的机会，是给孩子犯错的机会，也就是给孩子成长的机会。不要担心孩子会受挫、受伤、被别人评论。很多家长不让孩子自己去尝试是过于自大，认为只有自己的办法和主意最正确，这是家长自己要处理的自己的问题。

4）不要用"爱"去钳制、威胁孩子。

5）尊重孩子的人格，不把孩子当宠物，当成自己的附属品。

6）不溺爱孩子，无论是主动的，还是被动的。

（具体可参见前面几章的相关内容。）

神经大条、机器人似的一类人

在很多家长眼里，好成绩和"好"的言行举止，就是孩子的成长目标。他们的养育方式就像是给机器人输入各种程序，遇到什么样的情况应该怎样去应对，而不关注孩子在遇到不同的情况时的感受和心情。孩子如果害怕、委屈，他认为那是孩子胆小，不够坚强；孩子如果反感、生气，他认为那是孩子任性、没礼貌；孩子如果不喜欢、没兴趣，他认为那是孩子懒惰、找借口推脱……但就是不肯去了解孩子为什么会有这些情绪，认为这些情绪都是不好的，不肯去接纳孩子的情绪反应，对孩子没有耐心。家长很少（有的家长压根就不会）向孩子表达温柔、欣赏、喜爱、共鸣等感情，只有指导、教导、讲道理、浮泛的夸奖（例如不错、很好）。家长永远站在一个高位去教育孩子，或者站在一边客观地审视孩子，没有拥抱、扶持、挽手并肩、相视而笑。

这样长大的孩子会有以下特征：

1）物质就是一切，金钱、地位代表了自己的人生价值和生命意义。当有所成就时，他就会自命不凡，自觉高人一等，全世界的人都应该知道这一点，并向他竖大拇指。于是他会不惜一切地去追求成就，也会不放过任何向人展示自己成就的机会。一旦在成就上有所挫败无异于世界末日，他会觉得大家都在嘲笑他、指责他，他自己更是充满自责、悔恨和羞耻感，可能从此一蹶不振，可能付出身体疾病等惨痛代价。

2）评判、攻击、否定他人。怕别人抢了自己的爱，或者骄傲于自己所取得的成就，他对别人总是采取评判的态度，随时准备找出别人的缺点错误。对不如他的人，他要挑毛病，以显示自己的优越；对和他差不多的人，要挑毛病，以定优劣；对比自己好的人，更要挑毛病，以安抚自己的恐惧不安和嫉恨。评判的结果有时是对自己不利的，发现了别人的优点，尤其是相对于自己而言的优点时，会引起他的不安，因此，常见的反应是，一方面攻击、否定对方，想办法限制甚至陷害对方，一方面会变本加厉地去追求和炫耀自己的成就，损人又不利己。

3）完美主义。完美主义者因为惧怕出错，所以时时刻刻处在神经紧绷的状态。完美主义者有两种形式：一种是追求完美的目标和结局，无论做什么都要做大、做好、做强，好大喜功，浮夸巧饰。在私，消耗自己；在公，劳民伤财，反而忘了真正的目标。另一种是谨小慎微，战战兢兢，死抠每一个细节，哪怕什么都不做，只要别出错。目标是什么已经忘了，把精力放在了枝节上。无论是哪一种形式的完美主义者，与他们共事都将极其痛苦。

4）不把人当人。自己已经沦为工作机器，也就无法、不会觉察他人的感受和情绪。他与人交往不是为了喜欢，不是为了爱情、友情、亲情，不能享受人与人之间的互相接纳、包容、体谅、欣赏等美好的互动，而是用大脑去计算此人的价值，也就是去评判此人的本事、成就以及此人对我是否有利，有多大的利等等。在这一点上，我们中国的传统中有一个不好的影响，体现在"人脉"和"关系"这两个词上。有的人只喜欢算计和利用别人，不喜欢自己被算计和利用，一边自己趋炎附势，一边感叹世态炎凉；有的人却已经豁达地"接受"这一现实，承认人与人之间就是互相利用。

5）只信仰权、钱，只信任自己的能力。没有感情的人也就不会有超越的精神追求，不会有真实的信仰。在他们眼中一切都是那么实际，信仰宗教是为了交换：我付钱，你为我消灾解难或保佑我发财。这个世界上没有任何人和事值得信赖，他们只相信自己的所有和所能。

6）感觉迟钝，神经大条。长期压抑自己的感受、不信任自己的感受，令他们自觉地、无意识地迟钝起来，既感觉不到自己的心情，也无法去体会、理解别人的感受。跟人交谈时，他只能听懂别人所说的话的字面意思，对别人的语气语调、表情动作等信息都接收不到，或即便看到了，也忽略不计，不做深究。长此以往，他们或者被视为怪人，例如已经被类型化了的计算机程序员，或者被认为妄自尊大，不尊重别人。无论哪种情况，他都不容易交到朋友，不会处理亲密的、略显复杂和深入的关系。

7）易得强迫症。只要是人就天生有理智与情感两个通道，他虽不明原因，也不会处理，但自己感觉不舒服、有情绪，无法跟别人建立长期友好的关系，他是知道的。他必须要去解决这个问题。解决的方式常常只有固定的成就—行为模式，于是他会要求自己更准时、更细节、更认真或更勤奋多做事，等等。极端的情况下，就发展出了强迫行为的症状。

8）不能接纳自己。虽然有的人看起来没心没肺，无所顾虑，有的人看起来功成名就，极尽炫耀之能事，但是在心理上，他们不能真正地接纳自己，不能正视自己的优缺点，不能了解自己、原谅自己、喜欢自己，也不能给自己耐心，鼓励自己不断成长、进步、超越，让自己的人生丰繁富足。

◢ 我们应该怎么做？

家长应该如何做才能避免或扭转继发型的孩子呢？

1）让孩子明白并能接收到你的爱。家长都是爱孩子的，但是这个爱却不容易表达。用言语吗？不断告诉孩子我爱你？

我有个朋友，不喜欢孩子，但是来我家见到我女儿时，却很会说一些甜蜜的话。我女儿那时年龄很小，话还说不清楚呢，可她明显"不上当"，她不对这个阿姨笑，不跟她玩儿，不靠近她。另一个朋友不善言辞，只要她来了，对我女儿笑眯眯地看一眼，我女儿就过来拉着她去自己的房间玩儿。你爱不爱我？孩子知道！

不靠嘴说，不靠礼物，温柔的、赞赏的、喜爱的眼神就够了，缓和的语气、温柔的语调就够了，轻轻的拥抱和暖暖的微笑就够了。如果你做不到，做不出，不会做，那是家长需要学习和训练。寒冰散发不出热气，你需要先温暖自己。

2）指导、教育孩子，而不是命令、呵斥孩子。培养孩子的能力，而不是教条地给孩子一大堆"应该"。

3）了解孩子的情绪，教会孩子觉察情绪，分析情绪，并能够管理情绪，而不是压制或忽视情绪。

4）不要用成绩作为唯一的标准去评判孩子，给孩子贴标签。

5）对孩子的爱、夸奖、体谅不能成为成绩好、做得对的奖励措施。不要让孩子形成"有成就才能／就能获得爱"的公式。

6）尤其不能只盯着孩子的缺点、错误，给予过度的批评、否定和惩罚。

7）对孩子要有耐心，允许孩子在一定时间内是他自己的样子，而不是用自己认为对的模子去塑造孩子，限制孩子的自由发展。

8）了解自己的孩子，尊重他是一个活生生的、独特的生命个体，不是白纸，不是可塑的橡皮泥，更不是育子书籍上的笼统的孩子！

我有个 19 岁的来访者，一边在精神科医生的诊断下服药，一边在我这里做心理咨询。他的父母给我讲了在他生命的各个阶段他们给他的教育，依据是美国、中国和英国的好几本权威育儿、亲子书。他们甚至给我建议，希望我给孩子怎样的建议和引导。他们看到的理论、做的事都对！可是，时间不对，场合不对，条件不对，环境不对，孩子的状态、年龄段、成熟度、是否有需要，全都不对。

继发型的孩子一定有继发型的父母。情感关系是互动产生的，是磨合培养的。孩子没有接收过爱，孩子没有被当过"人"看待，也就不会把别人当作"人"。这样的父母一般需要外力的帮助才能有改变，因为补上情感的课，光靠读书、提高认识、听课是不行的，需要与他人互动、磨合才行。

摇摆不定、内心纠结不清的一类人

有的家长常常是介于上述两种类型之间的，或者父母双方不一致，一方溺爱，另一方要求严格。独生子女一代的父母常常一方面珍惜这唯一的孩子，害怕孩子受苦，愿意倾其所有只为孩子的未来，另一方面又担心孩子不够有能力，将来无法自立。所以他们的教养方式是混乱的。狠起来，逼着孩子弹钢琴、上各种课外班、考名校；疼起来，自己舍不得吃的东西买来给孩子吃，自己几百元的衣服舍不得买，却给孩子买上千元的衣服。

这样教养大的孩子内心总是紧张的。跟家长一起旅游、一起下馆子、一起度过"亲子时光"的时候，他不能真正享受，因为他会想起父母对自己成绩的要求，对自己的"狠"。而当他勤奋学习、考取好成绩的时候，他也不能开心，因为这是满足父母的期望，而不是自己追求的结果。

矛盾、多变、选择困难、爱后悔、爱抱怨、不知道自己的真正需要、不能享受当下、完美主义、对他人求全责备……都会在他们身上体现出来。他们常见的症状是回避、抑郁。如果父母双方长期分歧过大，不能调和，而孩子又是敏感的，希望双方和睦的，再加上其他环境因素和事件，孩子容易分裂——精神分裂或人格分裂。

▲ 我们应该怎么做？

应该怎样做才能避免孩子变成双重束缚型呢？

1）家长要有明确的人生观，对孩子的成长过程和成长目标有清晰的认识。

2）做好前面两节内容中的家长注意事项，真正理解和把握，而不是忽然这样、忽然那样，随风倒，想起一出是一出。

综上所述，家长自身的修炼最重要。原发型的父母一定会培养出原发型的孩子，继发型的父母一定会培养出继发型的孩子。自己摇摆不定，无所适从，孩子也不可能坚定、自信、有担当。要切断这个恶性循环一辈辈的传递，只能从现在起，从家长做起，家长的转变带动孩子的变化，会带来整个家庭的变化。

从现在开始，一点儿都不晚！

后 记

本书写完后，样章给很多朋友看了，收到一些反馈，说应该更多地写写家长应该具体怎么做，多给些具体的建议。

我给别人建议的时候一般是这样的，就拿网上的一个案例来展示吧。

网上有这样一条：当孩子倒水时打翻了杯子，家长应该怎么反应？

专家建议：要照顾孩子的情绪，而不是斥责他。可以对孩子说：我知道你现在很内疚。妈妈不会责怪你的。你要注意倒水时的方法。下次注意。

有的家长就问我："如果您被问到这个问题，您怎么回答？"

我会先问这个问我的人：

"孩子是男孩还是女孩？"

"多大了？"

"凉水还是热水？"

"以前倒过水吗？"

"是你要孩子倒水的还是他自己主动倒的？"

"倒水前发生什么事了吗？"

"倒水的目的是什么？给谁倒？"

"打翻了杯子，造成了哪些后果？杯子碎了吗？打湿了什么东西？"

"在场的还有谁？他们与你的关系是什么样的？与孩子的关系呢？他们说什么了没有？"

"打翻杯子后孩子是什么样的态度？满不在乎？惴惴不安？发脾气？感到委屈？……"

"你想达到什么样的目的？教孩子倒水？教孩子处理善后？让孩子明白哪些自己能干哪些不能干？让孩子正确认识这件事？……"

基本上，家长在回答我的一个个问题时，也就明白了自己应该怎么跟孩子说，以及说什么，不再需要我告诉家长。每一个孩子和家长、每一个家庭、每一个处境都如此不一样，不可能也不应该有统一的答案。我在不了解具体细节前，给不出最贴合实际的答案——要么很笼统，要么不恰当。

在我们的书中，我们给出了"我们应该怎么办"、"小贴士"等不少建议性的内容，它们主要是概括性的、方向性的分析和指引。我相信父母们的智慧，相信每一个人的经验、判断和能力，只要不做我们列出的伤害孩子的事，应该怎么做，父母一定有办法！

对于确实有具体事宜希望得到我们帮助的人，我们建议最好的办法是面对面交流，例如一对一的咨询。我的微博是：曲韵积极心理治疗。

本书的封面上有一个"家长角色"的模型。这是我根据积极心理治疗的理论原创的模型，获得了2010年第五届世界积极心理治疗大会的创新奖（Award of Innovation）。

根据积极心理治疗的理论，每个人都拥有一个自己的世界。这个世界由四个部分组成。首先是"身体"，这是我们生命的基础；其次是"成就"，这是我们发挥自己的能力去做事、去获得和拥有的层面；第三是"关系"，这里有我们的社会生活，与家人、友人、邻人的交流和互动；最后是"未来 / 意义"，它是我们对未来的规划、对人生意义的界定、对自己价值的认知，个人及各种观点——人生观、世界观、价值观的形成。

"身体"能带给我们生命的能量，也能带给我们感官的快乐和享受；"成就"带给我们财富和成就感，带给我们自豪和自尊；"关系"带给我们情感的安全感和社会的归属感，让我们不再孤独，感到爱与接纳，也付出情感与爱心；"未来 / 意义"带给我们精神的确定和愉悦以及对人生其他三个方面的指导。

这四个层面互相影响，互相促进。所谓长大、长好，所谓的幸福人生，就是拥有平衡而富足的四个层面的人生：我每一个层面的生活都能打 85 分！

针对孩子的成长，家长能做的就是在孩子的四个人生层面做有针对性的工作。

在孩子的成就领域，我们可以看到，现在的家长主要在做的，大部分集中在此。一个人要想有所成就，他的动机要足够，就是说他真的想并且愿意做这件事，相关的知识、方法、工具要足够，并能在过程中保持耐心，应对挫折和困难，直至达成目标。所以，为了让孩子将来能够主动建设自己的成就，寻找目标、制定规划，并想办法实现，我们要手把手地教给孩子工具和方法，要制定规则与流程帮助孩子逐渐实现自律。我把这一任务统称为"权威"角色的责任范畴。

在孩子的"关系"领域，我们看到孩子的社会圈子在扩大，社会生活在扩容，会遇到各种各样的人，并且要与他们打各种各样的交道。在与他人的互动过程中，涉及"尊重""信任""接纳""评判"等各种关系，也涉及情感的互动与表达。而这一切，都是起始于孩子与最亲密的人——父母间的关系与情感的互动。父母永远是孩子生活中不可或缺的陪伴。我称家长在这个领域的角色为"伙伴"。

在孩子的"未来"领域，家长往往关注的较少，不能及时觉察到孩子的思想和理念的形成。确实有不少家长爱给孩子讲道理，但是，家长讲出来的道理，在孩子那里形成什么样的理解和提炼，孩子自己是相信还是怀疑这些道理，这些道理是给孩子打下好的基础还是限制、僵化了孩子，很少有家长去注意。这个领域家长能做的，是像"向导"一样，指明方向，引领未知与未来，最终让孩子能够自由地去探索。

在孩子的世界中，家长是他最早的观察对象和模仿对象，我们的一举一动，想让孩子学的，不想让孩子学的，还有我们自己都没有意识到的，全都落在了孩子的眼里，我们是孩子生活的最初模板，是孩子的"榜样"。

"家长角色"模型与积极心理治疗理论模型大体对应如下图：

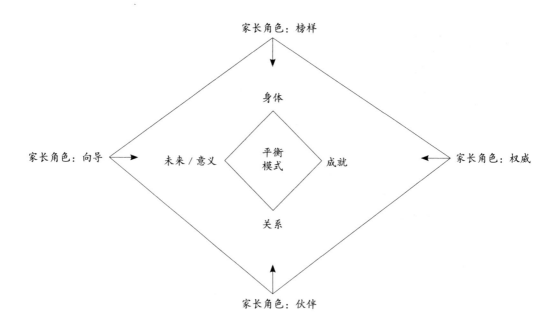

权威是指导，是老师，是教练，帮助孩子学会设立目标、实现目标、取得成就，从他律转为自律；伙伴是在一起不可分割的亲密关系，让孩子从小体验自己与他人的不同以及自己与他人的互动，为其他的人际关系打下基础；向导是指路人，指明方向，规划未来，阐明意义；榜样是孩子的模板，是孩子见到更多的人之前的少数的，

也是最初的模仿对象。这四个角色是家长自成为家长的那一天起，就不得不承担的责任和义务，只有做得好与坏，没有推脱与逃避。我们能做的，只是如何扮演好角色，完成任务，成就孩子的成长。

关于家长角色的具体描述和运用，在我的下一本书《父母这样做，就能够成就孩子》里有详细的介绍。欢迎大家阅读。

图书在版编目(CIP)数据

父母这样做，就是在毁掉孩子 / 曲韵著. —桂林：漓江出版社，2014.7（2018.6重印）
ISBN 978-7-5407-7129-4
Ⅰ.①父… Ⅱ.①曲… Ⅲ.①家庭教育-教育心理学 Ⅳ.①G78
中国版本图书馆CIP数据核字(2014)第148497号

父母这样做，就是在毁掉孩子

作　　者：曲　韵
策划统筹：符红霞
特约策划：钟殿舟　韩丽娜
责任编辑：董　卉　王欣宇
装帧设计：黄　菲
责任监印：周　萍

出 版 人：刘迪才
出版发行：漓江出版社
社　　址：广西桂林市南环路22号
邮　　编：541002
发行电话：0773-2583322　　010-85893190
传　　真：0773-2582200　　010-85893190-814
邮购热线：0773-2583322
电子信箱：ljcbs@163.com
网　　址：http://www.Lijiangbook.com
印　　制：北京大运河印刷责任有限公司
开　　本：965×1270　　1/16
印　　张：19
字　　数：200千字
版　　次：2014年8月第1版
印　　次：2018年6月第2次印刷
书　　号：ISBN 978-7-5407-7129-4
定　　价：35.00元

阅美文化
阅美精选

漓江出版社·漓江阅美文化传播

联系方式：编辑部 ┊ 85891016-805/807/809
　　　　　市场部 ┊ 杜　渝 [产品] 85891016-811　胡婷婷 [网络营销] 85891016-801
地　　址：北京市朝阳区建国路88号SOHO现代城2号楼1801室
邮　　编：100022　　　　　　　传　真：010-85892186
邮　　箱：ljyuemei@126.com　　网　址：http://www.yuemeilady.com
官方微博：http://weibo.com/lijiang　官方博客：http://blog.163.com/lijiangpub/

阅　读　阅　美　，　生　活　更　美